河南省社会科学院哲学社会科学创新工程试点项目

中原学术文库·学者丛书

现代城市建设与运营管理问题研究

RESEARCH ON MODERN URBAN CONSTRUCTION AND OPERATION MANAGEMENT

盛　见 / 著

经济管理出版社
ECONOMY & MANAGEMENT PUBLISHING HOUSE

图书在版编目（CIP）数据

现代城市建设与运营管理问题研究/盛见著．—北京：经济管理出版社，2020.12
ISBN 978－7－5096－7816－9

Ⅰ.①现…　Ⅱ.①盛…　Ⅲ.①城市建设—研究—中国 ②城市管理—研究—中国　Ⅳ.①F299.21 ②F299.23

中国版本图书馆 CIP 数据核字(2020)第 165081 号

组稿编辑：申桂萍
责任编辑：杨国强
责任印制：黄章平
责任校对：董杉珊

出版发行：经济管理出版社
（北京市海淀区北蜂窝 8 号中雅大厦 A 座 11 层　100038）
网　址：www.E－mp.com.cn
电　话：（010）51915602
印　刷：唐山昊达印刷有限公司
经　销：新华书店
开　本：720mm×1000mm/16
印　张：16.5
字　数：313 千字
版　次：2020 年 12 月第 1 版　　2020 年 12 月第 1 次印刷
书　号：ISBN 978－7－5096－7816－9
定　价：78.00 元

序　迎接现代城市建设与发展的挑战

城市是重要的空间地域综合体，在经济社会发展中发挥着重要支撑作用。中国的城镇化进程已经成为世界经济发展史的重大事件，也给国家经济社会发展做出了很大贡献，特别是在改善民生方面发挥了重要作用。然而，城市问题是复杂的，具体来说就是城市的经济、环境、基础设施、公共服务等重大问题对市民的生存与发展造成的影响存在复杂性。这种复杂性决定了建设和管理城市必须采取谨慎政策，提高治理能力，并着力降低各类风险。新时期、新阶段，各个城市要实现高质量发展，就必须面对和解决这些复杂问题。

多年来，很多学者和机构已经就城市问题进行了广泛的研究，取得了很多重要成果。这在指导城市建设与发展实践中发挥了很大作用。但是，随着城市化进程的推进，城市之间发展不平衡、城市粗放式扩张和城市低效率管理等问题日益凸显，这给市民的生活和发展造成一些不良影响。特别是一些城市面临产业衰退的严重风险，这已经对民生领域产生重要影响。因此，还需要学者就城市问题持续深入地研究。本书围绕建设高品质城市目标，聚焦城市发展的重大现实问题，利用大量数据资料进行分析，得出了一些有价值的结论。

一是对现代城市基础设施建设进行深入分析。公路、铁路和机场等基础设施建设对城市发展产生很大影响，特别是城市之间的连通程度迅速提高，这促进了要素流动性。本书对基础设施建设的情况分析得比较透彻，利用大量数据资料陈述了城市基础设施的现状，对基础设施建设的经济效应等问题理解得比较到位，这有助于形成正确的认识。特别是基础设施的价值需要通过超越经济增长的视角进行认知和分析，这是一种比较全面的分析方法。

二是对现代城市公共服务进行有价值的探索。教育、医疗、文化等领域的服务是城市竞争力的核心之所在。本书对现代城市的公共服务进行深入量化分析，特别是对教育和文化等服务进行深入分析，指出了城市公共服务质量差异的根本原因，这对制定有关政策具有参考价值。城市公共服务如果失去相对竞争力，就会影响城市要素集聚，进而对产业分化和社会重构进程产生不良影响。这是城市治理者应该切实注意的问题。

三是对城市社区进行深入研究。社区公共服务不足已经成为影响市民生活品质和发展质量的重大问题，这需要在新时期对城市社区进行智能化、精细化管理和景观化设计。当前，城市精细化管理的重点对象就是社区，城市公共服务能力不足的梗阻点也在社区，建成一批高质量的社区，特别是能够给居民提供高质量服务的社区，是现代城市建设的重要目标导向。

四是对现代城市管理风险进行深入分析。风险控制既是经济活动的重要内容，也是城市管理的重要内容。面对经济风险、环境风险和社会风险交织的情形，城市综合管理部门应该形成风险防控的高效工作机制。本书对各类风险产生的原因和应对进行深刻论述，特别是对人为因素造成的风险进行论述，提出的风险管理理念具有一定借鉴作用。

五是对城市人力资源问题进行具有前瞻性的论述。人力资源是重要战略性资源，城市人力资源结构和质量关系到城市长远发展。当前，由于各类体制性原因，人力资源价值提升的体制性障碍还没有被破除，人力资源对城市发展的贡献还没有被最大限度地激发出来，这对城市管理改革提出要求，即盘活人力资源价值，提高城市发展质量。特别是体制内人力资源的动态高效管理应该成为今后改革的重要目标所在。

六是对智慧城市建设进行深入分析并提出政策建议。智慧城市就是较大限度地发挥信息和技术方面的优势，降低人们繁重的体力脑力劳动并促进人们全面发展的城市运行模式。信息和技术需要在改善人们的福利、促进人们发展方面发挥更大作用，但因为城市财力等方面的原因，需要通过有序规划进行推进。那种盲目扩张的信息化进程将会导致严重的后果，甚至让城市财政管理陷入被动。对此，城市治理者应该引起高度重视，中央政府职能部门应该强化智慧城市方面的指导和监管工作。

城市建设和运行的切实改善需要切实的操作，而不仅仅是理论方面的探索。当然，城市建设与发展是多元主体的复杂博弈过程，理论上的分析与现实操作存在很大差距，这也是一个常态化现象。我们需要持续关注理论和现实的结合，持续在人的行为、愿望、结果间进行对比，以便将城市建设和运营的重点放在民生方面，放在改善人们的生活质量和促进人们全面发展方面。为此，政府的顶层设计和公共管理非常重要，实施有效管理的重要基础就是对城市发展现状精准把握。本书的研究成果对于实现精准把握现代城市建设的目标有很大作用。相信本书的出版对于城市的建设和运营管理主体、各类市场主体、社会组织、学者、广大学生均有一定参考价值。

目　录

第一章 导论

第一节 研究背景

一、世界现代城市建设运营管理新趋势

（一）全球的城市化发展

经过几百年的工业化、城市化进程，全球已经形成了庞大的城市群和城市体系，城市已经成为全球经济发展的主要支撑区域。具体来看，在世界范围内主要的城市群空间分布为：美国东北部沿岸城市群以纽约为中心，美国五大湖地带城市群以芝加哥为中心，以东京为中心的日本太平洋沿岸城市群，以伦敦为中心的英伦城市群，以巴黎为中心的欧洲西北部城市群，以及以上海为中心的长三角城市群。

专栏1：全球六大城市群基本情况

美国大西洋沿海城市群，核心城市为纽约，该城市群从波士顿到华盛顿，以纽约、波士顿、华盛顿等为主要核心城市。

北美五大湖城市群，以芝加哥为中心，多伦多发展较快，其余包括底特律、匹兹堡、多伦多、渥太华、克利夫兰等。

日本太平洋沿岸城市群，核心组成部分为东京都市圈、名古屋都市圈、大阪都市圈。

英国英伦城市群，以伦敦为中心，由伦敦、利物浦一线的城市构成，包括伯明翰、谢菲尔德、曼彻斯特、利物浦等。

欧洲西北部城市群，以巴黎地区城市群、德国莱茵—鲁尔城市群、荷兰兰斯塔德城市群、比利时城市群为其主要组成部分。

中国长江三角洲城市群地处我国华东地区，以上海为中心，主要城市包括南京、无锡、常州、苏州、南通、盐城、扬州、镇江、泰州、杭州、宁波、嘉兴、

绍兴、湖州、金华、舟山、台州、合肥等主要城市。

各个国家在城市建设管理中投入很大要素和资源，国家治理也进入以城市为主要内容的时代。为应对世界经济的一体化趋势，以及世界的城市化发展，中国也积极谋划建设世界城市，北京和上海已经率先进入世界级城市行列。当前，中国正在推进大规模的城市化进程，一些发展中国家也在持续推进城市化建设。我们很难预测城市化将会如何影响人类的未来，但人口和各类要素向城市集聚是几百年来的重要事实，并且，这种趋势还将持续很长的时间。不可否认的是，城市化对解决发展中国家在经济发展过程中所遭遇的失业、发展停滞等具有诸多帮助。

（二）全球城市的形成

城市化发展的重要成果之一就是形成了影响力广泛的世界知名的全球城市。全球城市（Global City）的概念最早由哥伦比亚大学教授萨斯基亚·萨森（Saskia Sassen）于1991年提出，全球城市相较于超级城市（Megacity）而言，又称世界级城市，两者在历史与功能方面有所不同，全球城市是以地区与生产过程的归类来分析经济全球化。如今，世界上主要城市群的核心城市，已经成为国际化城市或者全球城市。从经济发展看，这些城市具有强有力的进出口能力，特别是资本市场方面的普遍联系性，从而将城市和整个世界联系起来，成为物流贸易的集散地。从文化交流看，这些城市因为集聚了高级教育和文化机构，成为世界各国文化交流的中心区域。从地缘政治看，各个国家都非常重视核心城市的运行和管理，并着力强化核心城市的国际地位，有些城市具有强大的国际地缘政治战略价值。全球城市一般也是一个国家的政治或经济中心，其经济波动等对世界经济和政治格局有一定影响。特别是在重要物质和产品定价中，那些掌握金融资源和具有市场垄断势力的城市通常是全球城市，这些城市有关主体的博弈对原油、大宗农产品价格等产生影响并影响全球经济格局和态势。在西方较为普遍认同的是，英国的伦敦、美国的纽约、法国的巴黎、日本的东京传统上被认为是“四大全球城市”。

（三）人类命运共同体与全球城市发展

党的十八大报告明确提出，要倡导“人类命运共同体”意识在追求本国利益时兼顾他国合理关切，在谋求本国发展中促进各国共同发展。2015年9月，习近平总书记在联合国总部发表演讲时提出：当今世界，各国应当相互依存、休戚与共。继承和弘扬《联合国宪章》的宗旨和原则，构建以合作共赢为核心的新型国际关系，打造人类命运共同体。至此人类命运共同体的理念也越来越被各个国家所广泛接受。

城市在人类命运共同体建设中发挥着重要作用。人类命运共同体理念要求各个城市之间实现一种更加密切的合作，特别是经济发展方面的合作，实现生产要素和经济要素的全球化配置。人类命运共同体的质量和风险控制等主要取决于城市的发展，良好的城市治理能够为人类命运共同体做出积极贡献。

不过，由于城市之间的经济联系等更加紧密，城市运行管理就成为复杂的问题，实际上，城市安全等领域一直面临诸多威胁。经验事实表明，很多城市之间存在疫情等传染以及金融风险传播效应。美国“9·11”等事件的发生更是表明了城市安全管理的严峻挑战。此外，很多城市遭受经常性自然灾害的影响，每年都要造成严重的经济损失。总之，在全球化背景下，城市建设与运行管理具有重要的价值，但也面临严峻的挑战。国家治理体系现代化的标志是以构建城市治理为主要内容的现代化治理体系。

二、中国现代城市建设运营管理新趋势

截至2019年，中国城镇化水平（也称为常住人口城镇化率）突破60.60%，自2011年中国城镇化率达到51.27%，跨越城镇化率为50%的界限，实现传统意义上的质变。上海和北京已经成为综合实力全球前10位城市，重庆、成都、西安、深圳、青岛等城市正在迅速发展，国家中心城市建设正在迅速推进，中国还将持续约几十年的城市化进程。而中国经济结构的转型，目前正经历着由工业化阶段结构性加速向城镇化阶段结构性减速，即城镇化发展正由中期快速成长向后期质量提升转变、由低质量粗放发展向高质量发展迈进。过去经济发展核心目标是经济增长，主要动力为外向型工业化，城镇化模式为要素投入与规模扩大，然而这种发展模式已不再适用。

改革开放拉开序幕，我国的城镇化进程发展速度之快，扩张规模之大为世界所罕见，城市化取得了令人瞩目的成就，城市化也已经成为刺激经济社会发展、现代化建设各方面的重要引擎。在这一快速城镇化进程中，大城市不可避免地出现了人口数量的膨胀，以“摊大饼”模式向外扩展，导致人口膨胀、交通堵塞、住房困难、环境资源恶化、管理运行低效等各种“城市病”越发严重。与此同时，中国各级政府高度重视城市建设与运行管理工作。在2015年底召开中央城市工作会议，会议明确提出转变城市发展方式，完善城市治理体系，提高城市治理能力，竭力解决各类城市病，强调要终止单纯“摊大饼”的传统模式，提出要“一个尊重、五个统筹”，全面提升城市建设运营管理水平和发展质量。

专栏 2：“一个尊重、五个统筹”

在 2015 年召开的中央城市工作会议上提出“一个尊重、五个统筹”。一个尊重就是尊重城市发展规律。五个统筹，就是统筹空间、规模、产业三大结构，提高城市工作全局性；统筹规划、建设、管理三大环节，提高城市工作的系统性；统筹改革、科技、文化三大动力，提高城市发展持续性；统筹生产、生活、生态三大布局，提高城市发展的宜居性；统筹政府、社会、市民三大主体，提高各方推动城市发展的积极性。这是官方关于现代城市建设发展的集中权威表达，也是现阶段我国城市工作的基本遵循。

当前，中国在城市化发展道路上仍存在诸多问题，尤其体现为方式、体系能力等各方面的提高。规模庞大的城市基础设施建设正在将更多城市连接在一起，城市能源消费数量迅速增长，城市经济结构呈现分化的特征，城市人口集聚带来的公共服务压力增加，城市环境污染导致的不良外部性等问题需要解决。随着城市化进程的推进，城市运行与管理正在发生显著变化。

一是城市运行需要更多技术支撑。在城乡发展格局中，城市需要率先实现信息化。比如，城市交通、物流等行业需要更多技术性管理，才能降低管理成本，实现精细化管理。城市营商环境评估等要求城市在公共服务方面进一步推进信息化，这有助于各类主体掌握必要的信息进行决策，进而降低合作成本和有关风险。

二是城市运行需要走内部优化的道路。城市管理者意识到城市扩张的弊端，并对周边区域形成一些不良外部性。因此，城市发展要走内部优化的道路，内部优化就是内部空间优化、内部产业优化和内部资源配置优化等。特别是城市要通过集约利用空间资源实现降低能源消耗等目标。

三是经济发展倒逼城市管理提升。多年来，城市管理方式和模式的滞后影响了经济要素的集中，给市民生活和有关主体的经济行为造成不良影响，特别是中西部地区城市存在管理滞后的问题，而经济要素的集聚要求城市提供更加安全高效的公共服务和管理服务，这就倒逼城市管理者提升城市管理能力。

四是城市运行的梗阻效应需要破除。城市运行中的各个领域存在梗阻效应，即由于机制等因素导致的合作效率低下和项目服务能力较低等问题，这就需要通过技术和机制等方式破除梗阻效应，实现良好有序的城市运行秩序。总之，形成顺畅、高效和有序的城市运行管理模式，已经成为城市治理的新趋势。

三、在技术革命和产业变革中寻找的机遇

提高社会生产力、促进地区高质量发展离不开科技创新与产业变革。当今时代，新一轮技术革命和产业变革正处于我国加快经济发展方式转型时期，提供了难得的重大机遇。当前，人工智能、大数据、信息技术和数字技术为代表的新一轮技术革命引发产业革命的变革，而产业变革将催生大量新技术、新业态、新产业、新经济，将再次带给人类社会巨大变化，科技创新和产业变革带来机遇与挑战，成为高质量发展的重要支撑，同时也给现代城市建设运营管理带来机遇和变化，新型基础设施建设如5G、人工智能、工业互联网和物联网等。因此，城市建设的信息化、城市运行的信息化和城市管理的信息化是不可避免的趋势，信息化将给城市建设、运行和管理带来重大机遇。

（一）利用信息化促进城市建设水平的提高

新技术和技术革命条件下，城市需要接纳更多的业态及要素集聚。这些业态发展和要素集聚将给城市建设提供诸多资源和要素，特别是集成化技术等将会提升城市建设速度，缩短建设项目周期，提高各类要素使用效率。比如，公共教育服务方面，通过网络平台会让更多民众接受教育，从而提升人力资本价值；又比如，公共交通方面，通过更加畅通的城市快线等设施，会让城市之间要素提升流动性，促进城市之间资源优化配置和高效利用。

（二）通过信息化全面提升城市运行效率

新技术和技术革命条件下，城市需要借助各类技术和先进理念提升运行效率，破除城市运行的各类阻力和梗阻。新技术、新产业和新理念等会给城市运行带来重大机遇，城市运行需要通过大数据分析和挖掘等技术实现更加集约、更加节能和更加高效的方式。比如，信息化让城市公共交通实现更具有效率的运行，减少能源消耗等。又如，大数据挖掘能够提高能源使用效率，通过更加人性化服务提高节能减排意识并实现节能目标。

（三）通过信息化全面提升城市管理能力

新技术和新技术革命条件下，城市管理者能够通过技术掌握各类数据和资料，并做出精准判断和高效决策。比如，消防数据的精准掌握能够降低消防事故风险并实施更加高效率的救助；快捷的企业经济数据能够让城市管理者对项目风险做出适当评估，从而进行降低风险的干预；新技术能够让更多主体接受信息等公共服务，做出优化行为选择，从而整体上降低合作的成本及对资源的浪费等。总之，通过信息化有助于全面提高城市治理能力。

第二节 相关概念阐释

一、现代城市的基本内涵及主要特征

（一）基本内涵

所谓现代城市，主要是指工业革命以来建设和发展的城市，特别是第二次工业革命以来的城市建设与发展，工业革命让要素在空间大范围集聚成为可能和趋势。根据现有材料，大概在1750～1850年这段时间里，第一次工业革命出现，这归功于人类利用两种关键能源——蒸汽和煤炭。工业革命为很多行业解决了能源问题，或者说是能源的集中利用问题，这为很多行业集聚在城市创造了基础性条件。

第二次工业革命主要是电力和石油的广泛使用，进一步加快了各个国家的城市化进程，大范围的空间要素整合和聚集成为现实，城市进一步成为各个行业的集中地。这提高了各个行业的规模化效应，城市建设的速度和质量显著提高。城市为市民和乡村居民提供了大量工业品，输出了各类多元的文化。很多人的梦想和目标得以在城市实现。

当前，正在推进的信息化被称为是第四次工业革命，这次革命也在迅速改变着城市，特别是城市空间格局正在发生显著变化，城市内部各个行业的运行方式也在发生变化。一些行业已经出现了机器和技术排挤工人的情况，而一些行业则需要更多人工辅助性服务。一些行业因为技术导致的垄断程度加剧，一些行业主体因为激烈竞争而退出市场。城市需要在提升区域经济发展质量方面发挥更加显著的带动作用。

因此，简单来说，现代城市是以矿石能源使用和工业化生产为主要特征，以信息化运行和管理为主要趋势的空间综合体。作为最大的发展中国家，中国虽然不是工业革命的发源地，城市化进程也滞后于西方国家。但是，改革开放以来，中国的城市化进程具有显著的后发优势。2018年末，中国城市数量达到661个，其中包括6个直辖市、15个副省级城市、279个地级市和363个县级市（见图1－1）。2019年城镇常住人口占比达到60.60%，比2018年提高1.02个百分点，但相较于发达国家水平仍较低，城市化水平落后于经济发展水平。

（二）现代城市的主要特征

现代城市因为在较小的空间集聚了大量要素，并由于产业分化导致了要素的高度流动性，形成了显著区别于传统城市的特征。这些特征主要是：

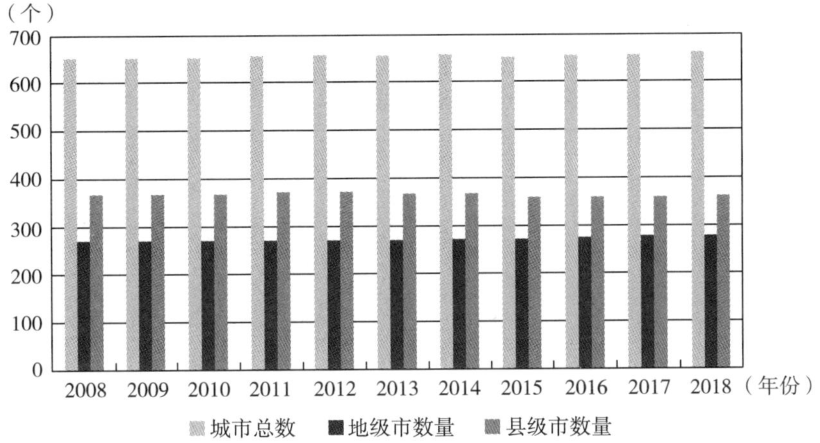

图 1-1　2008~2018 年我国城市数量变化

资料来源：根据《中国城市统计年鉴》中数据绘制。

（1）要素集聚程度高。所谓要素集聚程度高，主要是指经济社会要素集聚程度高。现代城市化过程在很大程度上是经济要素和社会要素对自然要素替代的过程。以人口为例，中国城市平均人口密度已经达到 2600 人/平方千米，大城市甚至超过 1 万人/平方千米。这种高度的要素集聚，一方面有助于实现各类资源和设施的共享，另一方面为管理带来诸多困难，特别是流动性人口等管理方面的困难。不过，要素集聚过程在很大程度上也是一种资源整合过程，同时存在各类分化行为和分化现象。

（2）能源消费强度大。能源是现代经济的命脉，全球 80% 的能源消费发生在城市。中国已经成为全球第一能源消费大国，能源在城市建设与运行中的作用至关重要。不过，很多能源需要从城市外部输入，这导致了能源生产的增长以及能源贸易的发生。如果能源供给发生问题，这些城市运行就会产生很大的风险。如何降低城市能源消费并提高能源使用效率是城市运行和管理的重大现实问题。日本等能源短缺的国家，已经从全社会系统视角面对能源问题，强化能源资源的高效使用。日本在垃圾处理技术和资源化利用方面的经验已经给各个国家很大启示和带动作用。

（3）运行管理成本大。城市化导致了诸多要素的集聚，很多行业和主体存在冗余人员和冗余要素，不管这些人员和要素是否对城市具有正向作用，但都需要消耗城市公共资源和公共服务。再者，城市管理本身的粗放式方式，导致对公共财政资金的耗散，直接增加了城市运行管理成本。近年来，中国城市维护与建设费用支出高达 13000 多亿元，很多重复性建设导致大量资金耗散，这些支出体现出高额的运行管理成本，可能在一定程度上对民生问题有不良影响。

（4）风险防控难度大。由于要素高度集聚导致的经济社会活动的不确定性增加，现代城市在经济、社会、环境等领域存在很多风险。特别是金融诈骗、房地产项目融资、销售诈骗以及高科技犯罪等领域出现的问题较多，这给有关主体造成严重的经济损失和风险，也影响城市的对外形象。一些风险引发的事件甚至导致了比较严重的社会冲突。由于要素高度流动性等原因，给城市管理者防控风险造成一定困难。

（5）产业分化程度高。产业的整合与分化伴随整个城市化进程，而城市区域更容易发生产业的整合和分化，特别是各个产业和行业的分化进程动态化现象突出。在一定意义来说，产业分化导致了市场竞争的相对公平性，对于经济发展具有积极价值。不过，有些分化也存在低效率的情形，比如，公共教育和医疗等方面的分化导致土地、建筑等资源的低效率使用。因此，需要对公共领域的分化问题进行具体分析并制定有关政策措施。

二、现代城市运行的基本内涵

现代城市运行是复杂的过程，涉及自然资源、行政、经济、文化和社会等各个方面。城市运行效率和质量关系到市民的福利和发展，也关系到各类资源利用的效率以及未来的永续发展。特别是现代城市运行对资源（尤其是能源）和技术性产品和服务的依赖程度正在提高，一方面提高了生产力，另一方面也加剧了一些潜在的风险。控制各类风险对于城市稳定有序运行十分重要。在城市综合管理中，城市运行的正规化、科学化管理是重大的问题，我们需要不断深化对城市运行的认识和分析，并提出确实具有可操作性的政策建议。

（一）现代城市运行的内涵

城市运行过程包括城市生态环境运行过程、各个生产企业的生产及服务过程，以及各类主体的活动及管理过程和市民日常活动过程。从经济视角看，城市运行有一个成本和收益的问题，即所有主体都有一个成本和收益的问题，哪怕是政府实施的公共管理也存在这样的问题。一些城市可能因为各种原因存在运行成本高的问题，但一些城市则较好地控制了运行成本。城市运行管理要着力降低城市管理成本，并满足市民的多元需求。一般来说，便于获取自然资源及实现要素集聚的城市，可能存在运行成本较低的现象，但对于那些获取自然资源有障碍以及要素集聚难度大的城市，运行成本可能很高。

不过，评估这些成本收益以及实际运行情况比较复杂。设计并利用一些指标来测度城市运行效率是一个重要的问题。这些指标应该涉及能源利用、人口规模、经济增长和居民生活便利程度及幸福感等多个方面。

（二）能量/能源效率视角下的城市运行

城市运行消耗巨大的能量，但也产出一些能量。这是一个能源或者能量转化的过程。一般城市不直接拥有能源资源，城市首先要生产或输入能量，比如，电力、煤炭等能量，然后产出具有能量的产品，这些产品或者被用于进一步的工业生产，或者被市民等直接消费，或者用于其他方面，这其中存在一个能量耗散过程。比如，发电过程中一部分能量通过热气等形式耗散在大气环境中。因此，能量使用效率是评估城市运行效率的主要内容之一。

应该说，全球的城市化进程加剧了能源消耗，这种消耗带来的不确定性可能还无法准确预测，但能源使用量的增加和由此导致的能量耗散显然已经成为经济社会发展的重大问题。如果不坚决走资源集约化发展的路子，城市消耗能源将耗竭一些自然资源，从而对持续发展形成严重威胁。当前，城市运行应该着力提高能源使用效率，并坚决对一些能源消耗严重的行业和产业进行调整。从数据看，主要应该对工业使用能源的结构进行调整，切实降低工业经济消费能源总量。此外，日常生活方面对能源消耗严重且造成环境污染的私家汽车等也应该实施必要的规制。

这里，对北京等四个直辖市的能源消耗强度进行计算（见图1－2），结果显示：北京和天津单位面积的能源消耗较低，而上海和重庆的能源消耗强度较高。考虑到北京和天津都是北方城市，有很大的取暖能源消费，因此，这在一定程度上说明城市职能以及城市经济结构问题对能源消耗的影响，特别是经济结构对能源消耗方面的影响。具体来说，上海和重庆可能更具有能源消耗型的产业结构，经济和城市运行对能源依赖度较高。

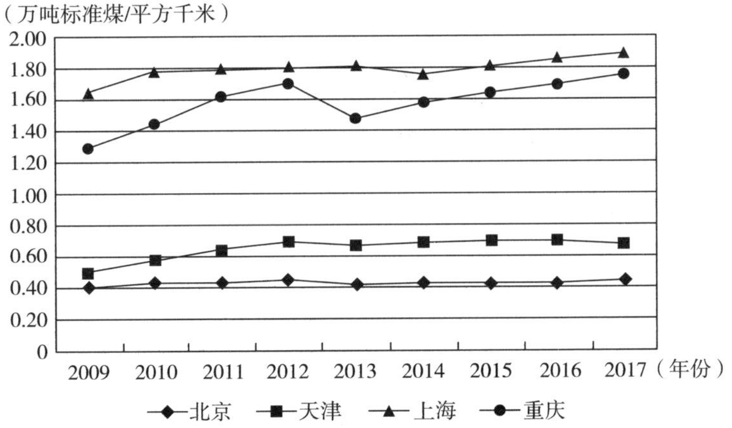

图1－2 四个直辖市能源消耗强度

资料来源：根据有关数据计算绘制。

需要注意的是，工业能源消费占能源消费比例很高，且近年来存在增加的态势。从能源效率视角看，城市管理中需要切实强化对工业结构调整，并降低工业能源消费。更值得注意的是，从整个能源消费来看，工业能源消费可能引发更多生活类能源消费，因此，这加剧了能源问题的严峻性。宏观方面，由于受到特殊冲击导致经济下滑，政府采取的刺激计划可能增加了能源消费，这是一个两难的选择。也就是说，即便由于技术研发提高了能源使用效率情景下，由于为保持经济增长而调控等因素，导致增加对能源的生产和消费。

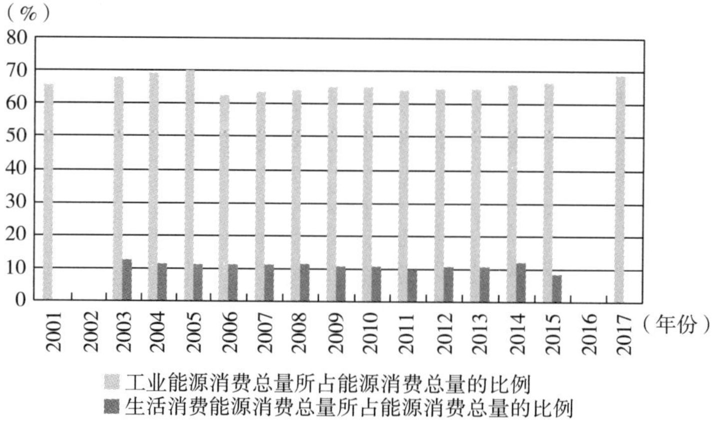

图 1－3　工业能源消费和生活能源消费占能源消费总量情况

资料来源：根据国家统计局网站数据整理绘制。

总之，经济增长必然要使用能源，但是，为了降低能源消耗的不良外部性，也要根据能源技术方面的情况进行结构调整，逐步提高能源使用效率。能源消耗应该纳入城市自然资源存量和流量等方面的考核中，这是目前城市运行管理一个迫切的问题。

（三）要素/设施利用下的城市运行

城市的运行离不开各类要素或者设施的支撑。除了能源，城市运行还在利用道路等基础设施、水体等自然资源以及文化景观等方面的实体或资源。城市运行要充分使用这些要素是困难的，因为动态来看，城市经济实际上处于一种不确定的状态，至少要素之间相比较可能存在不确定的状态。因此，总是有些资源处于闲置状态，而有些设施和要素利用过度。城市发展的不同阶段，这些要素利用的程度以及创造的价值不同。

比如水资源，一些城市可能存在过度利用地下水，从而减少污水处理成本的情况，这可能导致地下水资源的过度开采。中国华北地区的城市普遍存在水资源匮乏的情形，这可能与过度开采水资源有关系。因此，城市管理中需要探索减少水耗散的工业生产技术和工艺等。此外，加快水资源循环利用也能够降低对地下水等资源的开采量，从而避免地面沉降等风险的发生。

一些设施的规模和品质等对于城市运行十分重要。比如，地下管廊就是一个重要的基础设施，高质量的地下管廊能够支撑城市长期的发展。近年来，虽然各地做了一些探索和规划，但实际建设中仍然存在标准过低等问题。这与政府换届等行政管理因素有关系，也和城市经济实力等有关系。中央政府部门特别是住房与城乡建设部门对基础设施建设制定很多政策，但这些政策在具体落实时需要根据城市的经济实力等进行适当调整，因为很多要求和规定实际上难以做到。但是，也存在地方落实中央政策不力的问题。

专栏3：开封的“多馆合一”的实践

开封提出建设国际文化旅游名城的发展目标，将文化产业发展放在城市建设的重要地位。具体来说，在城市规划中将规划馆、美术馆、博物馆和书城等进行整合建设，实现了空间资源的优化利用，产生了比较好的社会效益。这是文化类公共服务管理的重要进展。目前，这些场馆已经成为开封的旅游景点，也是市民日常休闲和进行文化活动的去处。这对提升市民的文化生活品质具有重要价值。

值得注意的是，尽管各类主体有很多经济社会活动，但一些城市设施长期处于闲置或者低效率使用的状态，这需要根据情况进行调整。同时，也要避免因为追求规模化扩张导致的经济风险。

（四）社会博弈过程下的城市运行

更为广义地看城市运行，实际上是不同主体博弈的社会过程。城市既有不同的利益主体，也有不同的责任主体。这些主体按照不同的规律、规则和周期等进行活动，因此会让城市运行显得更加复杂。一些微小社会结构或者组织的长期演化可能会造成比较严重的后果。比如，黑恶势力的横行以及对社会秩序的破坏，可能会对城市运行产生严重的不良影响，而政府有关责任主体和黑恶势力的勾结或者合谋可能更会造成严重的后果。这是城市运行管理中确实要注意控制的重要问题。如果司法或者执法部门不作为，那么长期积累的后果是很严重的，这应该引发城市运行管理研究及相关人员的高度重视。

这些涉及诸多行业和领域的主体中，重要的主体构成就是工商主体，因为没有工商主体，很多市民的需要没有办法得到满足。比如，零售业主体直接关系到市民的日常生活，对城市运行十分重要。工商主体的经济活动既是政府的税收来源，也是市民就业的渠道，因此，政府需要高度重视工商主体的活动过程。城市运行管理中应该强化对工商主体的管理，包括准入资格管理、行政许可管理、税收管理以及相应的政策性规制等。特别是对工商企业公平竞争方面的管理和推进，对于保障各类主体的利益十分重要。如果政府实施了严重破坏公平竞争的政策，那么实际上就是对营商环境的很大伤害。

不过，因为区域性垄断等因素，很多工商主体可能会通过低效率的服务攫取利润，从而恶化城市的收入分配以及降低市民的幸福感。不仅如此，在教育、医疗等领域也存在因为区域性垄断导致的低效率问题，这是政府必须重视的问题。目前，很多城市开展营商环境评价，就是对政府服务工商主体的质量进行评价，这对于推进政商关系优化具有显著价值。此外，在公共服务领域开展服务标准和服务质量等方面的综合评价，也是推进城市治理和高效运行重要的选择。和农村相比，城市社会主体复杂且行为等出现高度分化的特征，这需要实施更加精细化的认识和管理。特别是对一些社会组织的管理尤其重要，这些组织有些属于黑帮性质，要着力尽早发现并降低其造成的不良外部性和各类风险。

最后，城市运行中由于竞争等因素必然会有一些群体陷入被动境地，或者困难境地。实际上，很多弱势群体的利益等难以得到保障或者被忽略，这是城市运行中的一个重大问题。不能因为这些群体数量较少就忽略他们的利益，诸多经验事实显示了这些群体的抵制等行为会引发严重的冲突。作为城市管理者，确实要防微杜渐，将城市管理的风险控制在萌芽状态。

三、现代城市运行管理的内涵

（一）现代城市运行管理的基本内涵

首先说明，这里不加区别地使用城市管理和城市治理概念。所谓现代城市运行管理，就是城市管理主体或者有关机构通过先进技术、机制和理念等，对城市基础设施日常运行管理、城市自然生态环境管理、企业等主体生产经营管理、公共服务管理以及其他社会活动过程的管理。由于人及有关主体的活动具有很大不确定性，现代城市更多是一种过程优化管理以及应对风险及不确定性的管理。

（二）现代城市运行管理内容

1. 社会正义和公平管理

政者，正也。城市行政管理在很大程度上是对社会正义的管理，行政过程也是推进社会正义的过程。改革开放以来，一个重要的现象是很多城市将经济发展放在重要位置，在一定程度上忽略了社会公平正义方面的管理。从收入差距等数据看，我们能够判断社会正义问题比较严重，也很难看到政府管理在促进公平中发挥的显著作用。

不过，很多城市还是在着力推进社会正义。很多城市在发展经济的过程中通过对低收入群体提供保障，以及通过设定最低工资等形式来促进社会正义。但这从事实上并没有降低收入及福利差距扩大的现象；相反，城市内部的收入和福利差距仍然在扩大。财富和福利的高度集聚可能对大量民众的生存发展有很大不良影响，社会正义问题表现为各个方面接受公平服务的问题，因此，城市管理应该着力促进福利相对公平和正义。

2. 能源和资源管理

现代城市运行管理的主要内容之一是能源和资源管理。正如前文所述，现代城市的一个显著特点是能源消耗高于传统城市，而能源消耗还被认为是全球气候变暖的重要因素。因此，降低单位产值的能源消耗以及进行能源领域的整体优化是城市运行必须解决的问题。

然而，各个城市采取的措施不同，效果也存在差异。有些城市通过建设循环产业示范园区等方式来降低能源消耗，提高资源利用效率。有些城市则通过控制企业用电量等来达到节能减排的目标。显然，城市需要系统性地降低能源消耗，对社区和有关机构的能源消耗实施更加精细化管理，才能达到能源控制的目标。比如，很多机构和单位实际上存在比较严重的能源浪费现象，这纯粹是制度等因素导致的，需要进行适度规制。为了减少对化石燃料的依赖，发展清洁能源始终是能源领域的战略导向。中国目前有300多座垃圾发电厂，这些电厂在解决垃圾发电方面发挥了很大作用，将垃圾直接转化为能源，具有提高城市能源利用效率的价值。此外，要提高能源利用效率，还应该在建筑保温等方面进行制度性和技术性规定，以减少对化石燃料的依赖以便控制碳排放。城市有关部门应该通过制度设计和激励机制等措施来鼓励节能减排。

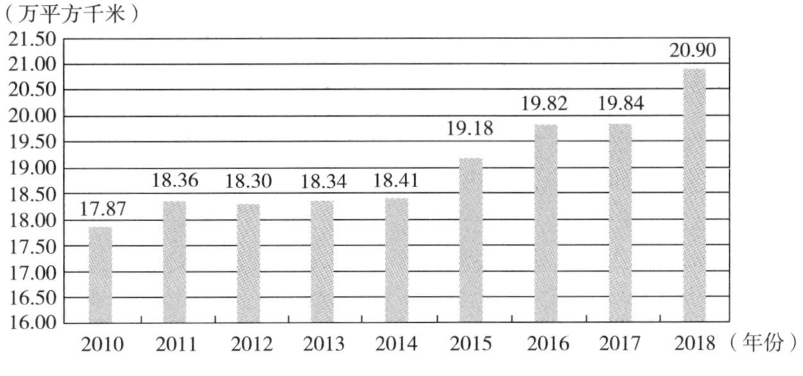

图1－4 2010～2018年我国城市城区总面积变化情况

资料来源：根据国家统计局网站数据整理绘制。

3. 人口及人口承载力管理

现行城市管理体制中，人口管理是实行户籍管理的模式，对外来人口实行的是居住证等管理方式。这也是传统社会一直采用的模式，对于保障社会秩序等具有显著价值。随着城市化背景下人口流动性增加，人口管理特别是外来人口管理难度增加。办理暂住证等是很多城市解决流动人口管理的方法，不过，社区层面对流动人口管理和服务还存在一些薄弱环节。

更重要的是，城市需要提高人口承载力，但又要将人口控制在一定范围。城市人口承载力不仅和城市面积等有直接关系，更与城市运行效率有关系。那些具有要素高度循环的城市，可能有更好的人口承载力，即能够满足更多人口的基本需要。比如，高效的污水处理系统可能提高了水资源的利用效率，从而能够支撑更多人口的需求。很多城市控制人口的参考指标是水资源承载能力。北京等地区之所以进行整体规划调整就是因为人口承载力的问题，这些年北京城市人口已经开始逐年下降。

水、土地等资源要提高承载人口数量，就需要探索各类优化利用资源的方式。但是，对于那些人口增长过快的城市，则需要根据实际情况进行控制，比如北京等特大城市需要将人口增长控制在一定范围，因为多年来的数据显示，人口增长总是超过城市规划的预期。

4. 要素流动性管理

城市需要保障和促进要素的流动性，以便实现其现实和潜在的价值。比如，交通方面需要改善交通条件来保障人口的流动性。近年来，一些城市通过改直取弯、增加通道等方式增加车辆流量和人流通量，提高了城市交通服务能力。智慧城市建设能够提高交通服务和保障能力，比如，通过大数据技术设置更为灵活的红绿灯转化模式，以便减少车辆等待时间、提高通量等。

此外，城市还需要提高一些物质的循环利用，比如废旧玻璃、纸张、电子产品等方便的循环利用，这对于减少原生资源开采等有一定作用。因此，城市运行管理要保障和促进要素流动性，而不是抑制要素流动性。其中，人力资源和劳动力的自由流动也是重要的流动性管理，城市人力资源管理部门或者相关机构应该促进人力资源的合理流动，充分发掘人力资源的潜力。

要素流动性管理中，一个重要的方面是资本流动性管理。重大资本抽离即一些工商主体赚取利润后抽离资本的行为，就是一种存在很多外部性影响的流动性。比如，一些商业主体开发矿产以后将利润转移到其他区域或者行业，将给矿产地带来经济发展的隐患，开矿后的生态环境补偿等难以真正落实，这是政府要注意和防控的流动性。实际上，这个问题可能在一些城市是比较严重的，因为很多主体在开发资源后赚取利润并抽离资本，给城市后续发展造成了一定的影响。

因此，政府应该对有关主体大额资本流动性等进行监控管理。

5. 重要资产管理

重点国有资产和资金是城市运行管理的重要内容。城市运行涉及各类资产和资金，一些资产的损失将会影响市民就业等民生问题。多年来，重复铺设管道、重复绿化等造成城市建设领域资金的使用效率较低。因此，城市运行中很多资金需要评估使用效益。比如，城市绿化等方面的资金，需要建立绿量或者绿化覆盖度和资金使用之间的关系。这个效益的损失还来自垄断造成的价格歧视，很多城市的市政设施都存在垄断的情况，导致城市建设资金的更多耗散。这确实是应该通过第三方评估等方式予以纠正的方面，能够提高城市建设资金的使用效益。此外，国资委、审计等职能部门应该确实发挥监管作用，始终让国有重点资产处于增值保值状态。

6. 人力资源开发管理

相当长一段时期，城市和乡村之间的要素流动因为政策原因受到限制，城市缺乏必要的人力资源发展经济。改革开放以后，城乡要素流动给城市发展提供了大量人力资源，并造成城市人口的迅速增长。当前，各个城市意识到促进人力资源流动的重要性，特别是提升人力资源结构的重要性。为此，各个城市针对高端人才等出台了一些支持计划，这是人力资源开发管理的重要内容。城市人力资源管理已经从数量管理到优化管理的时代。

其中，一个重要的内容就是市民荣誉及重要贡献管理。在城市形成与发展中，一些单位和人员做出了开创性贡献，比如原创性技术发明、重大城市景观工程建设以及应对风险中做出重大牺牲，等等。这些人员的功绩应该得到肯定和表彰。城市运行管理中对这些单位和人员应该予以一定荣誉和物质奖励，以便凝聚人心和鼓励市民给城市发展做出有价值的工作。大量事实证实了荣誉激励具有现实价值，城市管理者应该适当应用这种激励机制。这是城市管理中的重大工作。

7. 不良外部性管理

城市运行会产生诸如垃圾排放、犯罪、社会冲突等不良外部性。因此，还需要对垃圾处理等过程进行控制，避免城市产生的垃圾等影响周边的环境。实际上，很多城市的垃圾填埋因为选址等原因产生了一些不良外部性。一些城市垃圾填埋点选择过程遭到了当地居民的反对和抗议等。此外，城市运行还需要对金融诈骗等经济犯罪风险进行控制，这些问题将在专门的章节进行讨论。

总之，城市运行存在诸多不良外部性，城市管理机构应该着力降低这些不良外部性产生的风险。并且，一旦产生这些不良外部性，应该着力采取措施并对有关主体予以控制。中央政府有必要对建立城市处置不良外部性管理的监督机制。

（三）现代城市运行管理方式

在现实城市运行管理中，主要是通过举行会议、发布文件和实地执法行为等方式进行管理。尽管看上去似乎很有流程感，但实际上是一个复杂的过程，因为政府机构工作节奏缓慢等因素，导致城市运行管理存在效率方面的差异。

专栏4：交通管制对环境质量的提高有用吗？

一些城市利用交通管制、限号出行等方式来减少私家汽车的尾气排放，从而降低对大气环境的污染。事实证明，在冬季大气污染高发期，这种措施对提高环境质量有一定价值。因此，适当的交通管制或者限行对于环境质量特别是特殊气象条件下的环境污染治理有正向作用，尽管为此需要支付一些成本，但良好的空气质量对于所有居民具有很好的效用，因此应该成为治理空气污染的一种常规性措施。

1. 制定和执行政策文件

政策文件是城市运行管理的重要依据。比如，对城市风貌及环境管理方面，国家制定了《城市市容和环境卫生管理条例》等文件。该条例第二十条规定：城市人民政府市容环境卫生行政主管部门，应当根据城市居住人口密度和流动人口数量以及公共场所等特定地区的需要，制定公共厕所建设规划，并按照规定的标准，建设、改造或者支持有关单位建设、改造公共厕所。虽然城市管理部门已经建造了一些公共厕所，但平均而言，和民众需求还存在差距。公共厕所的建设、改造和运行仍然是制约很多城市的一个现实问题。

总之，制定和落实政策文件是城市运行管理的一个重要步骤。城市立法机构和有关职能部门应该进行政策文件的有效合作和协同化管理。

2. 开展具体管理业务

文件是城市管理的制度保障条件或者必要条件，是城市运行管理的行动指南。文件制定后，各个部门应根据实际情况开展管理业务。管理业务是城市运行管理的核心内容。比如，城市民政部门设立一些为居民提供办理结婚登记等方面的机构，满足居民办理证件方面的需求。这些业务的标准化、流程化等已经成为城市管理改革的重要方向。

需要注意的是，信息化实际上导致很多管理业务效率提升，并降低有关主体的成本。一些城市已经注意到大数据对城市管理业务的重要性，并成立了大数据局等部门实施更加精细化管理。这样，城市各个领域的数据采集、整合和集成将会更加规范化，数据和信息的处理质量将会提升，并着力对城市各个领域实施更加精确化治理。

3. 管理过程的整改和提高

管理是一个反馈过程，特别是流程化的管理更是如此。比如，有些城市为了强化安全服务，将警务室直接建立在交通节点处，这缩短了警察服务的时间，提高了服务质量，减少了反馈过程。总体上，这是一种公共服务力量下沉的表现，对于城市安全具有正向作用。当前，社区等管理服务特别需要服务下沉，能够直接提高市民的各类福利。但是，这也需要付出资金及人员培训等方面的成本。

当前，很多城市有城市管理局作为城市管理的专门单位，但很多业务仍然存在交叉管理、重复管理的问题。这需要根据实际情况进行改革，特别是对机构重叠及人员冗余等问题进行改革。

第三节 理论基础

一、现代城市建设理论

由于城市问题的复杂性，各个领域的专家如地理学家、经济学家等均对城市进行了大量的研究，并陆续介绍了国外的城市建设与管理学说等，形成了如下代表性理论。需要说明的是，为了强化论述的普遍性，这里不加分别地使用城市规划和城市建设两个概念。

（一）城市有机生长理论

这种理论将城市看成是生长着的有机体，并据此探索城市扩散与发展的规律。这种理论具有深厚的中国哲学传统，秉承“天人合一”的基本理念，着力在城市规划与建设中遵循一种自然秩序，体现城市的自然有机属性。这就需要根据城市有机体理论明确城市的空间布局，特别是具有显著的中轴线作为规划的基本参照。然后，有序调整各个功能分区及空间结构，形成疏密有致的城市空间布局。中国古代长安、洛阳等城市建设就是根据这种理论进行具体实施。

城市有机生长理论在应对城市扩张过程的建设中发挥了作用。尽管城市实际扩张过程远远没有有机体那样规则和有序，但建筑师和规划师仍然通过努力让城市呈现某种秩序感和空间优化布局。特别是新近一些地方的城市规划给城市有机体发展预留空间，这可以说是比较超前的建设和规划。这种理论明确认为，城市不能无限扩展，任何城市需要将扩张范围控制在一定范围，这对于大城市建设与规划具有深刻启示。

（二）山水田园城市理论

著名科学家钱学森提出山水城市理论，这是基于城市选址、建设等方面的事实提出的理论。这种理论主张城市建设与管理应该尊重自然规律，将城市融入自然环境中，不能割断城市和乡村以及自然环境的关系。国外很多城市建设实践正是根据这种理论进行，主要是通过大面积的绿化和公园景观等体现这种规律。在实践中，这种理论的体现就是通过建设不同等级的城市将城市之间的自然环境予以保留，乃至通过大面积的绿化带来隔离不同的城市功能区。然而，城市扩张对自然环境的损害和侵占一直在发生，城市的“热岛效应”对周边农村地区造成一定的不良影响。由于利益驱动等因素，这种城市建设与发展理论实际上受到各类要素的约束和机制等方面的阻碍。

因此，这种理想化的城市建设模式实际上受到诸多因素约束。当前，很多城市主要通过内部增加绿化量（包括绿化带和公园绿地）等方式强化生态环境建设和景观建设，一定程度上提高了城市人居环境质量。

（三）交往空间理论

丹麦建筑师扬·盖尔的《交往和空间》被认为是交往空间理论的经典著作。交往空间理论着力探索城市空间管理与社会交往之间的关系，强调通过城市规划和管理等促进人的合作及交往，并对城市经济和社会发展产生正向价值。大量事实证实了开放型空间对于社会交往的重要性，而那种封闭性设计和规划将在一定程度上阻碍社会交往。城市交往空间的形成将会促进公共平台的形成，对于城市治理具有显著推进作用。

这个理论对城市规划与建设具有很大的借鉴价值，很多规划师和建设者成为这种理论的追随者，特别是对中国社会长期形成的大院文化和大院城市格局具有显著借鉴价值。新时期，各个城市应该着力提高开放程度，城市建设中提高交往空间和交往便利性有助于居民接受更加便利的服务，降低社会活动的合作成本等。但有些坚持传统风水文化的规划师和建筑师可能对此并不能理解。

（四）空间优化理论

空间优化理论，主要是针对城市扩张导致的环境拥挤、环境污染以及一些资源的闲置和浪费等问题提出。城市的运行需要消耗大量能源资源，城市的扩张占用很多土地资源，特别是房地产的快速扩张占用了很多土地资源，但因为很多因素又造成住房空置率较高，实际上造成空间资源的浪费。有学者提出空间优化理论，并测算了一些城市的空间优化指数。该理论着力于城市空间的综合价值开发，特别是将生态价值和社会价值作为评估城市空间价值的重要维度，并尝试对这些价值进行货币化估算。

在城市建设实践中，很多城市推进空间优化的行动存在差异性，因为产权等原因，空间优化并不是很简单就能实现的。政府更多是通过城市改造和城市更新，主要是对老旧小区改造等优化空间价值。

（五）城市有机疏散理论

著名城市规划学家沙里宁将城市比作生物的活的机体，将城市片区比作细胞组织，单体建筑比作单个细胞，并把西方大城市的交通拥挤、贫民窟、无序扩张等比成细胞组织坏死，这些细胞都有共同的特征，有秩序的组合而成物体。细胞健全并且有序组合，则物体健全；反之，组合就会秩序混乱。

这种理论强调解构城市中心，通过将城市市民工作和生活的区域分解为若干单元并建立一种有机联系，从而弱化中心区域功能。实际上，国内很多城市不断从内部圈层扩展到外部圈层就是这种理论的体现。不过，这也是很多城市在内部要素集聚密度过大情形下采取的被动措施。

（六）中心—外围理论

城市布局和建设中确实存在中心和外围的差异。中心—外围理论实际上强调城市中心核心作用，城市扩张则呈现一种由核心区域逐步向外的圈层结构模式。在产业布局方面，这种模式将一些存在风险或者占用土地等资源过大的产业布局到外围，而在核心城区布置具有技术性的产业，以及一些高端的服务业。至今，这种理论实际上在很多城市扩张中得到应用，不过有些城市在外围区域又建设了一些小的核心城区，形成了多核的城市结构。

总之，以上理论都是对城市建设与运行的理论和经验总结，在促进城市基础设施建设、推动公共服务布局以及产业布局等方面有主要的作用。但是，每个城市都是唯一的，在应用这些理论时需要充分考虑每个城市的特殊情况，灵活进行各类规划和项目安排，那种生搬硬套的建设模式可能会付出很高的代价。

二、现代城市运营理论

城市运行理论是对城市运行现实的总结，一般来说，根据城市的区位、资源等因素，可以将城市运行划分为开放运行理论和封闭运行理论等不同类别。需要说明的是，这种划分是相对的，只是为了认识和分析问题的便利。

（一）开放城市运行理论

所谓开放城市运行理论就是将城市区位、产业等进行统筹考虑，从而将城市各个产业及公共服务等进行充分对外开放的一种城市运行状态。从世界各国城市发展看，开放城市运行导致了城市竞争力的提升，对城市发展具有正向作用。开放式运行主要指对外部投资相对开放、市场相对开放和要素流动相对开放等。这种理论有助于各类要素流动性，并实现经济发展质量的提升。实践表明，那些具有便利出口条件的城市更容易形成开放城市。反之，如果具备开放城市运行的城市实施封闭性政策，将会失去发展机遇并造成市民福利的损失。

（二）封闭城市运行理论

一些城市因为区位等因素，处于非常封闭或者相对封锁的状态，不能进行充分的对外经济合作，因此，只能在相对封闭的状态下运行。可以说，这类城市运行的状态存在很多制约因素或者说不利因素，因此，城市管理者只能在相对封闭的环境下进行运行管理。一般来说，这些城市一方面应促进内部要素流动性来促进经济发展，另一方面积极争取外部投资等方面的支持，主要方式是通过积极提高基础设施服务能力来吸引要素集聚。

从历史发展来看，一些城市的封闭运行可能是城市管理者对外部投资等设置限制条件等导致的，因此，城市运行状态和管理者的理念有直接关系。在国际化背景下，富有远见的城市管理者看到了打开城门迎接投资等方面的重要性。当前，各个城市的开放程度正在逐渐提高。

（三）有开有闭的城市运行理论

有开有闭的城市运行，是一种更加符合实际的城市运行理论。理论上说，任何城市的开放程度不可能无限大，封闭程度也不可能无限小。实际上，多数城市的运行是有开有闭的运行理论，比如，仔细观察会发现，尽管很多城市在通过招商等促进产业公平竞争，但实际上很多领域存在垄断性或者说地方保护。因此，在事实上每个城市的开放度是有限的；反之，封闭的城市也不可能完全封闭。理性的认识是任何城市都存在开放运行和相对封闭运行，那些开放程度高的城市主要是经济方面的开放程度高。

此外，根据城市资源禀赋等因素，还可以将城市运行划分为文化资源经营型、自然资源经营型以及出口业务支撑型等多种类型。

三、现代城市管理理论

现代管理学中的很多理论可以用在城市管理中，比如，马太效应、彼得原理、木桶原理、零和游戏原理、华盛顿合作规律等。问题在于城市管理的复杂性，很大程度上是由于城市构造和产业运行等方面的复杂性决定的。城市管理者掌握的资源和工具是有限的，因此，只能根据城市发展实际进行一定次序的管理，即不同时期有不同侧重点的管理。根据现有城市运行管理的实践，形成了不同的管理模式，现总结如下。

（一）产业提升式管理

由于城市经济或者产业在城市发展中的重要性，很多城市将产业提升作为管理的重点，因为这能够给城市带来稳定的财政收入，并提升城市整体经济实力。由于产业领域的激烈竞争，如果城市一些产业或者核心产业失去相对竞争力，可能会对城市发展造成持续性影响。因此，产业提升管理其实是如何让城市保持相对竞争力的管理。对此，很多城市通过改善产业结构来保持相对比较优势。比如，青岛通过将原来的家电制造业逐渐提升为生物医药、新能源、环保产业等多元产业结构以保持经济竞争力。当前，青岛服务业产值已经超过工业产值，实现了相对有效的产业提升管理，城市竞争力相对稳定。

（二）短板弥补式管理

城市公共服务等领域存在一些短板，是城市发展的一个事实。一些城市在具备一定的基础设施和产业规模后，发现一些仍然制约城市发展的因素，比如，基础设施服务能力较低等。这些短板长期对城市造成不良影响。于是，政府开始采取补短板的方式来提升城市整体服务能力。这种管理涉及城市基础设施的诸多方面，比如供水、供气和道路交通等。需要说明的是，一些城市切实通过补短板增强了城市要素流动性，并提高了城市公共服务能力。

（三）全面改造式管理

全面改造式管理，是指政府通过系统性规划，对城市基础设施、公共服务等领域进行全面改造。这通常是城市财力积累到一定程度和产业发展到一定阶段后采取的行动。很多城市开展了全面改造式的管理，比如重庆对城市污水及环境治理的管理，通过系统规划在乡镇一级建设污水处理设施，大大提高了环境管理能力。这就是一种典型的全面改造式管理。

（四）维持现状式管理

很多城市因为政府掌控的财力有限等原因，难以启动大规模的改造和建设，难以进行公共服务的全面提升，因此，只能采取相对维持现状的管理。特别是，那些具有保守行政风格的官员更容易实施这种管理模式。当然，这只是相对而言，维持现状不是什么也不做，而仅仅是受到要素制约，城市建设比较缓慢而已。中国很多县城就是这种管理模式。

第四节　相关研究回顾与展望

一、现代城市建设研究回顾

由于城市问题的重要性，很多机构和学者投入大量精力研究城市问题。1976年，戈特曼提出世界六大城市带的概念，该理论至今有深刻的影响。长江三角洲的上海已经成为世界级城市。中国一直着力推进以上海为中心的长三角城市群建设，积极融入世界级城市群和城市带。

1992 年以来，中国沿海城市的开放导致了经济总量的迅速增长，中国东部地区城市通过要素集聚降低成本并获得相对竞争优势。中国学者对长三角城市、珠三角城市和京津冀等城市群进行深度研究，在基础设施建设、公共服务等领域已经产生了一些政策效应。

针对城市扩张的规模和速度等问题，有学者进行深入研究。比如，有研究发现中小城市新城建设和政府官员调整有一定关系，相对年轻的官员在新城建设上动力更足，新城面积和城市发行的城投债存在相关性，这在一定程度导致了地方债务的积累风险（彭冲、陆铭，2019）。并且，城市建设规模和土地产权保护存在一定关系，土地产权保护传统好的城市，新城规划面积更小、密度更高、离主城区更近。尤其在2009年后，为了遏制经济下滑态势采取建设新域的手段时，其新城规划更有效率（陆铭，2019）。

二、现代城市运营研究回顾

城市运营领域的研究起步较晚。改革开放以来，中国学者对城市运行问题进行了一些探索。比如，有学者提出城市的脆弱性，并对脆弱性进行管理。这种脆弱性主要指城市应对物资短缺和能源供给等方面的脆弱性，有些脆弱性是产业发展的比较优势丧失导致的。一些地区的城市脆弱性已经引起一些社会和经济问题。对此，根据学者意见，很多城市采取产业多元化方式来提升应对脆弱性的能力。又如，相关学者研究了人力资本与城市发展间的关系。经研究发现，城市规模和人力资本回报率存在关联性，城市规模越大，来自行业内企业间、服务业行业间的人力资本外部性越强，而来自制造业的城市规模越大，人力资本外部性反而越弱（梁文泉和陆铭，2019）。有些研究证实了城市经营成本和城市等级的关系，如有研究发现，北京、上海和深圳是中国经营成本最高的3个城市。此外，杭州、厦门、珠海和广州等城市也存在经营成本较高的问题。

三、现代城市管理研究回顾

在城市管理方面，也产生了很多研究成果。

第一类是关于城市管理技术使用及平台构建方面的研究。一些研究强调了利用GIS及测绘科学强化城市精细管理的重要性，并在一些具体项目中进行实证分析。有些研究论述了建立政务大平台的重要性，并结合具体城市的实践进行分析。一些具体技术方面的研究表明，将先进的数字技术和地图技术运用于现代城市管理，将城市管理模式数字化、智能化——智慧城管，成为一种新型高效的城市管理模式。有些研究则分析了基础设施对公共空间活力等方面的影响。

第二类是关于城市管理法规方面的研究。很多学者研究了市容和环境卫生管理方面的法律法规问题。

第三类是关于城市公共服务能力管理的研究。一些研究对城市社区服务能力的拓展做了探索，并提出政策建议。

第四类研究是对强化城市管理组织方面的研究。如有研究对如何强化城市管理队伍建设等进行探索，并提出有关对策建议。

四、现有研究的评述

实际上，城市建设、运行和管理问题常常交织在一起，这加剧了问题的复杂性。现有研究在诸多方面取得了进展，对指导城市建设和管理具有显著价值，但仍然存在一些问题：

一是针对全国性的研究成果不多。很多研究针对具体城市或者某个区域，是一种更加微观的研究，从全国层面进行城市管理和运行研究的文献比较少。有些研究从全国层面进行，但研究全面性、系统性存在一些问题。

二是对城市管理的微观单位——社区的研究不够深入。很多城市问题研究过于宏观和笼统，对社区缺乏足够的重视，有些涉及社区的研究也因为没有详细的资料支撑而显得单薄。实际上，社区事务方面的财政支出增长迅速，但居民普遍感受到的公共服务提高程度有限，因此，需要对财政支出用于社区的部分进行分析，这有助于更加深刻认识社区建设和公众接受公共服务之间的关系。

三是一些研究资料和实证方面不足。一些研究停留在理论探索和简单陈述等层面，有关数据资料整理和分析程度不足，导致有关主体不能形成更加具体化的认知。特别是一些研究具体案例不足，这对形象认识城市建设问题有一定的不利影响。

五、本书的重要意义

本书在现有基础上，是对城市建设和运行中的重大现实问题进行理论和实证方面的研究，集中在公共服务、基础设施和公共投资等城市建设和运行问题的研究，总体上更加侧重实证研究。本书的意义主要是：

1. 有助于全面了解中国城市建设的现状

本书对中国城市建设现状进行大量的实证研究，特别是对城市建设各个领域的详细数据资料进行整理分析，这有助于了解中国城市建设的现状和趋势。因此，本书是一种宏观层面即国家层面的研究，着力从整体上把握全国城市建设的情况。这种研究对国家有关部门宏观决策具有一定价值。

2. 有助于强化对中国城市建设的整体认识

本书对城市建设和运行领域的基础设施、公共服务、公共投资和社区建设、人力资源开发等问题进行深度分析，提出了强化城市公共服务能力方面的政策建议。此外，本书还对城市环境问题进行整体化分析，特别是对环境执法机制方面做了探索，认为联合执法机制能够强化城市环境治理能力。

3. 有助于拓展城市问题研究的视野

本书在整体对中国城市建设进行概貌式研究的同时，对城市人力资源和社区等问题进行研究，有助于更加深入地认识中国城市建设存在的一些痛点或者关键问题。特别是城市社区建设可能存在严重的资金耗散等问题，提升居民社区层面服务能力的任务比较艰巨。这些是在以前研究基础上拓展了城市问题的研究。

4. 有助于在城市发展中为制定有关政策提供参考

本书每个章节基本都涉及公共政策，这些政策覆盖了公共服务、基础设施、环境保护、社区建设及城市治理等方面，有些政策直接根据现实数据进行论证，对于改善城市运行决策具有一定价值。有些政策建议对城市建设的长期规划等具有一定价值。有些政策对解决当下城市发展面临的问题具有参考价值，比如城市风险防控方面的政策。

第五节　研究框架设计

一、总体设计

（一）现代城市建设运营管理存在的突出问题

城市建设虽然取得了显著进展和成绩，但城市也存在诸多风险。现代社会既是一个要素高度流动的社会，也是一个充满风险和不确定的社会，因此，城市问题的研究要顺应这些历史趋势和现实需求。中国目前的城市问题研究在以下方面还需要进行拓展和深化，以便为政府有关部门提供更加具有可操作性的政策建议。

（1）社区问题。社区关系到人的基本生存与长期发展，然而城市问题领域却长期忽略社区问题的深度研究。城市社区究竟和乡村社区存在哪些区别？城市社区如何克服重管理轻服务的弊端？城市社区如何满足人的发展需要？等等。这些现实问题都需要研究和解决。然而，现在的城市研究过于宏观而难以涉及社区层面，造成社区的很多政策不能落实，社区在满足民众的需求方面还存在不少差距。

（2）公共服务问题。显然，中国的城市化进程需要对城市问题进行深度研究，这些研究应该深入公共服务、基础设施建设、社区服务等方面。开展城市问题深度研究，更好地服务于重大问题决策，是本书的逻辑起点。

（3）环境问题。城市的环境问题已经显得十分重要，特别是工业化造成的环境污染已经造成了各个方面的问题。本书对城市环境污染治理投资等基础数据进行分析，测度了环境治理的综合效益，并针对不同污染物类型进行分析。此外，针对城市环境污染造成的损失以及为了维护公平进行的各类补偿等，本书将做一些探索和分析，有效率的、完善的环境政策会对城市治理发生显著正向推进作用。

（4）空间优化问题。空间资源已经成为重要的资源，城市经济社会的诸多活动已经伸到空间领域。国内一些学者提出空间优化指数的构想，并进行实证分析。当前，各个城市正在逐步走规模控制、内部优化的城市化道路，城市空间资源的优化利用是未来城市运行管理的重大问题。

一些沿海城市为了扩展城市，采取围海造地等形式来拓展城市空间，这种做法对海洋生态环境有一定的破坏作用，或者不良影响，因此，需要谨慎论证这种城市扩张模式。

（5）重大资产管理问题。重大资产，特别是关系到城市安全和可持续发展的铁路、机场、市政设施等重要设施和资产，是城市运行的重要支撑。当前，国家已经成立国资委专门管理国有资产，不过这主要集中于国有企业层面，这是国家治理体系现代化的重要步骤。

（二）本书的总体设计

本书的总体设计是：围绕中国城市发展的重大现实问题进行综合分析，以理论分析为主导，以实证材料为辅助，对城市发展中的各类重大问题进行深度研究。具体来说，有以下主要内容。

一是对城市基础设施问题进行综合分析。交通、通信、供水等基础设施，对于城市的运行具有基础性支撑作用。本书将就基础设施问题进行分析，特别是城市道路密度、供水及水源地保护、电力供给等基础设施进行分析，这将深化对城市运行基础的认识。

二是对城市社区问题进行深入分析。根据国家社区现状，对社区服务进行分析，特别是对比较薄弱的教育、医疗等公共服务进行分析，找出社区事务支出中存在的问题，并提出针对性政策建议。

三是对城市的人力资源问题进行深度研究。人力资源是城市发展的战略性资源之一，多年来，人力资源特别是优质人力资源向城市集中的趋势导致城市人力资源结构发生显著变化。但是，城市也存在人力要素高度流动等带来的不良外部性，这些需要根据实际情况予以应对和解决。

四是对城市运行及风险管理问题进行深入研究。对城市发展中的各类风险，包括自然灾害、经济风险等进行深入分析，特别是对救灾等方便的物资保障等问题进行分析，以便降低城市运行风险。

五是对城市的其他重要问题进行分析。本书对公共服务问题等进行了比较全面的分析，指出城市公共服务存在的主要问题，并着力提出具有针对性的政策建议。

根据以上重大问题的研究，本书最后提出了城市问题的政策建议，包括土地政策、金融政策、财政政策、社会保障等政策，特别是土地政策方面，提出了未来的政策导向等基本思路。

二、技术路线

根据以上城市问题研究的现状，以及整体的研究设计，结合中国城市建设与发展的实际，本书采取的技术路线如图 1－5 所示。

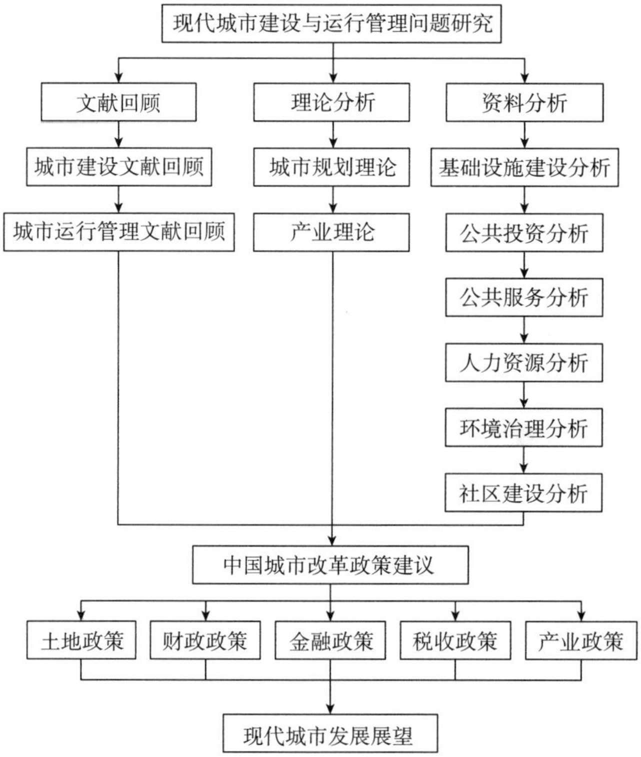

图 1－5　研究技术路线

本书希望能够形成城市问题研究的更加系统化的框架，以便深化有关主体对城市问题的认识，特别是有关城市建设与发展的具体问题的精确化研究，比如社区服务的评估，以及城市运行管理的评估等。这也是本书可能的创新所在，以及在现有研究基础上做的一些探索。因此，本书兼顾宏观和微观、兼顾理论和实践、兼顾整体和局部，争取体现出一种更加务实求真的研究风格。

第二章　现代城市建设运行管理概述

第一节　现代城市建设基本情况

一、现代城市建设基本情况

从我国近十年城市扩张来看，城市城区面积仍在以较快的速度增加。2010年全国城市城区总面积为17.87万平方千米，到2018年城市城区总面积增加到20.90万平方千米，增加了16.70%（见图2-1）。

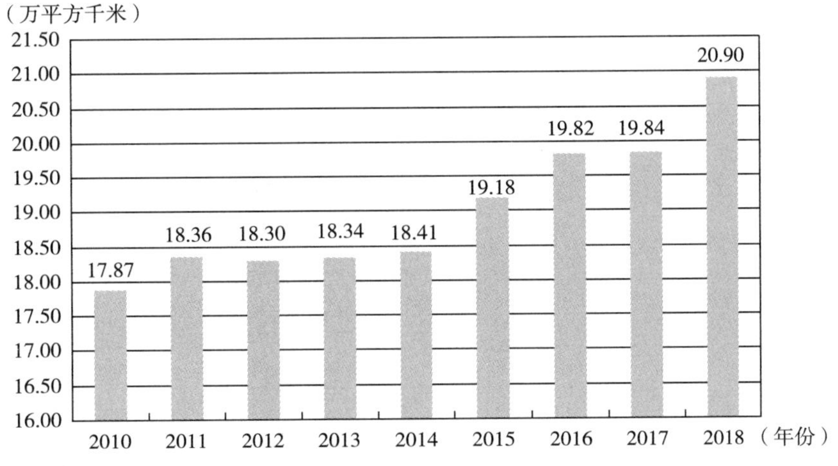

图2-1　2010~2018年我国城市城区总面积变化情况

资料来源：根据国家统计局网站数据整理绘制。

2018年，城市征用土地面积增加到了2003.66平方千米，从2014年起城市征用土地面积逐年增加，可以说开启了我国城市化建设的又一个小高潮（见图2-2）。

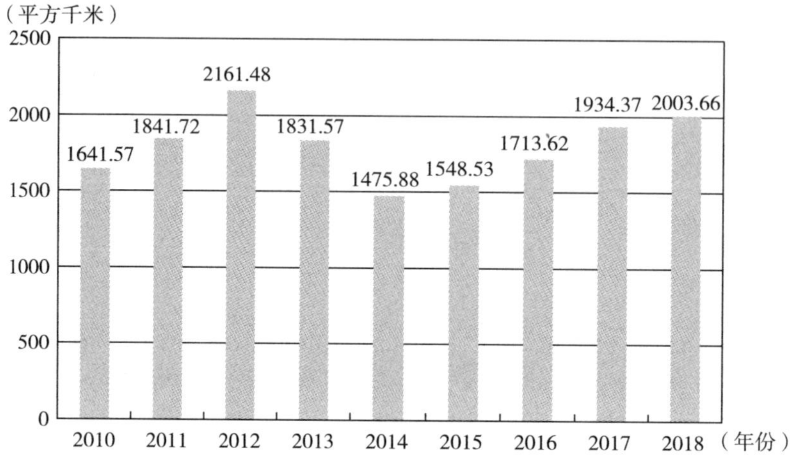

图 2-2　2010～2018 年我国城市征用土地面积变化情况

资料来源：华经产业研究院根据国家统计局网站数据整理绘制。

2018 年，我国城市建设用地面积达到 5.61 万平方千米，较上年相比增加了 0.92 万平方千米（见图 2-3）；在全国各省份中，2017 年广东建设用面积最大，达到 5577 平方千米，山东建设用地面积排名第二，达到 4660.19 平方千米；江苏排名第三，建设用地面积为 4431.72 平方千米。

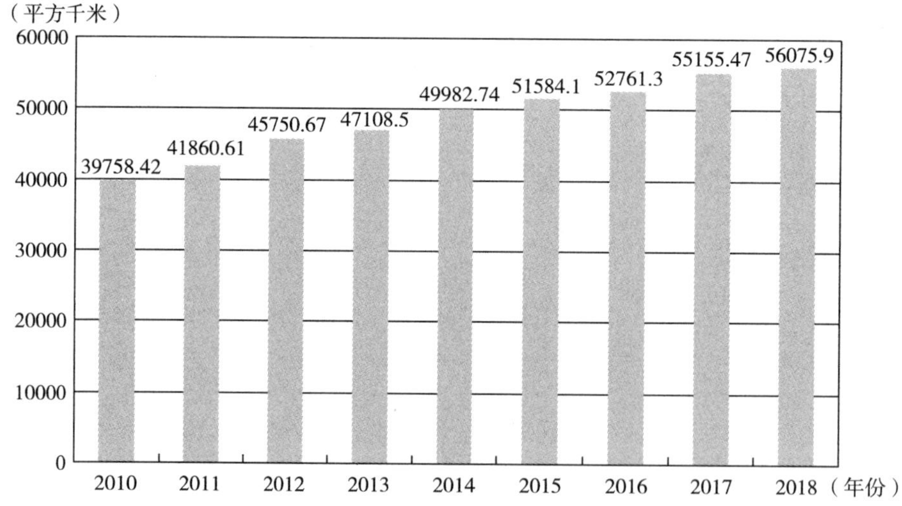

图 2-3　2010～2018 年我国城市建设用地面积变化情况

资料来源：根据《中国城市统计年鉴》中数据绘制。

2018 年，我国城市建成区总面积为 5.85 万平方千米，较去年相比增加了 0.22 万平方千米（见图 2-4）。

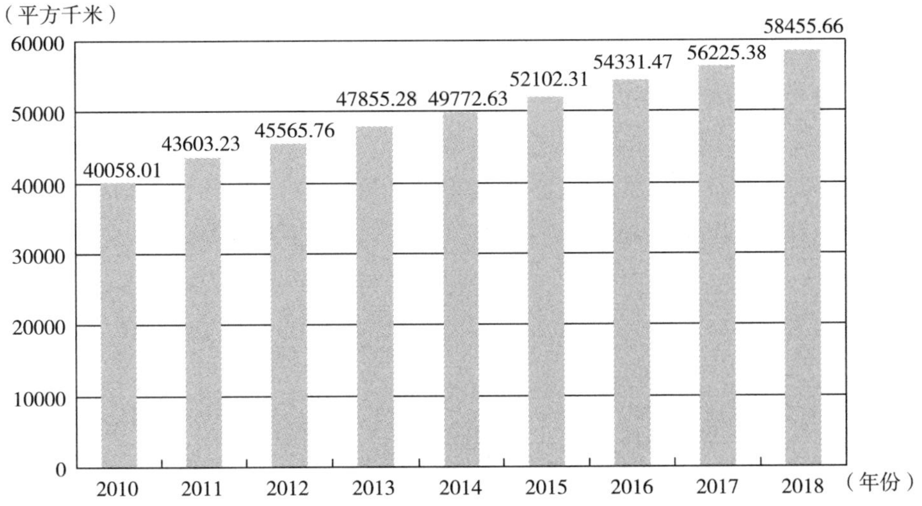

图 2-4 2010~2018 年我国城市建成区面积变化情况

资料来源：根据《中国城市统计年鉴》中数据绘制。

2010 年，我国城市、农村人口比重为 49.95∶50.05，2018 年我国城市、农村人口比重为 59.58∶40.42，城市人口所占比重增长迅速，而且仍将高速增长（见图 2-5）。2017 年，我国城市平均人口密度为 2408 人/平方千米，其中黑龙江

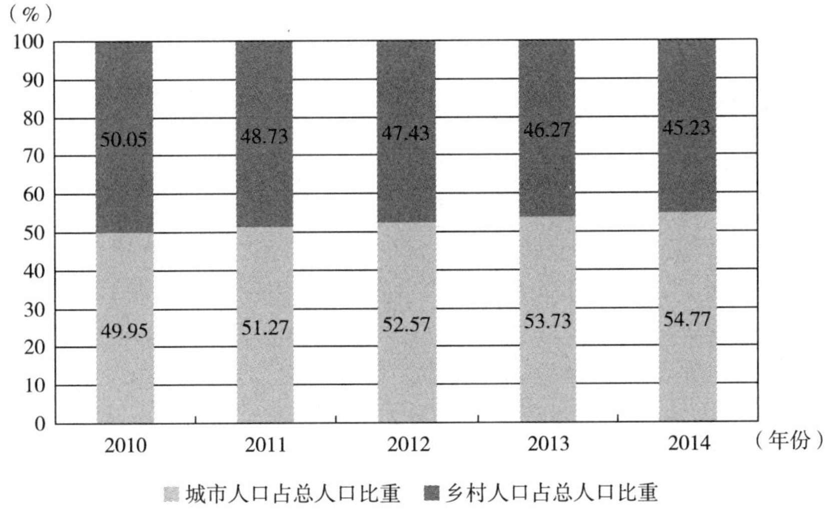

图 2-5 2010~2018 年我国城市、乡村人口比重变化情况

资料来源：根据国家统计局网站公布数据绘制。

城市人口密度最大，2017 年城市人口密度为 5244 人/平方千米；河南城市人口密度排名第二，2017 年人口密度为 5056 人/平方千米；江西城市人口密度排名第三，2017 年人口密度为 4613 人/平方千米。

1978 年末，我国城市有 193 个，到 2018 年末城市总数达到 657 个。而且城市的人口规模也在不断扩大，城市化率水平不断提高，1978 年我国城市化率水平是 17.92%，到 2018 年城市化率水平已经达到 59.58%（见图 2－6）。

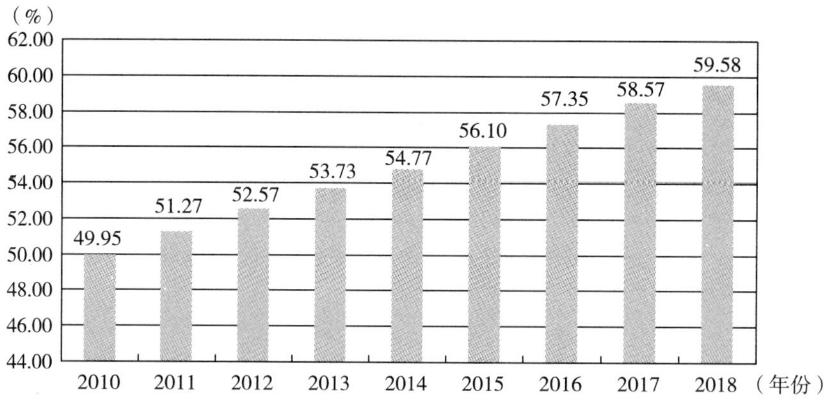

图 2－6　2010～2018 年我国城市化率趋势

资料来源：根据国家统计局网站公布数据绘制。

二、现代城市建设存在的主要问题

改革开放以来，我国城市建设取得的成果与社会经济发展水平相当，也是社会经济发展的反应，同时为我国城市建设发展规划积累了丰富的经验。可是，在城市建设过程中暴露的问题也亟须解决，如重建轻管、公共服务均等化程度低、基础设施相对落后、城市建设缺乏创新、环境污染问题严重和部分工程建设质量不过关等。

（一）重建轻管，城市管理水平较低

城市建设和管理是复杂的过程，涉及诸多职能部门和机构，要实现有机融合存在诸多困难。从我国城市发展的历程看，主管城市建设的不同部委，开展了一系列试点示范工作，但都是从不同的角度关注，城市建设的实践还相对比较缺乏，中长期的统一规划和行动部署在管理方面得不到重视，也难以保障建设方面能够有所成就。例如，2010 年广东湛江市为了加强城市基础设施建设和街道整治分别投入资金 976 亿元和 98 亿元。起初，湛江的城市基础设施得到一些改善，

但也仅仅持续了几年时间，随后几年开始出现基础设施被破坏的现象，归根结底是由于管理方面没有引起足够的重视，这种现象不仅造成资金浪费，也不利于城市的发展。

关于中国城市的建设实践，不同类型城市创建工作的推动，几乎都是由对应的主管部委提出相关定义和创建标准并负责城市创建工作的成果考核：如生态城市、生态文明城市等的标准、试点和考核由环保部负责；低碳城市、循环经济城市的标准制定、试点和考评由国家发改委负责；海绵城市、园林城市、生态园林城市等的标准、试点和考核由住房和城乡建设部负责；可持续发展创新示范区、可持续发展实验区等的标准、试点和考核由科技部负责；水生态文明城市的标准、试点和考核由水利部负责。这表明，城市管理确实存在多头管理的问题。

（二）基础设施建设跟不上城市发展速度

在现代化城市建设过程中，由于政府财政收入存在差异等因素，城市基础设施建设投入相对不足，基础设施相对较落后。一些城市道路面积较少，难以满足通行；一些城市供暖设施能源使用效率较低，能源耗散现象严重；一些城市环境卫生设施滞后，不能满足环境管理需要等。近年来，我国出台了若干政策加强城市基础设施建设，但由于初始水平低下，但我国城市基础设施仍然相对较落后于发达国家。研究表明，城市人均绿地面积、城市垃圾处理率、污水处理率、燃气使用率等方面较发达国家具有明显的差距。因此，我国需要着重加强城市基础设施建设。例如，2015 年 5 月 6 日广州的特大暴雨，致使一些路面水深甚至达到 20 厘米以上，对当时人们的交通出行造成很大影响，使两千多人的航班被延误。这是基础设施不完善，排水系统不能发挥作用，由此给市民正常生活造成了严重影响。

（三）城市建设缺乏创新，城市形象不够突出

现代化城市建设过程中，由于缺乏系统性规划及具体项目上的创新，因而出现城市千篇一律，缺乏特色，也没有体现出人性化的城市形象。很多城市在规划过程中生搬硬套，使城市景观与其他城市具有一定的相似性，没有自身的特色。在城市建设中，还存在一定的“首都效应”，即在规划建设的过程中效仿北京，而没有着眼于自身的实际情况进行考虑，没有对运营建设成本等方面充分考虑，使城市建设面临一定困难。除此之外，在城市建设过程中，还存在攀比心理及崇洋媚外心理，各大城市争相攀比谁的建筑物更高，盲目崇拜国外的建筑方案，这些都是十分不可取的。例如，自北京成功申办 2008 年奥运会之后，水立方建筑在各地盛行。重庆九龙坡区的一家娱乐会所也模仿水立方，成为山寨版本。该娱乐会所在外墙装修等方面也进行模仿，不少市民批评其缺乏想象力。

（四）环境污染问题严重，部分城市存在较大环境风险

城市建设面临的问题包括生态环境问题、人口增长问题、城市面积扩张问题及建设过程中存在的道德风险问题等。尤其是近年来，农村人口大量流入城市，而城市人口也在不断增加，随之产生一系列的住房紧张问题、医疗问题、社会伦理问题等，使城市建设面临的压力越来越大。由于要素集聚程度高导致的大气污染、水污染等问题严重困扰着市民的生活。以广州为例，近年来经济发展较为迅速，但广州水污染、大气污染等现象较为严重。在 2012 年及 2013 年，污染现象尤为严重，并出现了重度污染。一些城市的黑臭水体等对居民生活质量及健康有长期影响。

（五）工程建设质量较低，部分城市建筑安全隐患较大

在城市建设过程中，建设单位如果一味追求工期及成本而没有保障工程质量，会使建筑物使用寿命大打折扣，甚至会造成安全隐患，引发安全事故，不利于城市的建设发展。为此，在工程项目施工建设过程中，建设单位应切实肩负起自身应有的责任，为百姓着想，确保施工质量，这样才能实现城市的快速发展。例如，2015 年 6 月 19 日晚，广东粤赣高速匝道桥发生垮塌事件，该桥于 2005 年施工完成，设计使用年限为 100 年，而实际用了只有 10 年。究其原因，是因为没有按照标准进行设计和施工，在质量方面产生严重问题。

第二节　现代城市运营管理基本情况

一、现代城市运营管理基本情况

在城市扩张到一定阶段后，运营管理可能比建设更加重要。如果展望未来中国的城市建设规划发展，可以突出和强调城市建设规划的顶层引领作用，推动城市的健康、绿色和高效发展。我国是全球最大的发展中国家，也是正在经历城市化和工业化进程的发展中国家，城市化进程和城市建设、扩张的进程同步，几乎遇到了所有国家城市化过程中遇到的各类问题。研究我国的城市化历程、城市发展和建设经验，分析城市可持续发展所面临的挑战，从中总结经验，可以为以后各阶段城市发展打下坚实基础。

（一）城市运营管理体系逐渐完善

随着国家整体改革进程的推进，城市运营管理体系建立并逐步完善。

一是一些职能部门陆续组建并运行。如原来部门不健全的很多城市设立了规划局、环境保护局等职能部门，成立了一些专门办公室等，这对提高城市运营管

理专业化有一定作用。

二是逐步完善城市运营管理制度。多年来，城市管理引入网格化管理等先进模式。当前，网格化管理模式已经在全国推开，城市运营精细化水平不断提高。

三是综合执法能力逐渐加强。很多城市通过组建城市管理综合执法队伍等措施，提升了城市管理的现场处置能力和实际操作能力，市民关心的一些重要问题得以解决。

（二）城市运营管理信息化不断提升

计算机技术、互联网技术和大数据技术等逐渐应用到城市管理的实践中。传统城市运营管理正在被各类技术化信息化方式替代。城市运行中的更多基础信息能够和市民的移动终端相衔接，实现信息低成本流动及高质量服务。城市运行的整体效率提高，并促进了各类要素的高效率使用。基础设施和公共服务的信息化程度逐步推进。一些经济发达的城市开始建设“城市大脑运营中心”等项目，全面提高城市管理信息化水平。城市管理运营的信息化正在给市民带来诸多便利和实惠。

（三）城市运营管理的人性化取得积极进展

很多城市意识到提高人性化管理的重要性，并采取有效措施推进人性化管理。

一是一些基础设施服务更加便利。比如，厕所等基础设施服务设立孕妇、儿童厕位等，提高了市民生活的便利程度。

二是一些公共服务提供更多人性化服务。一些城市公交系统提供了更多方便市民的服务，比如提供客阅读的报刊等。

三是一些高端体验化服务有一定进展。一些城市通过建设更加具有体验感的文化景观等，直接增加了市民的消费体验，强化市民消费和其他经济活动的亲近感。

二、现代城市运营管理存在的主要问题

（一）城市运营管理的区域分化现象逐步加剧

近些年来，中国城市发展渐趋呈现分异状况，并呈现“俱乐部趋同”的阶段特征。东南沿海地区和环渤海地区城市在综合经济竞争力和可持续竞争力方向均明显高于其他区域城市（见图2－7），大量生产要素和资源仍然出现“孔雀东南飞”的态势。2012～2018年，虽然中国地级及以上城市的综合经济竞争力差距呈现收敛迹象，可是可持续竞争力的变异系数在过去三年内持续扩大，这与中国城市的空间分布和规模结构不合理、资源环境承载能力不匹配有关。东部一些城市密集带资源环境约束趋紧，中西部资源环境承载能力较强地区的城市发展潜

力有待挖掘；部分特大城市人口压力偏大，与综合承载能力之间的矛盾加剧，而大量中小城市产业和人口集聚不足，潜力没有得到充分发掘。直辖市、省会城市、副省级城市等行政级别较高的城市，由于资源集聚能力较强，其竞争力水平要显著高于其他地级城市。高铁时代的到来，如果不能妥善处理区城协调发展问题，可能会进一步加剧城市竞争力的这种“马太效应”。

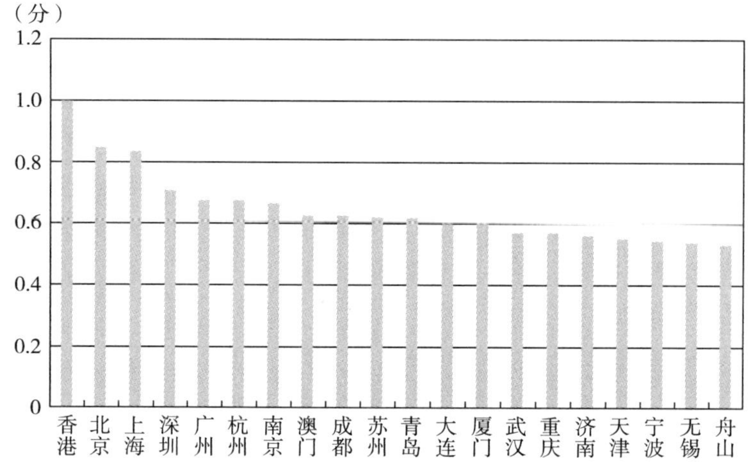

图 2-7　2018 年可持续竞争力排名前 20 的城市

资料来源：中国社会科学院城市与竞争力指数数据库。

（二）城市运营管理和经济转型融合度较低

中国大部分城市在计划经济向市场经济的转型过程中能够取得成功，主要归功于改革开放所释放出来的政策红利以及以低要素价格的后发优势。但长期依赖后发优势的产业升级虽能利用较低廉的劳动力和丰富的自然资源，借助于对所引技术的模仿性创新，降低新技术、新产品的开发成本和依靠借鉴先发国家经验大幅度削减制度创新的实验、风险耗费，但易受先发国家或跨国公司的资本、核心技术、规则、专利等的控制与限制，且可能面临较严重的资源、环境问题和付出巨大的资源、环境成本，甚至长此以往可能被锁定于低端技术路径依赖的贫困陷阱和“引进→模仿→再引进→再模仿”的恶性循环之中，最终产业难以获得持续升级，甚至出现停滞与倒退的状态。

需要说明的是，很多城市运营管理可能并没有很好地推进产业结构转型，或者通过运营管理实现经济转型的速度和规模等存在差异。城市管理运营对国际化技术竞争、产业分化及比较优势丧失等方面的风险应对存在问题。如以佛山、东莞为代表的出口加工业城市，当产业和技术的积累程度日益接近西方国家生产和技术的前沿时，就会引发西方国家和跨国公司的警觉，从而进行技术和价值链的封锁挤压。与此同时，其他“金砖国家”、“薄荷四国”和东南亚国家以及中国中西部地区的劳动力成本优势和政策优势正在吸引越来越多的 FDI 向其进行转移，对长三角、珠三角等地的纺织服装、笔记本电脑及其配套产业等形成了巨大的吸附影响。过去数年内，诸如佛山、东莞等出口加工业城市的综合经济竞争力均出现小幅下降趋势，转型发展之路正面临“阵痛期”。

（三）智慧城市和宜商城市建设速度缓慢

过去政府提出“大众创业、万众创新”，并将此作为新常态下经济发展的新动力，但是就目前而言，无论是大城市还是中小城市，在创业氛围和创新环境方面仍然面临很多约束条件。各类技术及创新成果在城市运营管理中发挥作用的机制比较复杂。创新成果在城市运营管理中的实际使用和实际效应存在区域差异，一些城市因为财政实力等原因难以真正应用技术性成果提高城市运营管理能力，而建设智慧城市的规划和目标在很多城市并没有严格落地。

在营商环境创建方面，各个城市仍然存在由于区域垄断造成的不公平竞争问题，以及公共服务效率较低导致的企业成本较高等问题。此外，有些城市因为区位等因素限制，难以通过公共服务提高实现高质量的要素集聚，从而难以实现经济结构转型和高质量发展。对此，需要根据各个城市的实际情况进行理性判断，不能因为经济发展速度较慢就否定城市在基础设施和公共服务方面做出的努力和价值。

（四）城市管理运营的不良外部性风险加剧

为了应对竞争及追求政绩等方面的考虑，城市之间存在运营和管理方面的模仿效应。

一是土地等资源的浪费及低效率使用风险加剧。许多地方长期以来过度依赖土地出让收入和土地抵押融资推进城镇建设，加剧了土地粗放利用，浪费了大量耕地资源，威胁到国家粮食安全和生态安全，也加大了地方政府性债务等财政金融风险，成为地方腐败滋生的温床和影响社会和谐的不安定因素的缘由。

二是城市运营中的环境问题突出。“摊大饼”式的造城运动，不仅浪费了大量的资金资源，而且引发了巨大的环境问题。根据住建部和中国建筑科学研究院的估算，“十二五”期间中国每年因过早拆除房屋浪费 4600 亿元，每年由于建筑过早拆除带来的建筑垃圾增量约 4 亿吨，约占中国垃圾总量的 40%。如果考虑建筑再建过程中所需的建筑材料以及拆除时的碳排放量，建筑过早拆除将致中国每年新增碳排放量 10%。而这种造城运动的后果极有可能是建设了一批缺乏凝聚力和发展后劲的空壳城市。

三是城市运营信息化中的风险加剧。大量信息的传播导致一些信息被用来进行经济活动中的合谋等不正当竞争，市民个人信息的泄露导致很多安全问题等。

（五）部分城市生态环境问题日益严重

与前几年相比，近年来，中国城市竞争力指数数据中环境质量的各分项指标得分相对于前两年继续呈现下行趋势。在中央和地方各级政府的重拳治理下，城市环境质量仍未得到很大改善。2014 年中国城市环境问题尤为严重，全国 74 个重点监测城市中仅有 8 个城市的细颗粒物（PM2.5）、可吸入颗粒物（PM10）、二氧化氮、一氧化碳和臭氧等六项污染物年均浓度均达标，其他 66 个城市存在不同程度的超标现象。城市居民对当前的城市环境越来越不满，越发要求改善环境，2015 年 1 月 1 日，《中华人民共和国环境保护法》开始实施。但根据《2018 年全国生态环境质量简况》介绍，在环境空气质量方面，截至 2018 年底，全国 338 个城市中，只有 121 个城市环境达标，占全部城市数的 35.8%。环境治理的效果仍然取决于各城市政府在多大程度上牺牲经济增长的速度，以及国家层面的生态建设制度框架的设计、生态补偿机制的建立、排污权交易的实现等环境保护和治理的长效机制。

（六）城市管理的相关政策法律体系相对滞后

强化相关立法保障及具体工作的实施已经逐步成为我国在迈向法治社会进程中的常态。然而，城市建设运行中有关项目管理政策、设施运行管理等方面的系统性还不强。由于管理机制不健全，可持续城市规划、发展的立法进程相对滞后，无法保障相关规划、项目的实践和落地。尤其表现在城市的产业选择和中长期发展规划等方面，在法律约束缺位的情况下，难以避免一些地方政府出于短期利益考虑而忽略该地区长期的可持续发展利益。因此，好的发展思路和发展规划，就更需要有政策和法律体系以及行之有效的行政部门来进行落实。

第三节　现代城市建设运行管理的目标

当前，中国城市化进程已经到了一个关键的转折阶段，中国社会的主要矛盾也发生了根本变化。人民日益增长的美好生活需要和不平衡不充分的发展之间的矛盾是现阶段我国主要社会矛盾。新中国成立之初，我国的城市化率仅为 10.64%；2011 年，城市化率首次超过 50%，达到 51.27%；截至 2019 年底，我国城镇人口 8.48 亿人，占总人口的 60.60%。根据联合国经济社会局和中国科学院中国现代化研究中心分别预测，2020 年中国城市化率将达到 61%、61.2%，2050 年将达到 75.8%、80.8%。城市化水平越高，就越需要提高城市建设管理和运营能力，越要注意防控城市化进程中的各类风险。对此，各个城市需要未雨绸缪，积极进行相关规划，完善顶层设计，切实降低城市运行中的各类风险。具体来说，未来我国城市建设目标主要体现在以下五个方面。

一、从生态文明视角看，现代城市需要推进良好的生态环境保护规划

生态安全是城市的首要安全。城市需要通过持续生态建设提高人居环境质量及高质量发展水平。因此，要培养规划人员的环境保护意识，通过更加完善的顶层设计来强化城市生态文明建设。进一步增加城市生态环境建设的土地供应和资金保障，通过具体项目落实城市生态环境建设任务。同时，鼓励公众参与城市规划，培养公众的环境保护意识。未来城市发展中，要大力推广低碳规划与绿色规划，其中绿色规划是城市可持续发展规划的重点。在城市规划时，不能以牺牲生态环境为代价进行规划建设，严禁废水、废弃、固体废物以及建筑垃圾随意处理，从而建设环境友好型、可持续发展的城市，促进城市繁荣发展。

二、从空间优化视角看，现代城市要形成规范合理的城市空间布局

空间优化是城市空间价值提升的根本措施。在建设前期，要根据可持续发展的理念，结合城市发展的实际情况优化空间布局。在挖掘现有城市空间价值的同时，城市空间布局应满足城市后期的发展需求。这在一定程度上增加了城市规划的难度，在规划城市空间布局时，结合可持续发展的理念，合理利用土地资源和空间，制定规范的空间布局规划，还要对城市未来的发展状况进行预测，制定城市未来的规划方案，为未来城市发展提供空间，才能避免出现环境污染、资源浪费、交通阻塞的问题。城市规划的计划具有超前性，应根据经济结构和地理环境等进行合理的城市规划，尽量避免城市规划不均匀，出现“城中村”、贫富差距太大的情况。

三、从管理机制看，现代城市要形成运行与发展管理的顶层设计

由于涉及领域宽、主管部门多，部门间协调不一致，从而使城市发展规划及运行管理比较困难以及运行管理的推进相对乏力。但是，在当前强调多规合一，融合协调发展的城市发展规划发展的背景下，最重要的是合力形成城市发展建设的顶层设计，这需要部门间的相互协调、多方面的积极参与。各个城市成立的规划委员会及工作机构应该切实发挥统筹协调作用，降低城市规划中的各类成本。城市总体规划应显著区别于职能部门主导的专项规划，体现可持续发展规划的综合性、协调性，而不仅仅是“生态城市”“低碳城市”“海绵城市”“园林城市”“循环经济城市”等众多示范城市或者城市发展口号中的任何一种。虽然这些不

同类别的示范城市都承载或者体现了一部分积极的城市发展理念，但城市需要成为能够涵盖所有这些先进发展理念、发展路径的载体，成为多规融合，经济、社会、环境、空间布局等协调发展的顶层设计。因此，城市的发展规划应该是综合、均衡、动态、可操作的，需要联合多部门、多主体共同制定和推进。当前，要切实提高城市规划、建设和管理部门的高度协同，形成一体化协同工作机制，避免因为部门分割等问题导致城市建设和管理的效率损失。

四、从城市品位视角看，现代城市要具有开放包容，多元和谐的城市形象

城市品位就是城市形象，城市品位就是城市实力。在可持续发展理念下，大多数城市发展迅速，城市规划绩效显著。在开放社会环境下，制定城市规划应该多借鉴别人的成功经验，吸取别人的失败教训，结合城市政治、经济、文化以及发展状况进行规划，使城市建设最大限度地获得成功。当前，各个城市应着力提高开放发展水平，融合多元主体，在各类建设实践中寻找城市发展特点，运用到城市规划建设，建设符合本地特色的城市，并将这一特色发挥到极致。比如，在多山多水的山区，把城市规划的重点放在了城市旅游服务设施建设上，带动城市可持续发展。广州的发展优势是技术型服务型产业、电子科技技术，在城市规划时努力减少重工业的布局，增加高科技产品的规划布局，推动城市可持续发展。内蒙古地区一些城市天然能源比较丰富，这些天然能源不仅用于本地城市需要，还输送到外地。城市规划时要考虑自身特点、通过资源优势转化为产业转型方便的优势，建设更加合理、可持续发展的符合本地居民偏好的城市。

五、从经济发展看，现代城市要具有节能高效的产业结构和产业体系

自改革开放政策实施以后，我国对全球可持续发展进程做出了积极的贡献，但由于经济社会发展水平的限制，在全球进程中，我国主要以跟随、参与为主，应充分借鉴和分享先进国家的持续城市发展经验，积极开展实践。我国可持续城市建设在不同部委从不同角度的推进下，已经取得了一定成效，逐步形成了生活环境改善、经济结构优化、发展方式转变、社会更加公平的良好态势。可持续城市建设取得的成绩包括：城市经济快速增长，并推动国家经济保持持续较快发展；城市经济结构调整取得重大进展，服务业增加值占国内生产总值持续上升，居民消费率不断提高，城乡区域差距趋于缩小，常住人口城镇化率达到58.52%；城市基础设施水平全面提升，公共服务体系基本建立、覆盖面持续扩大，城市居民生活水平和质量进一步提高；城市生活环境建设取得长足进步，包括PM2.5、二氧化硫、氮氧化合物、一氧化碳等排放持续减少，节能环保水平明显提升，城市绿地面积和空气、水体质量都有积极改进；城市治理模式大幅改进，积极推进

由管理向治理的转变，基本建立了多层、多元参与的治理结构，城市居民在教育、医疗以及社会保障等方面的权益不断得到落实与保障。

党的十九大报告指出，我国要在经济建设、政治建设、文化建设、社会建设、生态文明建设“五位一体”总体布局和全面建成小康社会、全面深化改革、全面推进依法治国、全面从严治党“四个全面”战略布局的指引下，分“两步走”在21世纪中叶建成富强、民主、文明、和谐、美丽的社会主义现代化强国。这事实上已经成为我国城市建设和发展的顶层设计。尤其是在生态文明建设方面，党的十九大报告提出我国应成为全球生态文明建设的重要参与者、贡献者、引领者，城市可持续发展与生态文明建设，无疑是落实党的十九大报告精神的重要载体，可持续城市建设将是推进绿色转型发展、实现生态文明的具体路径。人与自然是生命共同体，可持续城市是建设人与自然和谐共生的城市，既要创造更多物质财富和精神财富以满足人民日益增长的美好生活需要，也要提供更多优质生态产品以满足人民日益增长的优美生态环境需要。

第四节　城市运行管理评估

一、城市运行管理评估的必要性

因为城市本身的重要性以及城市运行对区域发展的重要性，开展城市运行评估显然是重要的现实问题。

开展城市运行管理评估，有助于优化经济结构。推进以节能减排为主要内容的经济结构优化是城市管理的重要问题。城市管理评估对于推进经济结构调整具有显著价值，根据评估结果，城市主管部门或者相关职能部门会对产业布局等进行调整，这是整体上优化经济结构的重要行动。国家目前开展的城市评估包括文明城市、优秀旅游城市评估等对于产业结构优化发挥了一定作用。

开展城市运行管理评估，有助于提高城市品位。城市品位和城市运行管理直接相关，有序高效的城市运行管理能够促进城市品位的提升。运行管理评估对提升城市软实力具有推动作用。

开展城市运行管理评估，有助于提升居民生活质量。公共服务领域的管理评估等对市民生活有重要作用，特别是对证件办理、准入资格管理及供水、供暖等公共服务进行评估，对于居民生活质量具有重要价值。

开展城市运行管理评估，有助于提高公共服务水平。城市管理评估，对于提高城市居民接受教育、文化和医疗等服务，具有一定的价值。因为这些服务存在自然垄断等原因，如果不开展评估就会造成更加严重的垄断性福利损失。

二、城市运行管理的评估方法

在城市运行管理分析中，经常采用如下几种方法，这些方法虽然各有侧重，但都对城市管理具有参考价值。

（一）综合分析法

综合分析法就是根据有关资料、数据等对城市运行进行总体判断和预测的分析方法。这些分析往往通过经济总量、主要经济指标和社会发展指标进行。比如，城市统计部门每年公布的经济与社会发展公报就是体现综合分析的一种结果。经济和公共管理等专业领域的人士和机构通常用此方法进行城市管理评估。

（二）指标分析法

指标分析是将城市运行细化为各个不同指标进行分析的方法，这些指标往往能够体现城市管理水平。比如，单位产值的能源消耗、绿化覆盖率等是评估城市运行管理的指标。

多年来，很多机构进行了城市运行管理指标的研究，例如，北京师范大学有课题组对绿色发展进行指标化评估，就是一个典型的例子。该机构对很多城市通过构造绿色发展指数的形式来进行研究，得到学术界的公认。

（三）数据挖掘法

数据挖掘方法更是一种精细化的方法，通过对城市各个领域各个行业数据的深度分析，得出城市运行中存在的主要问题，提出更加针对性的管理和整治措施。比如，大学食堂可以对学生饮食数据进行挖掘，从而优化菜品供应减少浪费等。比如，能源领域通过更加细致的数据分析来实现更加优化的经济结构调整，等等。这些都是高质量管理城市的重要方式。

（四）系统模拟法

系统模拟的过程和结果对城市运行管理具有很重要的参考价值。比如，港口城市具有特殊的区位，处理好市区和港区之间的优化关系十分重要。一些研究利用系统模拟方法对此进行分析，得出了具有参考价值的结论。[①] 大数据技术等为进一步开展系统模拟提供了重要的支撑。此外，城市旅游景区旺季拥堵下疏散的系统模拟等，已经在很多城市得到应用。这些对于城市的有序高效运行都是十分重要的。

---

① 范厚明等．考虑土地资源占用的港口与城市经济互动发展系统仿真［J］．资源科学，2015（2）．

三、城市运行管理的实证分析

河南是中原城市群的集中分布区域，也是全国知名的农业大省和人口大省。这里，以河南洛阳、南阳为例对城市运行管理进行分析，由于受到资料和技术等方面的限制，这是一个初步探索性的分析。

（一）基本情况

洛阳和南阳都是重要的区域性中心城市，对于支撑河南经济社会发展和中原城市群发展具有显著价值。两座城市基本情况如表 2－1 所示。

表 2－1　洛阳市和南阳市基本情况比较

指标	洛阳	南阳
国土面积（平方千米）	15230	26591
市区面积（平方千米）	803	1887
建成区面积（平方千米）	218.18	155
人口（万人）	202.97	—
经济总量（亿元）	4640.8	3566.77
产业结构	5.1:44.6:50.3	14.7:41.4:43.9
一般公共财政收入（亿元）	342.7	181.44

资料来源：根据相关材料整理（经济人口数据为 2018 年数据）。

相关数据及城市发展历史显示，洛阳和南阳都是具有重要影响力的区域中心城市，从城市建设规模来说，洛阳更加具有优势，经济总量洛阳超过南阳，这可能是工业和服务行业的竞争优势导致的，产业结构比例的数据证实了这一点。

（二）城市运行管理比较分析

多年来，在中原城市群建设的背景下，南阳和洛阳两市积极落实中央和省委部署，在经济发展、民生改善和社会和谐方面做了很多工作，城市运行管理也取得了很多进展。

数据显示，整体上洛阳经济总量高于南阳，且增长率高于南阳，这与两市的经济基础和区位等有关，洛阳形成了更加具有增长潜力的结构。这在一定程度上说明洛阳城市运行管理比南阳更具有效率。

从一般预算财政收入增长率看，2008 年前洛阳财政收入增长率高于南阳。2008 年后南阳高于洛阳，但近年来洛阳超过南阳。这在一定程度上体现出两个城市经济结构的调整及城市运行管理能力的变化。如果财政收入增长速度超过 GDP 增长速度，那么一定程度上说明城市运行管理的水平比较高，包括招商引资等发挥了增加财政收入的作用。

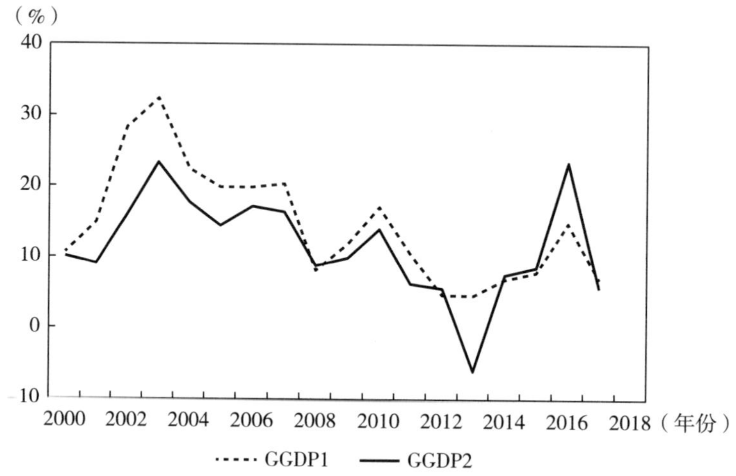

图2-8　洛阳、南阳GDP增长率变化情况

资料来源：根据洛阳、南阳两市各年度经济与社会发展统计公报整理绘制。

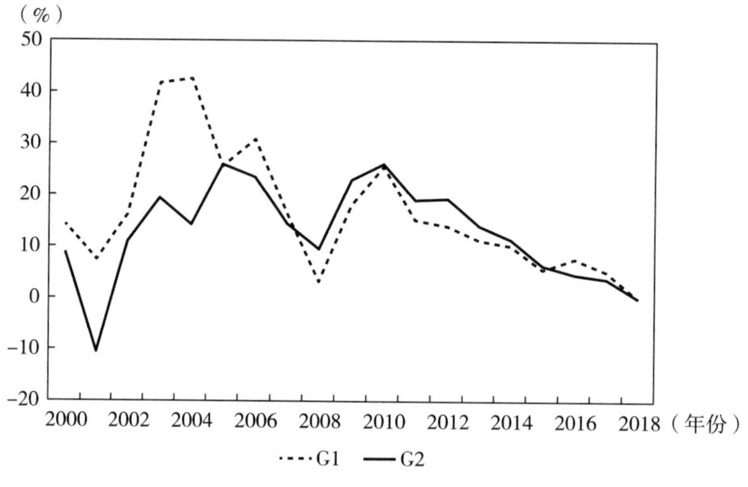

图2-9　一般预算财政收入增长率比较

资料来源：根据洛阳、南阳两市各年度经济与社会发展统计公报数据整理绘制。

以上指标化分析对于评估城市运行管理效率等有一定参考作用。今后，应该着力建立城市运行管理指数等方式进行更加全面的评估，以便尽量客观地比较城市治理能力和治理水平。

（三）县级市运行管理的分析

县级市在国家治理中具有重要地位，介于地级城市和一般县城之间，县级市在带动就业及经济发展方面发挥着重要作用。在一定程度上，单位土地的产出水平能够体现出城市运行的管理能力。这里，对 26 个省份的 354 个县级市进行单位土地产值的计算，结果如表 2－2 所示。

表 2－2　部分省份县级市单位土地产出情况

省份	产出	排名	省份	产出	排名
河北	3169. 38	5	湖北	1414. 56	8
山西	1260. 57	12	湖南	1274. 67	10
内蒙古	129. 39	24	广东	1330. 05	9
辽宁	1273. 21	11	广西	679. 24	18
吉林	490. 07	21	海南	582. 86	19
黑龙江	254. 76	22	四川	1064. 12	16
江苏	7721. 55	1	贵州	1237. 08	13
浙江	3727. 96	3	云南	490. 08	20
安徽	1166. 85	14	陕西	1980. 34	7
福建	2673. 14	6	甘肃	65. 12	25
江西	1099. 56	15	青海	21. 17	26
山东	3879. 59	2	宁夏	764. 03	17
河南	3304. 72	4	新疆	217. 75	23

资料来源：根据有关资料整理计算。

数据显示，江苏、山东和浙江省县级市产出列前三位，青海、甘肃和内蒙古等省区县级市的产出水平较低，在一定程度上体现出这些城市的运行管理效率较低。当然，经济增长是多元主体合作与博弈的结果，但政府的城市运行管理显然有一定作用，不能认为经济增长是纯粹市场主体活动的结果。

四、城市运行管理的发展与改革

城市运行管理涉及立法、行政、司法和日常维护等多个方面。当前，简政放权，激发市场主体活力是城市运行管理的重要导向。多年来，有关证照的网络化办理等举措显著提高了城市运行管理能力。未来城市管理中，还可以在如下领域进行探索和创新。

一是充分发挥专家委员会的作用。城市规划、旅游文化、教育、卫生等领域需要各个专业领域的人士组成委员会来进行重大问题的讨论和研究。对于专家确定的规划方案等，地方行政主管部门一般不应改变，这有助于维护规划的严肃性。此外，专家委员会还应该发挥独立第三方的作用，在重大战略规划和重大项目评估中发挥作用。

二是切实提高管理部门办事效率。着力探索行政机关的企业化管理模式，对公务人员的服务进行量化评估，对机关服务进行量化评估，这有助于促进管理的流程化、标准化。因此，要对有关单位的服务进行精准化测度，并着力建立台账化管理模式。

三是更好发挥技术化管理优势。目前，很多技术化措施应用到城市运行管理中，比如，网络化平台监控城市交通等，对交警更加及时地疏导交通有显著价值。在教育、医疗、文化等方面还应该持续推进技术化管理优势，这对于城市发展具有显著正向价值。

四是推进城市运行管理标准化。城市管理各个领域的标准化是一个显著的趋势，包括公务人员操作等方面的标准化，这对城市管理效率的提高具有显著价值。当前，各个城市应该在绿化标准、景区建设标准、交通道路标准和社区服务标准等方面推进标准化进程，这是城市竞争力提升的必然选择。

第三章　现代城市基础设施建设

第一节　现代城市基础设施建设概述

城市基础设施是城市形成和建设的前提和基础，是城市经济社会发展的重要载体。基础设施建设关乎城市各行业生产正常进行和市民正常生活，在城市建设和发展中极为重要。随着中国经济的持续发展和城市化水平不断提高，人口逐渐向城市聚集。由于我国城市基础设施建设规模较小，承载能力有限，越来越赶不上城市化的步伐，由此导致城市基础设施难以满足人民不断增长的物质需求和城市经济发展需要，随之产生一系列如环境污染、住房紧张、交通拥堵等社会问题。因此，了解城市基础设施建设情况，明确城市基础设施建设的特点和重要性，正确评估基础设施建设的效益，努力补上城市基础设施建设短板，对促进城市各方面长足发展有积极作用。

一、城市基础设施的内涵

《城市规划基本术语标准》将城市基础设施定义为城市生存和发展所必须具备的工程性基础设施和社会性基础设施的总称。工程性基础设施主要是道路交通系统、给排水系统、能源供给系统、通信系统、环境保护和环境卫生系统以及城市防灾系统，又称为狭义的城市基础设施。社会性基础设施包括行政管理、基础性商业服务、文化体育、医疗卫生、教育科研、宗教、社会福利以及住房保障。从广义上讲，城市基础设施是一种公共设施，不仅提供物质和商品生产，还为人民生活提供基础条件是城市赖以生存和发展的基础。

二、城市基础设施的特点

城市基础设施作为城市建筑物系统的整体基础和骨架，是一种以特定方式直接或间接地参与城市的生产和生活过程的综合系统，通常具有以下重要特性。

表3-1 工程性基础设施的六大系统

系统名称	主要内容
能源系统	电力生产、输电设施；煤气、天然气、液化石油气等燃气供应设施；城市暖气生产与供应设施；新兴太阳能设施
给排水系统	城市水资源生产、保护、输运设施，污水系统，雨水系统等
邮电通信系统	邮政和运输设施，电话和网络通信设施
交通运输系统	包括公路、铁路、桥梁、隧道、轨道交通，电汽车，出租车、公共货运汽车、地铁、交通管理等设施
生态环境系统	环境卫生、园林绿化、环境保护设施
防灾系统	消防、防洪、防地面沉降、防风、防雪、防地震以及人防备战等设施

资料来源：根据公开资料整理。

（一）服务的公共性和两重性

城市基础设施一般由政府规划建设，政府并不是着眼于基础设施本身的经济效益，即项目财务效益，而是使基础设施建设能够满足城市生产生活需要，提高城市运作效率。另外，城市中有一部分基础设施是无偿提供居民使用的，如城市道路、公共交通、园林绿化、环卫设施等。随着城市社会经济的发展以及社会分工的扩大和加深，城市基础设施从各个生产部门独立出来，形成了为整个城市服务的独立产业部门，并使其服务具有了公共性。另外，城市基础设施的两重性主要体现在两个方面：一方面，城市基础设施服务的对象并不是特定的部门、单位、企业、居民等，而为所有城市中的个体和组织提供服务；另一方面，城市基础设施既为城市工业及物质生产服务，又为城市中所有居民的日常生活提供服务。

（二）效益的间接性、长期性

城市基础设施产生的效益有直接效益，但更多时候表现为间接效益。例如，道路桥梁的建设，有的会收取通行费过桥费等。这是一种直接效益的体现。事实上，由于道路桥梁的建设，城市中很多生产单位的产品运输更为便利，运输成本降低，从而生产单位的经济效益提高。而且，由于城市中企事业单位的经济效益提高，带动城市总体经济收入增长，政府的税收相应会增多，这样就获得了间接产生的效益。另外，基础设施投资多、规模大，使用年限较长，经济效益短期内不会得到集中体现。基础设施建成后，收益将会是长期的、稳定的。这已经被诸多城市基础设施服务所证明。

（三）规划建设的超前性、渐进性

基础设施项目规模大，施工周期长，因此政府在基础设施规划方面需要超前规划建设，使其能够更好地适应城市发展的需求。实际上，由于人力、物力等方面的限制，按照规划也不会很快建成，因此应该全面规划、分步实施。有些基础设施扩容改建难度较大，如道路、桥梁等在拓宽、增容时，工程难度大，拆迁成本较高，且严重影响交通运输，影响城市系统的总体运转效率，因此，这些基础设施在建设时就需要超前规划，并做好有关风险评估和预案制定等工作。

（四）运转的系统性、协调性

城市中各类基础设施根据其性能形成自己的系统，不同系统的基础设施既相互独立，又相互联系，成为一个复杂的综合系统。各类基础设施的建设既要与经济发展、人口规模、市民生活水平同步，又要与其他设施协调建设，统一开发建设。在运转过程中，各类基础设施相互协调、相互配合，共同支撑其城市的运行。当前，特别要推进供水、供气和供电等系统的一体化建设水平，降低基础设施建设和运行成本。

（五）需求的周期性与供给的连续性

城市基础设施服务于城市中的一切活动，也即是为人的活动服务的。然而，人的活动有其规律性，如饮食起居、居家出行，都有大致相同的时间。这就使得人们对城市基础设施的需求呈周期性变化，高峰时可能道路堵塞、水电不足、电话不通，低谷时又几乎处于闲置状态。而城市基础设施的供给又大多无法做到间歇使用，尤其一些固定性设施更是如此。这就给城市基础设施管理部门造成困难，故常常不得不通过限时使用或高峰时段加价等手段来“削峰填谷”，尽量使供需大体平衡，以减少损失。

三、城市基础设施的作用

（一）基础设施是城市赖以生存和发展的基本条件

根据国内外城市发展的历史，基础设施是城市形成的重要条件。为了使城市生存下来，必须要维持城市居民生活，要有足够的水源补给及基本生存物资供给。我国历史上处于西北丝绸之路的楼兰古城、印度北部的斯育等城市，由于自然条件恶化，水源枯竭，城市由盛到衰，最后成为废墟，另外城市要生存和发展，还必须具有便利的交通条件。比如，湖北襄阳是历史文化名城，焦柳铁路与汉渝铁路在此交会而成为铁路交通枢纽，又陆续修建汉江一、二、三桥，扩建航空港，完善水陆联运码头，扩建自来水厂，新建排水系统，建设日供气 21 万立方米的煤气工程，修建城市内、中、外环路，扩大城市公共绿地等，城市基础设施有了长足的发展，城市建成区面积由 1978 年的 20 平方千米发展到 2017 年的 195 平方千米。改革开放新时期出现的深圳、珠海等特区城市，仅用十余年时间就从边陲小镇发展成为今天的现代化城市，并呈现继续发展的良好势头，其中重要原因之一就在于城市开发初期进行的大规模城市基础设施建设。这表明城市基础设施建设对城市形成和发展所起的重要作用。

（二）基础设施是城市生产、生活的基本保障条件

基础设施为城市内居民、企业等的生产、生活提供基础性服务，保障生产生活的正常进行。例如，供水设施为居民提供生活用水，为工厂提供生产用水；电力设施为居民、企业提供动力服务；道路桥梁的建设缓解了交通压力，为市民出行提供了保障，如果道路交通不足，生产资料无法运输，城市就不可能发展。对于城市来说，供水、供电、交通等基础设施等必不可少，是城市赖以生存的基础。

（三）基础设施是城市居民生活质量的重要制约因素

城市基础设施的基本职能是为社会服务，不仅要为工业生产，还要为城市居民生活服务，防火、防洪、防震等设施也负责确保城市安全。

城市居民生活质量的高低主要取决于国家经济的发展，取决于国家的综合国力及人均国民生产总值的水平，但城市基础设施的完善及良好与否也对城市居民生活质量有重要影响。很难想象，一个现代化城市没有电力和燃气供应，居民生活会出现什么样的情况。一个城市如果交通不畅、通信不灵、电力燃气供应不足、给排水能力低下等，就谈不上城市居民生活的高质量，充其量也就是维持居民生活而已，最终，城市将会因此而萎缩下去。相反地，完善而良好的城市基础设施为城市居民创造清洁、卫生、优美、舒适的工作条件和生活环境，提高城市居民生活质量，增强城市居民对城市的向心力、凝聚力，从而促进城市经济的发展。

（四）基础设施是推动城市经济发展的决定因素

基础设施是联系城市中各类要素及发展横向经济的纽带，基础设施的发展建设能带动相关产业发展，促进其他产业结构升级。基础设施的发展建设，使企业生产条件改善，从而提高生产率。中国的城市化率随着经济的快速发展，将会继续提升，会产生城镇高度集中的区域，由此需要一系列配套基础设施。基础设施能够发挥联动作用，带动区域经发展。另外，城市基础设施不仅能改善企业生产环境，还能够提高对外部资本的吸引力。

总之，良好的城市基础设施，不仅可以使城市居民在生活上得到实惠，而且可以使城市经济的持续发展获得推动力，其影响潜在而深远，因而其作用不容忽视。

第二节　现代城市基础设施建设效益

一、城市公共基础设施效益的内涵

城市公共基础设施效益，是指公共基础设施部门生产经营活动的效果和利益，反映了城市公共基础设施部门资源消耗、劳动占用与产生的符合社会需要的成果之间的对比关系。城市是人口聚集、生产经营活动相对集中的区域，特别是在我国城市化进程不断加快的阶段，无论是推动经济增长，还是发挥集聚与扩散功能，都要求有完善的基础设施保障。现阶段，一些城市基础设施还处在持续建设中，尚未完全适应快速发展的社会经济活动。因此，如何使有限的基础设施投入最大限度地发挥对社会经济活动的支撑作用就成为一个关键问题，也即基础设施的效益问题。

二、城市基础设施建设的经济效益

城市公共基础设施经济价值的实现是通过产品和服务的提供来完成的。经济效益又分为直接经济效益和间接经济效益。一方面，城市公共基础设施部门自身在生产经营活动中，通过提供设施和服务收取费用。这部分费用表现为城市公共基础设施部门的经济收入。另一方面，城市基础设施投资效益则主要表现在间接经济效益上。例如，一条道路、一座桥或一条通信线路，它们虽然不直接参加企业的有形生产活动，对企业所产生的经济效益难以直观地表现出来，但事实上，企业所取得的经济效益中，有很大一部分得益于城市基础设施的服务。

（一）基础设施对经济增长的影响

基础设施提供的产品和服务，可用作直接参与城市生产过程的中间投入，因此城市基础设施的发展水平直接或间接影响其他生产部门的成本和效率，进而影响城市经济增长速度。例如，发达的城市交通和通信系统为生产部门提供了生产要素和产品的空间转移以及市场交易的便利，使城市大规模生产得以进行，并促使经济活动在地理上集中，使企业的平均成本降低，规模经济和聚集经济效益得以实现。同时经济增长又刺激了对基础设施和其他服务的需求，形成一种良性循环。如果基础设施不足或服务质量低劣，则会增加有关主体成本，导致城市产出因为规模效应不足而不经济。

因此，对基础设施进行投资，能够拉动内部需求，促进宏观经济的增长，同时，降低了企业的生产成本，优化和整合各要素投入结构，激活市场中各项有利于经济发展的因素，充分发挥出资源的优势与活力。在基础设施投资规模不断扩大的背景下，经济得到了良性快速发展，从而进一步加大对基础设施的投资力度，良性循环最终实现共赢性进步。基础设施在生产活动中投入各种经济性资本，降低产品产出的成本，拉动经济的可持续化增长，要素生产率以及人力资本等的提升，对经济发展具有间接性带动作用。

同时，基础设施发展也可以促进经济效益。基础设施是居民生活和社会经济活动中的必要性条件，通过提供各项公共产品和服务，促进各项生产活动的顺利进行，基础设施投资的增加，能够发挥出“乘数效用”，维持社会总需求与国民收入的稳定性增加。基础设施是一种间接社会资本，应加大对基础性产业的投资，保证经济发展资本的充足，对于居民生活水平的提升具有良好的助推作用。此外，提高基础设施水平，能够促进政府治理能力的提升，保证各项生产要素的有效流通，逐渐流向经济发展较快的地区，协调正向外部性，使外部经济区产生规模效应，推动区域经济的发展。加大基础设施的投资力度，能够在一定程度上降低生产费用，有效使用各项投资资金，使区域经济活动体产生相应的聚集和扩散作用，发达地区对落后地区进行带动和辐射，逐步缩小各地区之间的经济发展差距，实现地区经济的协调性发展。

（二）基础设施推进优化城市产业结构

改革开放以来，基础设施投资高速增长是中国经济的典型特征，它不仅刺激了总需求，而且在供给侧影响了产业结构转型和生产率提高。世界各国经济发展进程表明，产业结构随着需求结构变动和技术进步而逐渐优化。基础设施的合理配置扩大了生产范围和交换能力，导致需求增加并拓展了产业多样化，并在改变需求结构中促进产业结构演变。基础设施投资会带动相关产业的发展，例如，铁路业带动了冶炼、钢铁和通信业的发展，促进产业结构转换。基础设施本身是产业结构的构成部分，增加其投资会导致第二、第三产业产出和就业人数增长，改变第三产业结构，推动产业升级。

（三）基础设施能够吸引投资

基础设施发展水平及服务质量直接决定着投资者的风险、不确定性与交易成本。如果一个城市配套基础设施完善，则会增强其对外部资本的吸引力。高昂的基础架构成本、基础设施短缺是商业环境中的主要问题，这对于中小型企业尤其重要。现实中，中小工业企业倾向于邻近城市中心，以确保更容易得到好的基础设施服务和完善的市场，这些有利条件超过了表面上省钱的在基础设施不足的小城镇设厂的做法，因为后者往往无法保证迅速获得必要的配件和维修服务，运输和供应网点不完善还会加大企业库存成本。总之，良好的基础设施对于吸引民间投资和公共投资都具有显著正向作用。

三、城市基础设施建设的社会效益

基础设施建设对社会发展的影响是从社会发展维度对社会生产活动成果的考察。社会发展状况用于描述社会各种要素前进的、上升的变迁过程，这些要素大多是非经济的，如生活水平、人口素质、贫困程度、社会稳定状况等。城市公共基础设施社会效益是城市公共基础设施对就业、增加收入、提高生活水平等社会福利所做的各种贡献，反映了基础设施部门资源利用、劳动消耗与全社会发展有益成果之间的对比关系。公共基础设施对社会发展的影响可以分为直接影响和间接影响。

直接影响表现在：一方面，城市公共基础设施的建设和运营改善了人们的生活方式，进而提升了其思想水平，表现为人的整体素质提高和人的相对全面发展；另一方面，城市公共基础设施的发展和完善发挥了一种品牌效应，提升了城市的软实力，为各类要素集聚和扩散提供条件，从而推进了城市化进程。间接影响表现在：城市公共基础设施的建设和运营繁荣了社会经济活动，提高了经济发展水平从而提高了收入水平，促进了就业，并在一定程度上降低了贫困，这些因素是社会和谐稳定发展的关键。

四、城市基础设施建设的环境效益

公共基础设施环境效益指城市公共基础设施对城市生态环境的维护和改善作用，反映了城市公共基础设施部门在运营过程中，资源利用、劳动消耗与所产生的生态环境有益成果间的对比关系。随着我国城市化进程的加快，城市人口空前膨胀，城市社会经济活动日益频繁。但是，城市化带来城市经济社会快速发展的同时，也给城市生态环境造成了巨大的压力，导致城市环境状况日益恶化。环境污染、资源枯竭等生态软肋严重威胁着城市的可持续发展乃至人类的生存安全。城市公共基础设施，特别是生态环境类基础设施的建设和运行，对于降低污染、提升城市环境质量具有明显的作用。

从实际情况来看，城市生态环境的改善主要依靠节能减排和生态环保类基础设施的建设运营两种途径，前一种途径只能减小损害，而后一种途径则同时起到减小损害和改造优化的功能。因此，城市公共基础设施环境效益的发挥对于城市的可持续发展具有重要作用，应成为公共基础设施部门及相关决策部门关注的重点领域。

五、城市基础设施建设的聚集效益

城市是经济和社会发展的产物。当社会生产发展到一定阶段，城市便应运而生，而交换成为日常生活中的必需。作为人类文明、社会进步的象征和生产力空间载体，城市聚集了一定区域范围内的生产资料、资金、劳动力和科学技术及文化教育卫生，从而成为一定区域内社会各要素的聚集体。这种聚集体产生了巨大的城市聚集效益和广泛的城市辐射力。

众多的社会经济单位集合于城市这个空间内，既实现高度专业化分工，又形成经济实体、社会实体和物质实体三者的有机结构。

综上所述，城市公共基础设施是经济效益、社会效益、环境效益和聚集效益的统一。一方面，基础设施的经济效益、社会效益、环境效益和聚集效益的发挥都以基础设施系统为载体，通过基础设施系统的协调运行实现的；另一方面，基础设施的经济效益、社会效益、环境效益和聚集效益是相互关联、相互影响、相辅相成的。只有实现经济效益、社会效益、环境效益和聚集效益的协调发挥才能保证城市公共基础设施实现最佳效益。

第三节　现代城市基础设施建设投资效益评估

一、城市基础设施投资效益的特点

（一）投资效益多样性

城市公共基础设施系统与城市社会经济系统的关系错综复杂，公共基础设施部门在保证本部门生产经营活动正常进行的同时还承担着为其他社会生产部门的生产经营活动提供基础条件和中间产品的责任。同时，部分基础设施部门的生产经营活动还发挥着调节人类社会经济系统与自然生态系统相互关系的作用，因此其投资效益表现为多种形式。

（二）投资效益计算的复杂性

城市基础设施作为公共服务性的设施，其投资效益表现为经济、社会、环境等多层次、多形式，因此其投资效益的计算极为复杂。因此它一般难以直接进行货币计量，只能采取按一定标准来折算和估价的方法。而且，城市基础设施投资的经济效益、环境效益和社会效益三者之间的矛盾方面，也导致了计算上的复杂性。

（三）投资效益的相关性

城市基础设施，无论是同一功能系统内的不同设施，还是不同功能系统的同一设施，其投资效益都具有很大的相关性。例如，通信系统发达，有助于提高市内交通的效率。有统计，在市区交通流量中，约有 34.7% 本来可以通过电话联系，属于不必要的交通量。又如拓宽道路或架设立交桥后，在不增加公交车辆投资的情况下，也可提高客货运的效率。可见，城市基础设施投资在整个系统内具有相关效果。

（四）投资效益的潜在性

由于城市基础设施是城市各项建设的基础，并且建设周期长、投资大，其建设应超前进行，而且在规划和建设时，不仅要考虑城市近期发展的需要，还要考虑城市中、长期发展的需要。因此，城市基础设施投资效益具有很大的潜在性，即长期效益。

二、中国基建投资情况分析

2017 年，多个省份重大项目投资数额达到千亿到万亿不等。例如，广东拟安排省重点项目年度计划投资 5200 亿元，将比上年增加 200 亿元；陕西年度投资 4820 亿元，基建投资增速保持在 20% 左右的水平。2018 年，我国基础设施投资增速呈现明显下滑趋势，不含电力、热力、燃气及水生产和供应业的基础设施投资同比增长 3.8%，增速比上年同期下降 15.2 个百分点，其中，水利管理业投资下降 4.9%，上年同期增长 16.4%；公共设施管理业投资增长 2.5%，增速下降 19.3 个百分点；道路运输业投资增长 8.2%，增速回落 14.9 个百分点；铁路运输业投资下降 5.1%，降幅扩大 5 个百分点。

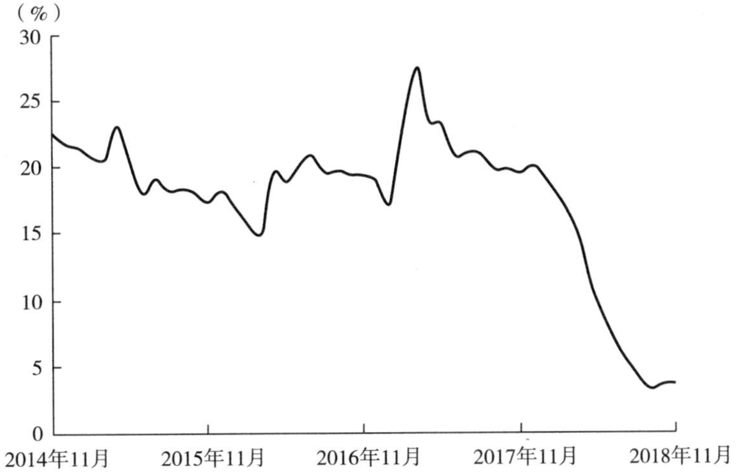

图 3－1　基础建设投资增速情况

资料来源：根据公开资料整理。

（一）公路投资情况

2017 年，全年完成公路建设投资 21253.33 亿元，比上年增长 18.2%。其中，高速公路建设完成投资 9257.86 亿元，增长 12.4%；普通国省道建设完成投资 7264.14 亿元，增长 19.5%；农村公路建设完成投资 4731.33 亿元，增长 29.3%，新改建农村公路 28.97 万千米。2018 年 1～11 月累计公路投资达到 1.98 万亿元。

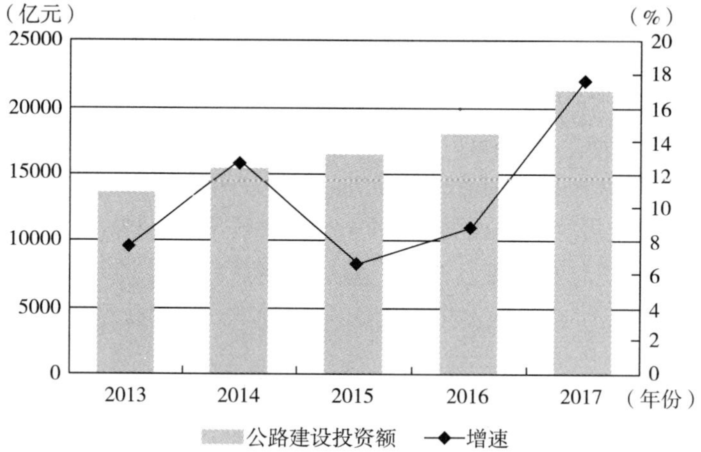

图 3－2　我国公路建设投资额及增速

资料来源：根据公开资料整理。

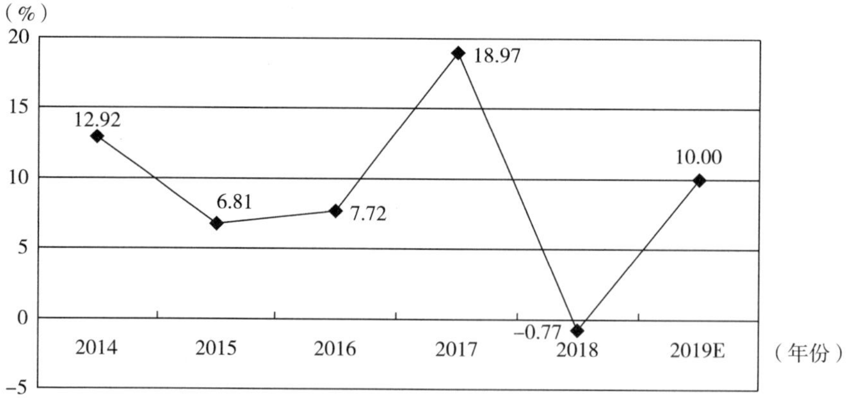

图 3－3　我国公路建设投资增速情况

资料来源：根据公开资料整理。

国务院办公厅发布的《关于保持基础设施领域补短板力度的指导意见》（国办发〔2018〕101号）提出加快国道网工程的开工，继续推进对“一带一路”建设、京津冀协同发展、长江经济带发展、粤港澳大湾区建设等重大战略有重要支撑作用的地方高速公路项目，加快推进重点省区沿边公路建设。《“十三五”现代综合交通运输体系发展规划》中提出加快建设国家高速公路网，该网络由7条首都放射线、11条北南纵线、18条东西横线，以及地区环线、并行线、联络线等组成。到2020年，我国公路通车里程将达到500万千米，其中高速公路通车里程15万千米。

公路建设拉动对钢材等物资的需求。公路建设当中的钢材使用一般在桥梁建设、涵洞支撑以及护栏、隔离带等方面。按照每亿元公路投资拉动钢材需求0.16万吨计算，2018年公路投资预计在2.2万亿元，钢材需求量大约3520万吨。按照交通运输部计划，2019年完成公路、水路固定资产投资1.8万亿元左右，较2018年有所下调，其中公路投资大约在1.7万亿元左右，预计拉动钢材需求2700万吨以上。

（二）铁路建设投资情况

2018年，全国铁路投资达到8028亿元，比年初制定的计划增加了700多亿元。中国铁路总公司工作会议提出2019年铁路工作的主要目标：全国铁路固定资产投资保持强度规模，优质高效完成国家下达的任务目标，确保投产新线6800千米，其中高铁3200千米。按此计划，我国高铁运行里程将在2019年提前完成“十三五”目标，而2020年投产新线将超过1万千米。三大高铁干线对于城市连通发挥了很大作用。如京沪高铁全长1318千米，设计时速350千米，于2011年8月1日正式开通运营。该干线连通北京、廊坊、沧州、济南、德州、泰安、曲阜、枣庄、徐州、宿州、蚌埠、滁州、南京、镇江、无锡、常州、宿州、昆山和上海，可以说对于东部地区南北经济发展有显著推动作用。又比如，京广高铁全长2298千米，连通了北京、石家庄、郑州、武汉、长沙和广州等省会城市，是贯通南北的大动脉。而东西方向的沿江高铁连通了上海、苏州、无锡、南京、武汉、重庆和成都等大城市，对于长江经济带的发展具有显著推进作用。

从2018年下半年开始，发改委批复了江苏沿江城市群城际铁路、渝湘高铁重庆至黔江段、上海经苏州至湖州铁路等重大工程密集地，国家“十三五”规划的重点项目川藏铁路雅安至林芝段也已顺利通过预可研，涉及项目总投资超过7400亿元，如图3-5所示。

国务院办公厅发布的《关于保持基础设施领域补短板力度的指导意见》建议加快推进高速铁路“八纵八横”主通道项目，拓展区域铁路连接线，进一步完善铁路骨干网络；加快推动一批战略性、标志性重大铁路项目开工建设；推进京津冀、长三角、粤港澳大湾区等地区城际铁路规划建设；加快国土开发性铁路建设；实施一批集疏港铁路、铁路专用线建设和枢纽改造工程。

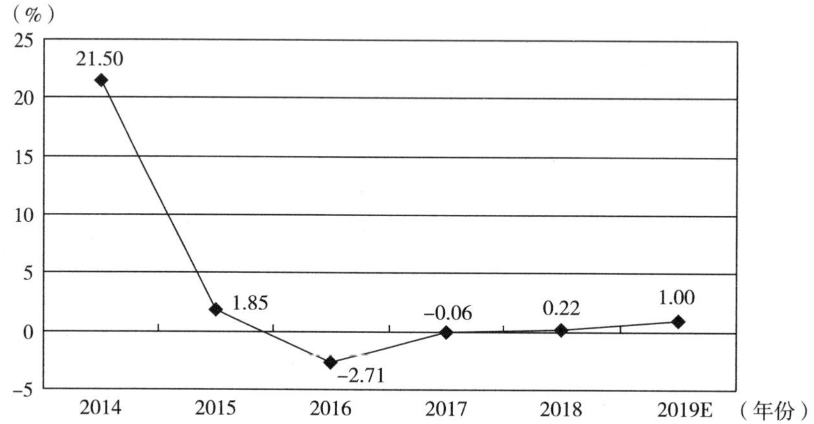

图3-4　我国铁路投资增速情况

资料来源：根据公开资料整理。

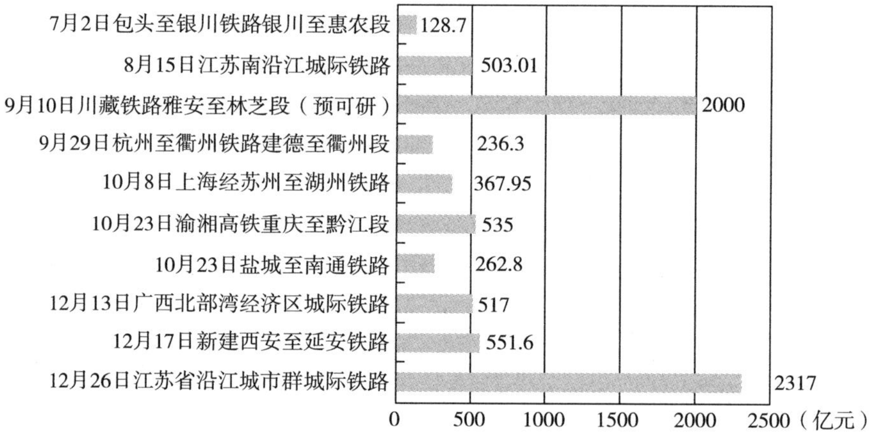

图3-5　2018年下半年获批的重大铁路工程项目

资料来源：根据公开资料整理。

按照《铁路“十三五”发展规划》目标，2020年全国铁路营业里程达到15万千米，其中高速铁路3万千米，基本形成高速铁路网络。曾预计2019年和2020年两年铁路还需建设1.9万千米，其中高铁1000千米。“十三五”期间，铁路的平均年投资额约为0.8万亿元，如表3-2所示。

表3-2 《铁路“十三五”发展规划》目标

项目	“十三五”新增里程（万千米）	造价（亿元/千米）	固定资产投资规模（万亿元）	年平均固定资产投资规模（万亿元）
普通铁路	1.8	0.5~0.6	0.9~1.08	0.18~0.22
高铁	1.1	2.5~2.6	2.75~2.86	0.55~0.57
合计	2.9	—	3.65~3.94	0.73~0.7

资料来源：公开资料整理。

同样，铁路建设对钢材等物资需求产生了拉动效应。我国铁路固定资产投资仍将保持较高水平，估计2019年和2020年铁路固定资产投资额将保持在8000亿元左右，按照每亿元铁路投资拉动钢材需求0.333万吨计算，2019~2020年年均钢材需求量保持在2600万吨左右水平。

（三）机场建设情况

2017年，民航固定资产投资总额1806.9亿元，其中民航基本建设和技术改造投资869.4亿元，比上年增长11.1%。基本建设和技术改造投资按系统划分如下：机场系统完成固定资产投资总额741.4亿元，比上年增加81.0亿元；空管系统完成固定资产投资23.3亿元，与上年持平；民航信息系统建设投资1.4亿元；民航科研、教育系统投资14.6亿元；民航安全保卫系统投资3.2亿元；民航机务维修系统投资2.0亿元；运输服务系统投资15.2亿元；公共设施系统投资10.0亿元；其他系统投资58.3亿元。2018年民航基本建设和技术改造投资810亿元，较上年有所下降。

未来十几年，我国民用航空将保持快速发展，并大力加大全国机场布局。为增强国际枢纽机场竞争力，扩大中西部地区航空运输覆盖范围。加快北京大兴国际机场建设，重点推进一批国际枢纽机场和中西部支线机场新建、迁建、改扩建项目前期工作，规划到2020年，全国运输机场数量达260个左右，北京新机场、成都新机场等一批重大项目将建成投产，枢纽机场设施能力进一步提升，一批支线机场投入使用。到2025年，在现有（含在建）机场基础上，新增布局机场136个，全国民用运输机场规划布局370个，建成覆盖广泛、分布合理、功能完善、集约环保的现代化机场体系，形成三大世界级机场群、10个国际枢纽、29个区域枢纽。京津冀、长三角、珠三角世界级机场群形成并快速发展，北京、上海、广州机场国际枢纽竞争力明显加强，成都、昆明、深圳、重庆、西安、乌鲁木齐、哈尔滨等国际枢纽作用显著增强，航空运输服务覆盖面进一步扩大。

（四）轨道交通投资

轨道交通是指运营车辆需要在特定轨道上行驶的一类交通工具或运输系统，

分为三个大类：一是铁路轨道交通，二是城际市域轨道交通，三是城市轨道交通三大类。

截至 2017 年，我国运营的轨道交通线路达 5022 千米，同比增长 20.9%，近五年的 CAGR（复合年均增长率）达到 19.5%（见图 3－6）；在建轨道交通的城市有 43 个，在建长度达 6246 千米，如图 3－7 所示。

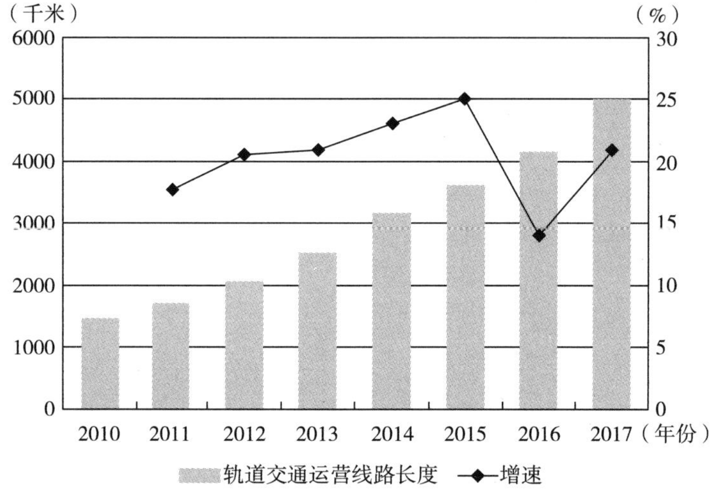

图 3－6　我国轨道交通运营路线长度情况

资料来源：根据公开资料整理。

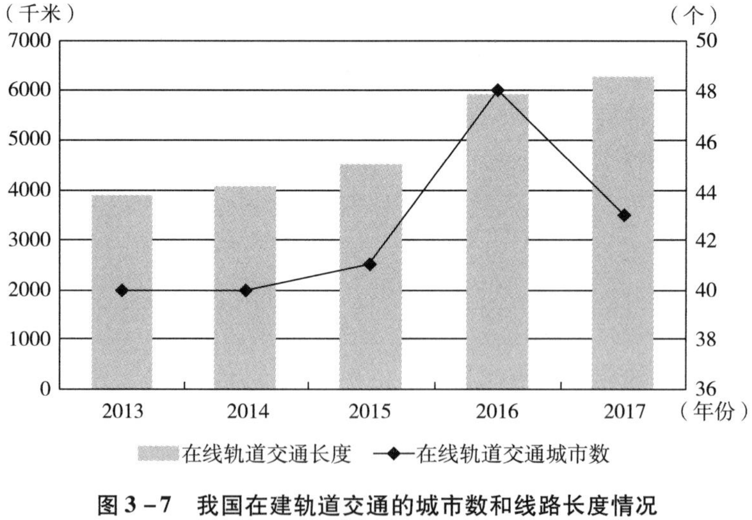

图 3－7　我国在建轨道交通的城市数和线路长度情况

资料来源：根据公开资料整理。

自21世纪以来，世界高速铁路建设得到了快速发展，其中，中国、德国、意大利、西班牙等国家增长最快，中国高速铁路虽然起步较晚，截至2016年底，全世界高速铁路运营里程总计约3.5万千米，其中，中国大陆高速铁路运营里程2.2万千米，占全世界的62.8%，位居第一，远超世界其他国家和地区高速铁路运营里程总和。

（五）生态环保投资情况

2018年1～11月，生态保护和环境治理业投资同比增长42%，近三年的CAGR达到29.2%。在未来很长一段时间内，中央继续将防治污染作为三大攻坚战的重要一环，国家会继续增加投资，对生态保护和环境治理业的投入也将保持较快的增长水平。

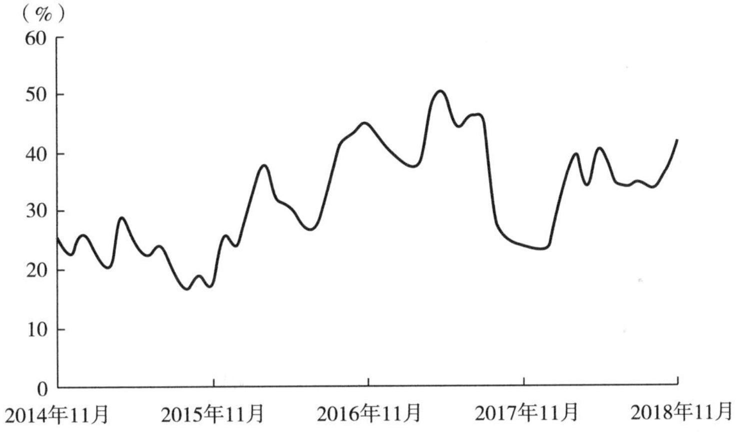

图3-8　生态环保业投资增速情况

资料来源：根据公开资料整理。

（六）新型基础设施投资建设情况

“新基建”是新一轮信息技术和产业革命应用的集中体现。随着新一轮技术革命和产业转型的加速推进，以及我国经济发展方式的加速转变，并已形成历史性交会。为实现现代城市高质量发展提供了难得的重大机遇。这种机遇首先体现在新型基础设施对现代城市建设与运营管理提升有巨大的推动作用。新型基础设施建设，简称新基建，是指以5G、人工智能、工业互联网、物联网、数据中心为代表的新型基础设施。新型基础设施对于推动经济结构调整和产业升级具有重要价值，及时的大规模的新基建投资让城市经济能够从工业经济向数字经济迈进，从而为实现高质量发展提供根本性支撑。实际上，很多企业已经开始布局新基建，并取得了显著的进展。比如，为了积极开展“最多跑一次”深化改革的探索，杭州不久前上线“亲清在线”数字平台，一周内为 11.4 万家企业、37.1 万员工兑付政策补贴 3.36 亿元，而按照传统线下方式，则需要企业提供更多证明，周期更长。据有关材料显示，中国三大电信运营商在 5G 基础设施上的总投入在七年内预计将达到 1800 亿美元，远远超出 2013 ~ 2020 年在 4G 网络上估计 1170 亿美元的投入。这些基础性的投资对经济直接或间接的拉动效应等还需要做进一步分析。

总之，“新基建”投资对经济既产生投资拉动作用，同时又是支持产业结构调整的关键举措，对经济发展的影响是系统性的，它可能导致新一轮的成本减低并激发各类主体的发展活力，更主要的是，这将会导致经济要素以及经济组织的新的整合和分化，对于经济高质量发展具有重大意义。这些投资将让远程会诊、协同办公、资源跨行业配置等成为现实，从而接近一个万物互联的时代。城市由于区位、要素集聚和经济发展水平等因素，将成为新基建投资的主要区域。具备条件的城市应该紧紧抓住新基建机遇，对城市各类设施和公共服务进行系统性更新，对城市产业结构进行整体性调整。

虽然新基建有良好的前景，但企业行为是以谋利为第一目标的，各个地方政府财力有限情境下，新基建的进度可能存在复杂性。这需要一个统筹性的财力配置和投资规划。近期，国家发改委表示要加大对 5G 网络、公共卫生服务网络等方面的投资。

三、城市基础设施投资效益评价

基础建设投资的重要作用之一是稳增长。从历史数据来看，基础建设投资和房地产投资有一定的套期保值作用，尤其是在房地产投资急剧下降的情况下。

图 3－9 基础建设投资增速

资料来源：根据公开资料整理。

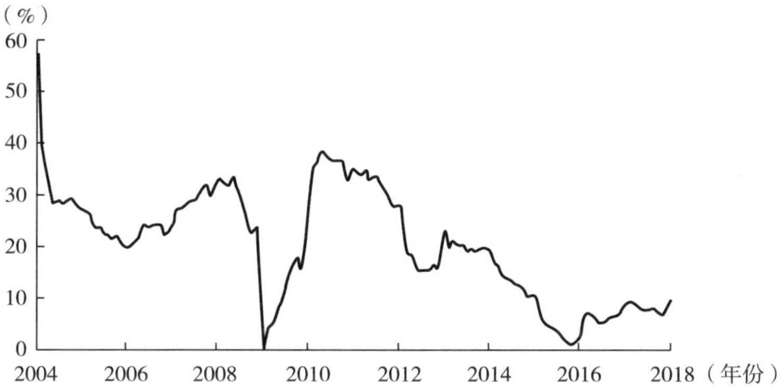

图 3－10　房地产投资增速

资料来源：根据公开资料整理。

目前，我国的基础设施在某些方面已经处于世界领先地位。高铁、高速公路的通车里程已经成为世界第一，目前政府仍然在加大投入。城市基础设施新建和改造的空间非常大，特别是交通设施和地下管网、海绵城市的改造将会给市政企业带来巨大的机会；特大型、大型城市的公共交通建设将延续很长一段时期，以北京、上海、广州、深圳等一线城市的人口密度为例，我国城市人口的密度比欧美一些城市的人口密度要大得多，公共交通成为解决城市交通的主要选择。

因此，轨道交通的建设，将会与城镇化的进程共始终，发展成熟的城市土地资源不可再生，地下空间的使用将持续推进，在可以预见的未来 20 年城镇化进行中，轨道交通的建设将不会停止，并逐步从特大型、大型城市发展到地级市。

对基础设施建设的依赖性，由于建筑业将成为“一带一路”最直接的受益者。2015 年，我国对外承包工程业务完成营业额 1540. 7 亿美元，增长 8. 2%，增速比上年提高 4. 4 个百分点；新签合同额 2100. 7 亿美元，增长 9. 5%。2016 年，我国对外承包工程完成营业额 1594. 2 亿美元，同比增长 3. 5%；新签合同额 2440. 1 亿美元，同比增长 16. 2%。截至 2016 年底，我国对外承包工程已累计完成营业额 1. 2 万亿美元，新签合同额 1. 7 万亿美元。

第四节　地级城市基础设施建设问题

地级城市具有上承省会城市、下引县级城市的重要作用。一些地级城市具有强劲的经济增长实力和良好的产业基础，一些地级城市则具有良好的文化产业基础等。总之，地级城市在中国城市治理体系中具有重要地位，其基础设施建设对于强化整体城市实力具有重要作用。因此，这里就地级城市的基础设施建设问题进行讨论。

一、市政基础设施总体水平低

总体来看，地级城市基础设施具备一定基础，但仍然存在诸多短板。各类“城市病”现象的发生影响城市人居环境和公共安全如城市内涝、水体黑臭、交通拥堵、垃圾围城、地下管线安全事故频发等，这些现象的根本解决方案就提高市政基础设施建设水平。

尽管我国经济发展迅速，但城市基础设施建设发展速度与之不相称，市政基础设施建设总体水平不高，与发达国家相比，差距显著。我国城市建设的各项指标在很早以前开始提升，但一些根深蒂固的问题影响着整体发展进度，拉低了总体水平。例如，城市内涝暴露出一个不容小觑的问题：在高楼林立、车水马龙的城市，隐伏的是落后的排水系统，落后的城市市政基础设施建设。近年来，北京、大连、武汉等地轮番上演“暴雨淹城”就是典型案例。

2012 年 7 月 21 日至 22 日 8 时左右，中国大部分地区遭遇暴雨，其中北京及其周边地区遭遇 61 年来最强暴雨及洪涝灾害。截至 8 月 6 日，北京已有 79 人因此次暴雨死亡。根据北京市政府举行的灾情通报会的数据显示，此次暴雨造成房屋倒塌 10660 间，160. 2 万人受灾，经济损失 116. 4 亿元。

为什么频繁出现暴雨淹城现象？事实上，我国大部分城市最低排水标准，基本上是一年一遇。所谓“一年一遇”，是指每个小时可以排 36 毫米的雨量。面对暴雨，这样的标准显然过低。城市排水系统与民生息息相关，在城市规划建设时应予以重视。

二、城市基础设施投资较为单一

从资金来源看，对城市基础设施投资的主体几乎都是市政府，即政府依靠财政手段筹集大量资金进行投资，自筹资金、利用外资所占比例较小，并且筹资方式未实现多元化。目前，城市基础设施建设资金的筹措主要为政府拨款、贷款两大类。事实上，筹资方式的单一和融资主体单一的现象是密不可分的。正因为以往政府包揽了基础设施的建设，才无法调动更多其他资金的介入。另外，投资过多依赖国内贷款，国内资本市场的不发达导致利用银行贷款成为我国城建资金的主要来源。城市维护建设资金投入中用于归还贷款的比例正在逐年攀升，过度依赖贷款使其存在较大的缺陷。这可能是一个比较严重的问题，会导致一些城市因为长期建设而产生债务的问题或者债务风险问题。而其中导致风险的一个原因可能是重复建设引起的投资效率损失等问题。

表3-3　城市基础设施投资来源　　单位：亿元

年份	小计	中央财政拨款	地方财政拨款	国内贷款	债券	利用外资	自筹资金	其他资金
2007	5914	77.3	1925.7	1763.7	29.5	73.1	1635.7	409
2008	6890.4	72.7	2143.9	2037	27.8	91.2	1980.1	537.6
2009	10477.6	112.9	2705.1	4034.8	120.8	66.1	2487.1	950.7
2010	12692.4	206	3523.6	4615.6	49.1	113.8	3058.9	1125.3
2011	13509.1	166.3	4555.6	3992.8	111.6	100.3	3478.6	1103.9
2012	14668.9	171.1	4446.6	4366.7	26.8	150.8	3740.5	1766.4
2013	15134.3	147.5	3573.2	4218	41.5	62.2	4714.1	2377.7
2014	15100	102.2	4135.2	4383.1	96	42	4294.7	2046.7
2015	15275.8	202.1	4406.4	3986.3	189.1	46.6	4258	2187.3
2016	16376.5	119.4	5183.7	4338.7	133.4	34.6	3963.6	2603
2017	18245.1	290.4	5465.7	4987.5	163.2	28.7	4997.8	2311.7

资料来源：根据《中国城市建设统计年鉴》数据整理。

三、部分项目功能缺失

材料显示，城市基础设施建设中“贪大求洋”问题更加突出，大型和不适当的设施（如“大广场”、“宽阔的道路”、“高级草坪”和音乐喷泉）存在相对过剩问题。一些政府未将市民对生活环境的真正需求予以足够重视，同时对居民的行为活动规律也缺乏认真研究，加之对城市基础设施建设的速度和节奏没有很好地把握，一味地贪大求洋，造成基础设施提供过度现代化、豪华化。或者假借“打造城市品牌、重塑城市形象”之名，在公共物品经营战略选择上，脱离居民生活实际，大力修建一些耗费巨资却功用甚微的工程。

例如，一些城市忙着添置新设备、建造新场所、开发新的小区，而旧设备没有用足就又造成新的闲置浪费。一般来说，城市首先应提供人们生存所必需的基础设施产品，建立在这一基础之上再满足人们安全需要、社会需要、个人需要以及自我实现需要等。但目前一些城市热衷于搞“美化工程”“亮化工程”“形象工程”而忽视了作为生存基本需求的街道、供水、排水和燃气等基本服务，造成大量城市设施无法发挥效用或效用低下，功能缺失甚为严重。

四、重视建设而忽视管理

一些城市市政基础设施建设缺乏长远眼光，“建了拆、拆了建”的“短命工程”频频出现。一些政府更是违反基本建设程序，采取同时进行检查、设计和施工的渐进的态度，造成了大量半封闭工程和未完成项目的出现。

2007 年 1 月 6 日，浙江大学湖滨校区 3 号楼被拆除。这座高层建筑耗资 2500 万元建成，设计使用寿命至少 100 年。到被爆破拆除时，才仅仅使用了 13 年，与建造时投入的资金和大楼的应有使用寿命相比，其遭遇让许多人感到惋惜。事实上，该楼在建设时已备受争议，因离西湖仅有 500 米左右，当时属西湖边最高的楼房。在建造时，有专家和市民认为它的建造对西湖整体景观造成了破坏。而此次被爆拆除，又再次引起关注。在争议中建起，又在争议中倒下，其重复建设当时曾引起广泛批评。

近年来，建成没几年的大楼甚至正在建设中的高大建筑被拆除的现象，在全国各地并不鲜见，其中的浪费和对环境发展的负面影响难以估量。一个重要问题是，重视建设但轻视管理。许多城市在基础设施建设上十分重视但大多忽视了设施的管理和维护，为了建设而建设，缺乏相关政策和责任制，其结果是市政基础设施建设完成后，没有人管理，没有人养护，市政基础设施寿命急剧缩短，短短几年就被人为破坏或自然破坏，从而陷入市政基础设施建设的恶性循环，造成严重的财政浪费。

五、市政基础设施建设水平区域、行业间发展不平衡

目前，我国市政基础设施区域间发展不平衡，统筹区域发展与实现基本公共服务均等化的压力较大。从区域的角度看，中西部地区市政基础设施建设水平明显落后于东部地区，从城市规模来看，超大和特大型城市设施水平较高，其他规模城市存在较大差距。

城市发展进程中最重要的是道路交通基础设施，道路基础设施建设大多超前，和人们生活密切相关的污水、垃圾等环卫设施建设相对落后。尽管近些年来从国家到地方都加快了建设的进程，但总体水平仍旧较低，落后于其他行业的发展。

六、安全性问题广泛存在

在一些城市过度购置基础设施建设忽略质量和安全的现象时有发生，基础设施建设的规模巨大而安全隐患令人深思。不少政府有关主体为了追求表面业绩以获取提升，而置广大市民和工人的安全和利益于不顾，在城市基础设施建设上存有严重的侥幸心理和应付态度，开发兴建了一大批存在安全性隐患的违章违规项目，甚至大量豆腐渣工程。

例如，有的城市桥梁尚未投入使用就发生损毁事件；有的城市新修的防洪堤

即出现严重塌方；道路塌陷现象更是常有耳闻；地下埋线也是频露危机；建筑工地高空坠物伤人、工人摔伤致残事件也是屡屡见诸报端……给人民的生命和财产安全造成了严重的威胁和损害。

七、环境问题日益凸显

在城市景观的美学观念中，是符合生态学原理和生态环境功能要求的。可是，随着城市基础设施进程的日益加快，许多城市的生态环境受到了严重的污染和破坏：城市河流、湖泊被侵占，致使水流不通；过度抽取地下水以及建设重大建筑物导致地面沉降等，已经成为新的城市公害。同时，更有不少城市借加快城市基础设施建设，改善人民生活质量为名，乱伐山林，大肆开山取石，使城市的景观破坏现象愈演愈烈，甚至影响城市居民的生存健康和生活质量，严重损坏了城市的可持续发展。

第五节　完善城市基础设施建设的对策

一、科学合理布局基础设施

各个城市的建设水平和现实条件不同，各城市应立足实际，结合自身条件，学习先进经验，在城市交通、道路、生态绿化、工业设施、公共设施、垃圾污水等都要合理规划，科学合理地制定符合城自身发展的战略布局。同时要统筹兼顾，结合城乡发展。严格监管施工中的违法设施，减少不必要的损失。各类城市基础设施建设与发展都应该以绿色建设、可持续发展为宗旨。建设公共交通项目，减少汽车保有量及公路上机动车辆的数量，发展水平高的城市还可以加快建设的脚步，推进电车的轨道建设和上路计划，实行低碳交通措施，同时分散人流量，改善交通拥堵的情况；全面提倡节能行动，节水、节电、节气，加大天然气使用覆盖率，加大资源的回收利用率，促进基础设施建设领域的绿色发展。

二、形成市政建设的有效竞争机制

城市公用事业改革的重要目标和改革成功的重要保障是有效竞争。将垄断性领域与非垄断性领域、垄断性业务与非垄断性业务分离，将不同行业和同一行业内部不同性质的领域与业务明确划分，在绝大多数的领域、业务上引入竞争机制、打破垄断，是基础设施建设的导向。然而有些时候，这种区分与现实存在差距，在这种情况下可以选择区域比较竞争，为不同地域企业的竞争创造条件，同时有利于政府监管，获取企业运营的真实信息。

三、健全市政基础设施建设的投资融资体制

多元化投资主体对城市基础设施建设十分重要。要抓住改革重点，鼓励外资和民间资金以多种形式参与市政公用事业建设，多重形式参与形成多元投资结构。加大政府的财政投入，城市市政基础设施建设的特殊属性决定了市场机制不可能实现资源的有效配置，政府与市场的机制的结合才是最佳选择；要吸纳国内民间资金入城市市政基础设施建设领域，扩大政策优惠，放宽准入门槛，建立投资可信机制，创造适合民间资本发展的环境；积极引入外国资本，通过发行国外债券融资，也可以向国外金融机构融资，还可以通过 BOT、TOT、PPP 等形式引入外资。通过招投标、竞争机制的引入和特许经营制度，加快形成与市场经济体制相适应的市政行业市场体系，推进市政公用事业市场化进程，规范市政基础设施建设特许经营活动。吸取先进的城市基础设施建设经验，加以借鉴和实践。

四、完善城市市政基础设施建设的政府监管体系

在公共服务领域，资源的有效配置和实现帕累托最优不能只依靠市场机制，因而需要有效的政府监管。要建立健全相关法律法规体系，为政府的监管提供有力的制度保证；设立专门且独立的监管机构，实施重要项目专项监管和动态监管；明确监管责任，协调监管机构的关系，设立制度性协调机制；丰富监管内容，完善监管手段；社会参与体制制度化，让市民踊跃参与监督，建立和健全第三方监督机制。

五、加大城市环境治理和保护力度

城市人居环境是城市的重要软实力。首先，应将产出性的最大化和宜居性的最优化作为城市建设的两大本目标，坚持从源头治理污染。保护、治理、建设三管齐下，严禁引进污染性建设生产项目；对污染项目关停并转，治理整顿，重新改造；加大建设优良生态环境的投入，加大环保项目的基础设施建设力度。其次，将循环经济、清洁生产、生态城市的理念贯穿到城市建设中，实现资源的减量化、产品的反复使用和废弃物的再利用，实现生态环境的良性循环和资源的高效有序利用。最后，积极加大宣传教育力度，调动企业和居民保护建设环境的热情，合力打造一个和谐、健康的城市家园。

六、加强投资项目后期评估工作

建设项目的综合效率如何？对公众效用多大？是否对环境造成了某些现实的或潜在的危害？能否寻找到更好的方式来解决建设前后及过程中发现的诸多问题？这一系列问题的解决都有赖于项目完成后的评估过程和结果。因此，建立一个良好而真实的项目后评估工作体系模型，使之真实准确地反映建设项目的绩效，有助于政府随时总结经验教训，及时解决存在的问题和困难，从而有效地促进和改善新型项目的投资、规划、开发、管理建设条件和效率，提高项目的决策科学化水平。

第四章　公共投资与现代城市建设运营管理

第一节　公共投资概述

一、公共投资的基本内涵

公共投资，是指有关主体为提供公共品和准公共产品而进行的投资活动，主要包括市政设施、科技、教育、文化、卫生体育、环保等事业的投资，公、检、法、司等政权机关的建设投资，以及政府机关、社会团体办公设施和社会基础设施等的投资。对于城市来说，公共投资主要是基于公共治理的需要，政府启动投入财政资金用于市政设施、道路和医院等基础设施建设和维护。此外，政府对拥有不同产权的企业也进行一些投资，这些投资部分涉及公共领域，因此也是公共投资的重要构成部分。

二、公共投资的特点

（一）公共投资具有公益性、无偿性和政策性

公共投资追求社会效益的最大化，而不以经济效益最大化为目标。这取决于政府的职能。基础设施和公益性设施只能或主要靠政府集中提供，以满足社会的共同需要。公共投资项目及其设施的使用一般是无偿的，无法通过计价收费的方式补偿或是只能得到部分补偿。政府投资提高了居民生活质量，企业和居民则无偿地向政府上缴税款，然后政府继续用于公共投资，从而间接地形成公共投资的循环。公共投资必须考虑国家产业政策，因其投资主体的主导、超然地位，可以调节社会投资结构，以保证社会投资活动的正常顺利进行。

（二）公共投资以社会福利最大化为目标

社会福利是一个非常广泛的概念，包括就业、收入和基本保障等方面。用于基础设施建设的公共投资，能够改善就业状况，增加就业机会，促进社会福利的

最大化或者相对优化。对科教文卫事业的公共投资，能够加强公共事业体系建设，促进科技教育文化卫生体育事业的发展，能够更加积极地解决涉及人民群众切身利益的一些现实问题。对社会保障体系建设的公共投资，有利于扩大社会保障的覆盖面、建设社会救助设施、落实居民的基本保障，确保公众的正常生活及特殊群体的基本生活。

（三）公共投资以财政资金为主要来源

从广义上看，投资主体既可以是政府，也可以是私人，但由于其投资规模巨大，私人主体往往无力参加或不太愿意参加，最终不得不主要依靠政府。广义范围的公共投资资金由财政资金、社会资金等构成。目前，市政公用设施建设维护管理资金由财政性资金和非财政性资金等构成，其中，财政性资金是主要来源，财政性资金收入主要包括中央预算资金、省级预算资金和市级预算资金。市级预算资金由城市维护建设税、城市公用事业附加费、城市基础设施配套费、国有土地使用权出让收入、市政公用设施有偿使用费（包括污水处理费、垃圾处理费等）等构成。

三、公共投资对城市建设的必要性

公共投资对于城市建设和运行十分重要，是城市公共管理和治理的重要内容。具体来说，其必要性主要体现在以下几个方面。

一是公共投资有助于提高民生保障水平。城市需要提供市民和公众基本生存和生活的条件。城市居民的用水、用气、用电等需要公共投资来实现。然而，经验事实表明，在中国很多城市的用水、用电等设施建设中，市民也有一定支出比例，并且城市之间存在保障投资的差异。

二是公共投资有助于提升城市公共服务能力。城市公共服务主要指生活服务、生产服务及一些必要的信息服务。这些服务对于多元社会主体的日常生活、经济活动和社会活动具有重要价值。城市建设中应该通过公共投资提升城市公共服务能力。

三是公共投资有助于展示城市文化形象。高品质的人居环境和高质量的公共服务是居民福利的重要构成部分。除了应该集中在基本民生领域之外，城市公共投资还应该在美化和展示城市形象等方面，而且这些投资的具体领域和项目需要谨慎论证。经验事实显示，这些投资引导和改变了市民的环境选择行为。近年来，很多城市推进景观工程建设，提升城市文化形象，得到了市民和公众的认可和赞成，取得了较好的社会效应。

四是公共投资有助于帮动私人投资和辐射农村地区。公共投资能够显著带动私人投资，这已经被诸多经验事实所证实。城市公共投资能够给周边农村地区带来一些有益的辐射效应。那些富有远见的城市规划和建设者总是考虑到城市周边区域的发展，特别是城市周边农村地区的居民生存与发展需要，并尽可能地将城市规划和乡村居民的发展联系起来谋划。

四、公共投资的范围及类别

一是具有非竞争性和非排他性的纯公共产品。如国防、司法、行政、邮政、防灾救灾、卫生防疫、大江大河治理、公共博物馆和图书馆等，政府部门的直接投资是这类产品的主要供给方式。政府直接投资上述领域，并不意味着政府部门也需要承担此类公共产品的全部投资与运营责任。上述产品与服务领域仍然可以作更为细致的分类，将竞争性业务与普遍服务性业务分业经营。政府投资与补贴只负责保障提供普遍服务。政府也可以借助市场组织和社会组织的优势与能力，生产这些公共产品。

二是能够普遍提高社会福利带有显著外部收益、准公共产品和服务。如基础教育、公共医疗卫生、公有住房、社会福利、环境保护等。这些领域可以是政府投资的范围，也可通过政府补贴和特许权经营引入非营利组织和企业投资经营。政府介入程度的高低取决于政府财力及经营效率，在政府财力有限和经营效率低下情况下，完全可以借助社会及市场的力量。但是，社会化及市场化的范围和程度要有明确的限制，同时，要对社会化和市场化提供的公共产品及服务（准公共产品及服务）进行科学的规划、组织，并实行严格的监管和控制。当政府财力充裕的时候，政府部门应在具有显著外部效应（如城市道路、基础教育、公共卫生）的领域发挥更大的作用。

三是以电力、铁路、电信、地铁、供水、污水处理、垃圾处理、广播电影电视等为代表的自然垄断产品。这些产品和服务或具有排他性，或具有竞争性，存在着超额需求，消费者愿意直接付费，这为社会资本通过市场供给提供了现实可能性。可以将这些产品与服务的市场供给形式分为两类：其一，社会资本的完全供给，即公共产品的投资、生产以及运营由私人单独完成，私人通过收费的方式向消费者收取费用；其二，社会资本与政府的联合供给，政府对私人提供一定的补贴和优惠政策，或政府根据合同进行采购。此类产品和服务必须实施政府管制，包括价格管制和市场准入管制，以避免由于企业拥有市场垄断地位，或因厂商盲目竞争而导致资源配置效率的损失。

在我国社会主义市场经济体制建立和完善阶段，发达地区、欠发达地区和不发达地区的市场发育程度不同，适应市场经济要求的地方政府的职能转变也存在较大差异。因此，现阶段我国政府投资的范围与完全市场经济条件下的政府职能的要求存在某种程度的不一致，政府投资范围依然过宽，涵盖了许多政府“不该管、管不了，也管不好”的领域。党的十八大以来，中央政府在投资体制方面采取了一些改革措施，主要是由事前审批转化为过程性监管。在总结经验基础上，出台了《关于深化投融资体制改革的意见》等政策文件，在一定程度上推进了公共投资领域的优化发展。

五、城市公共投资的主要领域

（一）市政公用设施投资

所谓市政设施，是指设施建设的资金来源于政府或者是有关法人，主要有公共娱乐设施、防洪设施、城市道路及交通设施、道路照明与建设、公用设施、桥涵及其设施、城市生活垃圾处理等设施。

市政设施给市民的生活带来了很多便捷，使人们的生活质量得以大大提高。一旦设备出现老化、破旧甚至被故意破坏时，公众的生活就会出现很多不便。因此，要重视对市政设施的管理及其维护工作。因为在市政设施的管理维护工作中，不仅是对建设情况的一种体现，更重要的是市政设施管理还与城市的发展息息相关，也会对人们的生产生活造成极大的影响。

（二）公共服务投资

目前，理论界尚未对公共服务投资的内涵给出一个统一的、准确的定义。综合国内外专家学者的论述，人们对公共服务投资范围有以下几种不同的理解：

一是公共医疗卫生服务投资。主要包括公立医院、公立医疗卫生机构等提供的服务。政府财政资金中对这些机构和医院等也进行投资，但有些是医疗机构自身的投资。

二是公共教育服务投资。国家对教育方面的投资，多数属于公共教育服务投资。这主要包括学校及教育机构建设、购置教学仪器以及提供一些其他教育公共服务等。

三是公共文化服务投资。图书馆、博物馆、美术馆等公共文化设施，是政府公共投资的重要构成。随着各个城市经济实力的提升，文化设施领域的投资成为衡量文化福利的重要内容。

四是其他公共服务投资。政府还在环境保护、社会保障及社区事务等方面进行投资，这也是公共服务投资的重要内容。

（三）运营管理投资

实际上，城市运营管理投资的范围难以清晰界定。一般来说，政党及政府各个部门提供的公共管理和公共服务等，构成这类服务的主要内容。比如，公务人员提供的项目审批服务、证件审核服务以及其他服务。因此，一般公共服务可以看作是广义的城市运营管理投资。此外，政府机关提供了经济社会发展规划等服务，也是公共服务的构成。在财政支出中，一般公共服务支出、公共安全支出、城乡社区支出和住房保障支出等支出构成城市运营管理投资的很大部分。然而，这些支出的增加和城市运营管理效率的关系还不是很明确，一些城市在交通等运营管理中的支出增加提升了交通服务效率，具有显著的正向作用。但是，一些城市运营管理支出增加的经济效应不是很明显，这主要是城市区位等条件影响所致。因此，对这些投资的评估需要结合具体城市和具体领域进行分析。目前，政府及其职能部门是提供这些服务的主体。

第二节　现代城市公共投资效应

一、公共投资的经济效应

城市公共投资的主要经济效应，表现为产业集聚效应和要素迁移效应等。国内外学者已对政府公共投资的经济效应进行了长期的研究，学者们运用不同的实证分析方法及数据样本对政府公共投资对经济的影响作用进行了分析，其中大多研究结果都显示政府公共投资对经济发展具有明显的促进作用。

比如，Pereia（2000）应用向量自回归模型方法分析了公共投资、私人投资和 GDP 三者之间的关系，研究结果表明，公共投资对私人投资具有正效应，公共投资能够有效促进经济增长。同样 Eisuro Shoj（2001）、Henry Gurgul（2012）、Nicholas Crafts（2009）指出，政府对公共基础设施的投资能够提高全要素生产率、加快经济增长。Sebastien Remy（2000）使用固定效应分析方法分析了 28 个发展中国家 1981～1991 年政府投资对经济增长的影响，分析结果表明，政府投资对经济增长具有积极作用，但政府投资的规模不是越大越好，必须保持在一定限度内，否则会对经济增长产生负作用。Nain（2000）对政府提供公共产品角度进行了分析，指出政府提供的纯公共产品之间会产生互补效应，能够在长期内促进经济增长；而政府提供的准公共产品及政府消费会对民间投资及消费具有挤出效应，仅在短期内对经济增长具有正效应。有部分学者将公共投资进行了细分，更具体地分析公共投资的经济效应，其研究结果大多表明，政府投资中的基础设施投资或非生产性投资对经济增长具有积极作用，而非基础设施投资或生产性投资则会对经济产生负面影响（Devar Jan 和 Zou，1996；Lapham，1996）。Singh（1994）对 70 个发达国家政府投资的数据进行分析后得出，国防支出与经济增长呈正相关而整个政府投资对经济增长呈现混合效应的结论。

国内众学者也充分运用各实证检验方法（C－D 生产函数、格兰杰检验、

CGE 模型、VAR 模型等）分析了政府投资对经济增长的作用，分别从不同角度验证了政府投资正的经济效应（于爱晶和周凌瑶，2004；李晓嘉，2011；刘俊助，2010；张中华和许璞，2011）。于长革（2006）通过模型估计出我国最优的公共投资规模应占 GDP 的4.5%左右，占财政支出的比重则应为22%。郭庆旺和贾俊雪（2006）在把政府投资分为物质资本和人力资本并以此为基础分析了政府投资的长期经济增长效应，发现公共投资与经济增长之间是一种长期的均衡关系，其中物力资本的积极作用更加显著。普建海等（2005）运用误差修正模型分析指出，长期内公共投资和私人投资对经济增长都具有促进作用，而且公共投资的作用强于私人投资；同样，公共投资在短期内对经济中增长也具有明显的促进作用。钞小静和任保平（2008）则分析指出，政府投资能够在短期内通过扩大内需、弥补市场失灵等方式促进经济增长，而长期的经济增长主要依靠于民间投资。

二、公共投资的消费效应

（一）公共投资与公共消费

从结果看，公共支出要么用于投资，要么用于消费，因此从事后的角度看公共支出，它最终归入上述两部分中。公共投资即政府投资，是以政府为主体发生的投资行为，它包括两类：一类用于生产的资本性支出，另一类用于消费的资本性支出。前者在公共预算中体现为经济建设类支出，包括基本建设支出、企业挖潜改造、增拨流动资金等项目，后者包括各种城乡公用设施的投资，如给水、排污、环卫、公园、绿地、博物馆、图书馆等建设项目。

从投资与消费的关系来看，在现实中用于消费的资本性支出具有“即期投资、跨期消费”的特点，即这些项目修建时视为投资，但实际用于消费，消费带来的是效用，而不是现金流。尽管这两类资本性支出具有不同的性质，但有一个共同点，即都是财富的积累，而不是当年的消耗。从这个意义上看，它们都属于投资。公共消费即政府消费，是以政府为主体发生的消费行为，包括两类：一类是政府自身的消费，即政府运行成本；另一类是用于社会的消费。前者指政府行政活动对公共资源的消耗，政府机构正常运转需要消耗一定人力、物力资源；后者指由社会公众即期消费的各种公共服务，如教育、医疗、社保、就业、科研、文化、体育等各项社会事业支出。

（二）公共消费的作用

提高消费率，或者维持消费对经济增长有一定程度上的贡献率，通过公共消费的扩大来带动其增长是一个重要途径。公共消费既是社会消费不可或缺的重要组成部分，同时又能带动居民（私人）消费，尽管可能存在公共消费对私人消费的抑制作用。因此，扩大公共消费可以直接和间接地提升消费率，从而具有化解宏观经济运行中矛盾和促进社会事业发展的双重功能。

很多地区和城市面临的一个现实问题是公共消费不足，或者缺乏相对有效率的公共消费。从国民经济核算式可知，社会最终消费由居民消费与公共消费两者构成，扩大居民消费和扩大公共消费都能够提升国民消费率。目前，我国 GDP 构成中居民消费率与公共消费率皆呈下降趋势，究其原因是多方面的，但有一点可以肯定，即长期来对公共消费，尤其是对教育、医疗等社会性消费重视不够，这一方面直接导致公共消费率下降，另一方面也对居民消费产生了“挤出效应”，降低了居民消费率。

造成这种局面的原因与政府公共经济行为有直接关系。基于公共消费与公共储蓄的对比分析表明，多年来，我国财政收入占 GDP 比重不断提高，但与此同时，我国公共消费率却不断下降。这与前面分析的公共投资扩张是紧密联系在一起的，长期扩张公共投资，必然挤压公共消费。尤其从地方政府更喜好投资的行为倾向来看，这一点更好理解。虽然投资与消费都能拉动 GDP 增长，且都能满足上级政府对 GDP 考核的要求，但投资是看得见的政绩，而消费却没有这种作用。因此公共投资与公共消费的格局变化在很大程度上取决于政府的偏好。公共消费率的下降趋势还可以从它的反面，即公共储蓄的上升趋势中得到印证。可见，无论从消费一面，还是从储蓄一面，都可以确定无疑地看出，我国目前公共消费呈下降态势。

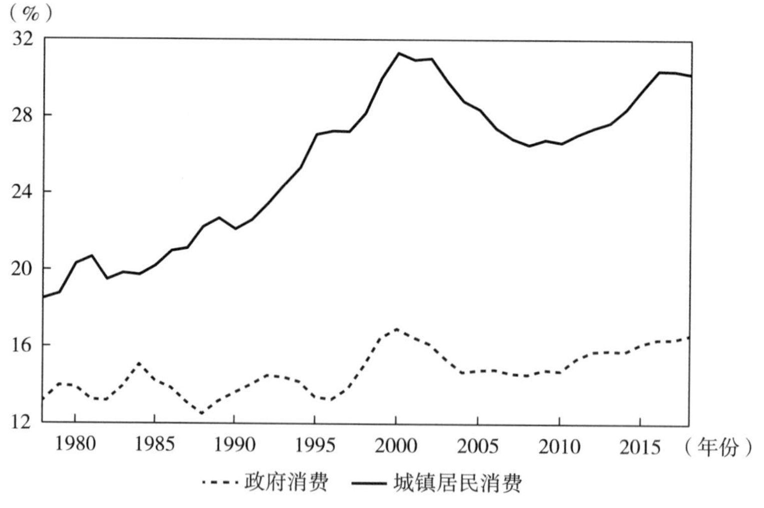

图 4-1　政府消费和城镇居民消费占生产总值变化情况

资料来源：根据国家统计局网站公布数据整理绘制。

基于公共消费与部分居民消费的比较分析，1978～2018年的数据计算显示，政府消费有比较缓慢的上升，占GDP的比例约为16%。而城镇居民消费支出占GDP的比例为30%左右。整体看，城镇居民消费增长率快于政府消费增长率。这在一定程度上说明政府消费对居民消费具有一定的正面推进效应。公共消费由政府自身消费和社会性消费构成，扩大公共消费应主要是后者，而不是前者。当前政府自身消费呈现出强劲的上升势头但公共消费不足的现状集中表现为社会性消费的不足。

（三）公共消费对居民消费与储蓄的影响

1. 公共消费对居民消费风险的影响

之所以在前面的分析中强调扩大内需中的消费需求，而在扩大消费需求中又强调公共消费，是因为公共消费的扩大可以促进居民消费水平与质量的提高，能够直接降低政府储蓄和间接影响居民储蓄，进而可以降低我国的国民储蓄率。

公共消费对居民消费的影响过程是，公共消费可能通过增加居民收入来增加居民消费，因此，居民消费滞后于政府公共消费。并且，公共消费不足可能导致居民对未来收入存在悲观预期而减少当前消费，这可以看作公共消费不足给居民消费带来的风险。

一度推行的公共领域市场化改革和由此带来的消费不确定性，一方面降低了公共消费，尤其是社会性消费；另一方面给居民消费带来了一系列风险，导致居民消费长期处于相对萎缩状态。政府的公共消费行为在很大程度上能够防范与化解居民消费风险。相反，政府公共消费不足，尤其是社会性消费不足，会给居民带来消费风险。在缺少保障的条件下，公共消费不足使得居民部门的储蓄率居高不下。若是扩大公共消费，意味着居民有了更多的保障，消费风险和未来支出的不确定性降低了，居民会更倾向于消费而不是储蓄，这样居民储蓄率就会下降。

2. 公共消费对居民消费具有一定的“挤入效应”和“挤出效应”

实际上，公共消费对居民消费等方面的影响存在分化效应，即不同领域的影响存在不同且存在影响的传递关系。在一些领域，公共消费和居民消费具有此消彼长的替代关系。也就是说，如果政府的公共消费上升了，居民部门将大量替换出用于教育、医疗等方面的开支，并将其转化为其他方面的消费，居民部门的消费由此扩张，产生消费的“挤入效应”；如果政府的社会性公共消费不足，那么对居民来说，他们将在教育、医疗等方面花费更多，其他方面的消费就会被迫减少，表现为居民消费的“挤出效应”。当前，公共消费不足对居民消费产生“挤出效应”已经是一个客观事实。自1996年开始居民部门的可支配收入在国民可支配总收入中的比重，总体呈下降趋势，这意味着居民部门的可支配收入份额在减小，而企业部门的可支配收入和政府部门的可支配收入份额在扩大。

另外，公共消费可能对居民消费产生的“挤出效应”加大，因为公共消费不足在挤压了居民其他消费的同时，居民可支配收入份额的减小也在挤压居民的消费。因此，公共消费不足会强化居民储蓄倾向。居民储蓄率在高位的相对平稳，是在居民可支配收入份额减小的情况下实现的，这表明，在居民在收入减少的情况下，要维持原来的储蓄率，只能靠压缩消费实现。产生这种现象的原因，主要是劳动与资本之间的分配关系在市场化过程中不断向资本一方倾斜，劳动所得的比重下降，而资本所得的比重上升。这是整个分配体制等因素造成的，以及市场行为中的博弈关系等原因形成的。由此形成了诸多的民生问题，推进分配体制改革以及强化市场行为中的公平博弈对于提高居民的收入比例有一定作用。由此可见，提高国民消费率有两个途径，一是调整劳动与资本的分配关系，二是扩大公共消费来弥补，而后一途径具有更直接和快速的效果。

总之，公共消费对经济发展特别是居民消费等方面的而影响较为复杂，公共消费是政府调控经济，并同时化解社会矛盾的有效手段。分配体制一旦形成，在初次分配就难以进行调整，或者调整周期很长且存在很多成本。在初次分配领域难以快速调整的情况下，通过公共消费这个手段可以发挥多重作用：一是促进消费率的提高，改善国民经济的相对失衡状况；特别地，城镇居民消费的增长可能给农民带来收入，从而增加后续的消费，进而促进城市商品和服务的供给；二是从根本上抑制当前普遍担忧的“三高”经济病，避免顾此失彼；三是促进经济发展的可持续性，减弱投资拉动引发的冷热交替；四是增强国民经济的稳定性，减少对外依赖的风险；五是促进各项社会事业发展，促进各种民生问题的逐步解决，化解当前面临的社会矛盾，有利于和谐社会的构建。

三、公共投资的生态环境效应

公共投资对生态环境的影响比较复杂，一些城市和地区的公共投资对环境具有良性作用，但一些项目的投资可能对环境造成不良影响。多年来，整体上公共投资对城市环境产生了很大的不良影响，但这存在区域和行业等方面的差异。

（一）生态环境的基本特征

第一，生态环境属于公共物品，环境保护行为具有公共性和公益性。环境保护的公共性，源自环境资源的公共物品特征。在经济学中，一般根据排他性和竞争性对物品的类型进行区分。纯公共物品一般指同时具有消费上的非竞争性和非排他性的物品，而具有排他性和竞争性的物品则为私人物品。作为公共物品，只要这种产品和服务存在，公众都可以消费。生态环境建设主要是以山川、江河、海洋、森林、荒漠、草原等自然属性的环境资源作为行为对象，通过对土地、水、空气、植被、生物、气候改良，达到改善人们的生存环境为目的的建设活动，其产品具有极强的公共性。作为一种为社会提供集体利益的公共物品，生态环境往往被集体加以消费。也正由于环境资源具有公共物品的特征，就使得政府安排生态环境建设有了一定的用武之地。因此，组织和执行生态环境建设，应该主要由政府承担、协调和干预。

第二，生态环境建设在投资上具有正面的外部性。生态环境建设作为一项社会公益性基础工程，具有期限长、投入高、回收慢、风险大等特点，在投资上具有很大的外部性。外部性又可称为溢出效应、外部影响或外部效应，是指经济主体（包括厂商或个人）的经济活动对他人和社会造成的非市场化的影响，包括正外部性和负外部性两个方面。正外部性是某个经济行为个体的活动使他人或社会受益，而受益者无须花费代价，负外部性是某个经济行为个体的活动使他人或社会受损，而造成这种外部不经济的人却没有为此承担成本。生态环境的外部性也可分为两类，即环境污染的负外部性和环境保护的正外部性。①环境污染具有很强的负外部性。企业的环境污染成本自己没有承担却由社会来承担，给社会造成得不到赔偿的额外损失。另外，从可持续发展的角度讲，环境产出涉及未来利益与当前利益的权衡，而未来具有不确定性，因此企业往往偏好实实在在的当前利益。②与环境污染问题相反，环境保护具有很强的正外部性。应该说，良好的生态环境给整个国家以及全体公民带来的社会效益、生态效益和经济效益都是难以估量的。

第三，生态环境建设有其很强的社会性。生态环境建设是一项跨地区、跨部门、跨行业的综合性、社会性很强的事业。维护生态平衡、保护和合理利用自然资源是生态环境建设的根本出发点，在此基础上，遵循自然和经济规律，通过科学规划、合理布局，采取生物措施、工程措施等各种手段综合治理，以期建立各种生物及生物与环境之间和谐共存、有机结合。在这一系列过程中，充分体现了生态环境建设的社会性。

第四，生态环境保护具有阶段性。大量事实显示，环境质量与经济增长之间存在环境库兹涅茨倒 U 形曲线关系，反映了环境保护的阶段性特征。环境库兹涅茨曲线（EKC）是指环境污染和经济发展之间存在一种倒 U 形关系，即在经济发展的初级阶段，经济发展将导致环境的逐步恶化；当经济增长和人均收入达到并超越一定水平（EKC 顶点）后，经济增长将伴随着环境的改善。EKC 假说最早由 Grossman 和 Krueger（1991）提出，他们对 66 个国家 14 种空气和水污染指数 12 年的变动情况进行了研究，发现大多数污染指数与人均 GDP 呈现倒 U 形关系。继 Grossman 和 Kreger 之后，许多实证研究都表明，在大多数环境质量指标与人均收入之间的确存在一个倒U形的关系。中国环境保护工作经过多年的发展，尽管也已经取得了明显成效，但环境污染与生态破坏的趋势还在进一步恶化，已经到了需要高度关注和加强环境保护、加快推进发展模式转变的关键时刻。

（二）现阶段加强环境保护的重要性与紧迫性

环境问题产生于经济发展过程中并不断演变，环境与经济之间是既相互制约又相互促进的矛盾统一体。一方面，快速的经济增长往往会对环境产生负面影响，因为在此过程中，常常随着工业扩张、自然资源的大规模开发与消耗以及环境污染废物的大量生成。另一方面，由经济增长所带来的资金增加以及经济增长过程中伴随的产业结构升级和技术进步也为改善环境创造了条件。由此可见，将经济增长与环境保护简单对立起来的观点是错误的。对于发展中国家而言，经济增长仍然是发展的基础，是人们摆脱贫困和增进福利的根本手段，因此，单纯通过限制经济增长来保护环境是不可行的，尤其对致力于脱贫的发展中国家更是如此。经济的增长并不必然导致环境的退化，正确的经济政策、环境政策以及环境友好型生产技术的不断创新都有助于减轻经济增长的环境压力。可持续发展强调环境在决策中的重要性，认识到环境与发展之间存在辩证统一关系，即发展必须以环境保护为前提，而环境保护则需要经济发展和科技进步提供的资金和技术支持。因此，问题的关键是正确处理经济增长与环境质量之间的关系，充分利用环境、经济相互促进的一面，同时尽量减少环境、经济之间的负面影响。所以，在处理经济增长和环境保护之间的关系上，应该选择科学的经济发展方式来谋求经济与环境的“共赢”。

当前，我国环境形势紧迫。长期以来我国的粗放型经济增长不仅造成了经济资源的巨大浪费，同时也导致了严重的环境污染和生态退化。改革开放以来，我国是世界上经济增长速度最快的国家。长期持续的高速增长，使中国的综合国力、人民的生活水平和国际地位都得到了前所未有的提升，但是，长期以来我国的经济增长过度依赖能源资源消耗，造成能耗物耗高，污染排放强度大。随着2020年翻两番的经济快速增长目标的实现和工业重型化的加深，污染物排放还在进一步加大，这对我国本身就脆弱的环境承载力构成了巨大的挑战。在这种情况下，加强环保工作的重要性与紧迫性日益凸显。如何更为合理和有效地利用资源，减缓资源消耗和污染排放，走一条经济与环境相协调的增长之路，就成为我国目前面临的重大课题。

（三）城市园林绿地建设情况

环境投资的重要方面是城市园林绿地建设。数据显示，因为环境保护等方面公共投资的增长，中国城市以园林绿地等为代表的环境建设具有显著价值。城市公园绿地面积、城市绿地面积等呈现稳定增长的态势，如图4－2至图4－4所示。

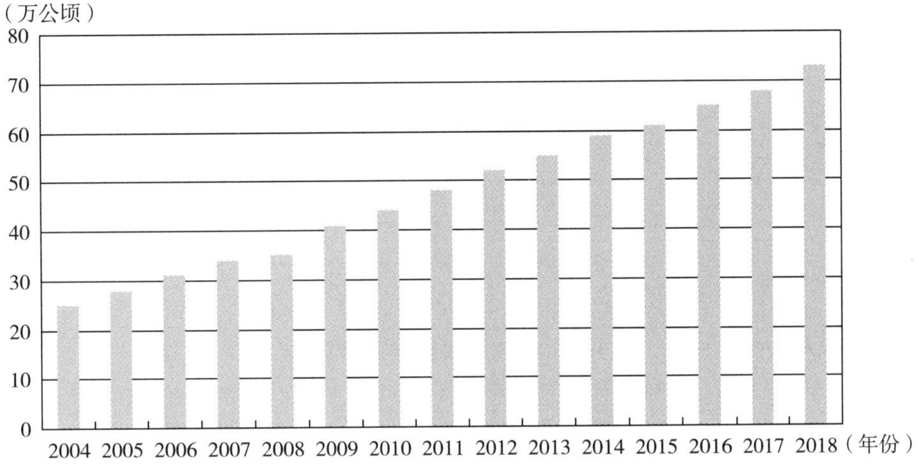

图4－2 城市公园绿地面积增长情况

资料来源：根据国家统计局网站数据整理绘制。

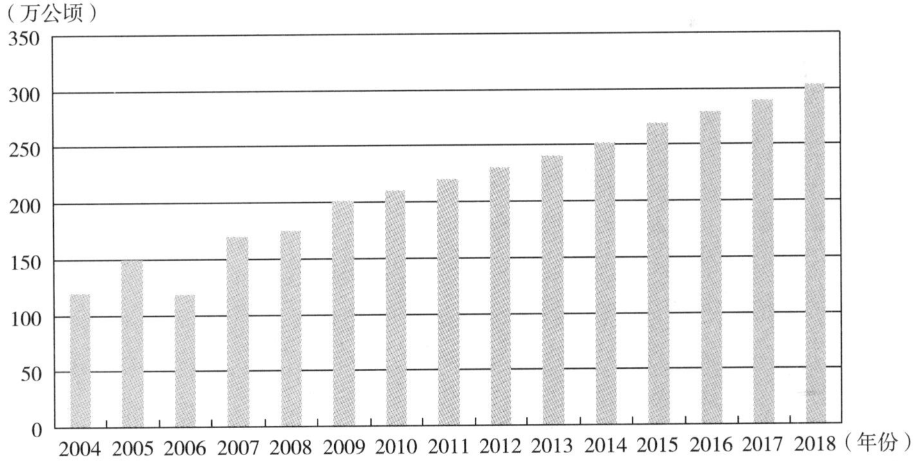

图4－3 城市绿地面积增长情况

资料来源：根据国家统计局网站数据整理绘制。

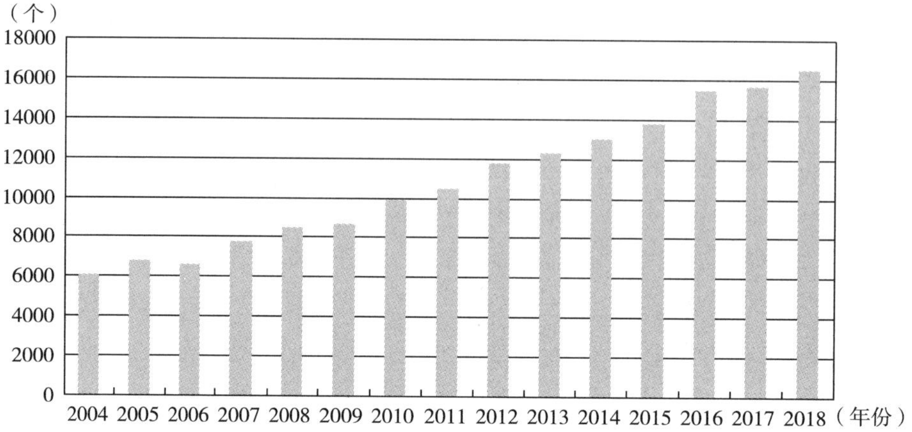

图 4－4　城市公园数量增长情况

资料来源：根据国家统计局网站数据整理绘制。

四、公共投资的社会效应

政府投资，是指一国（地区）政府或其他社会公共服务部门将一定的资金投资于具有公共品或准公共品性质的项目，如基础设施、教育、社会保障等的经济活动，其根本目的是促进社会公平、提高整体社会福利水平，促进经济有效、公平发展。因此，在分析政府投资的效应时，要综合考虑其所带来的经济效应和社会效应，甚至其社会效应是最终衡量政府投资目标能否实现的关键标准。笔者认为，固定资本形成总额是衡量公共投资的社会效应的一个重要指标，并且，固定资本形成总额应该成为一个社会福利的构成部分。

如图 4－5 所示，固定资本形成总额和政府消费的比值基本呈现增长态势，1978～2018 年的平均值为 2.38。尽管对固定资本形成总额如何影响福利，或者如何更好地了解固定资本形成总额和社会福利的关系较为模糊，但是总体可以初步推断，固定资本形成总额在一定程度上提升了社会福利。这可以看作政府消费的社会福利效应或者社会效应。不过，对此还需要深入认识不同领域消费的社会福利效应，可能存在一些领域社会福利效率较低的情况，从数据上看，固定资本形成总额呈现上升的态势，但固定资本总额毕竟不完全是社会福利的全部，如果考虑到政府消费对居民消费的挤压效应，那么，可能存在很多社会福利的损失。由于资料和数据等方面的限制，这里不做具体分析。

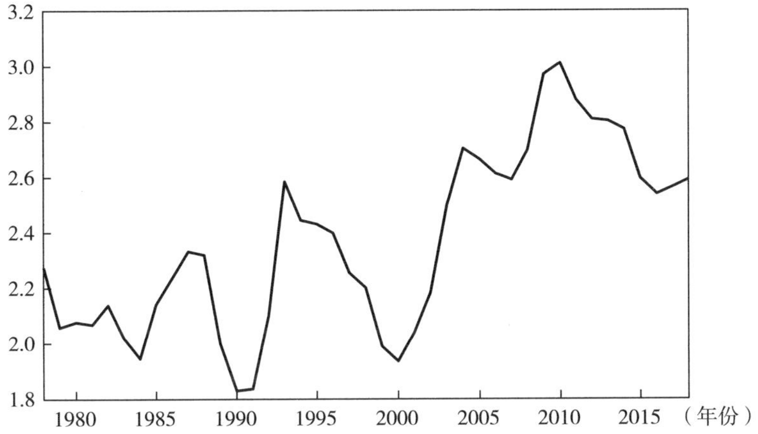

图4－5　固定资本形成总额和政府消费比值变化情况

资料来源：根据国家统计局网站数据整理计算绘制。

第三节　现代城市公共投资的现状和问题

一、城市公共投资的基本情况

这里主要讨论市政设施为主要构成的狭义公共投资。这些公共投资产生了显著的效果，城市道路规模、垃圾处理能力、照明设施等大幅度提高，城市设施在服务民生和推进个体发展能力方面获得显著进展。

（一）交通类基础设施质量和规模显著提高

数据显示，近十几年以来，城市道路长度翻了一番，城市排水管长度翻了将近两番，公共投资让城市交通领域的基础设施服务能力正在显著提升，如图4－6至图4－8所示。

（二）环境治理类基础设施服务能力逐步提高

数据显示，城市污水日处理能力超过1.8亿立方米。10多年以来实现了污水处理能力的稳定提升，为城市水资源循环利用及提高水资源利用效率提供了重要支撑，如图4－9所示。

数据显示，城市生活垃圾无害化处理能力显著提高，已经接近80万吨/天（见图4－10），这是城市公共投资在环境治理领域的体现之一。

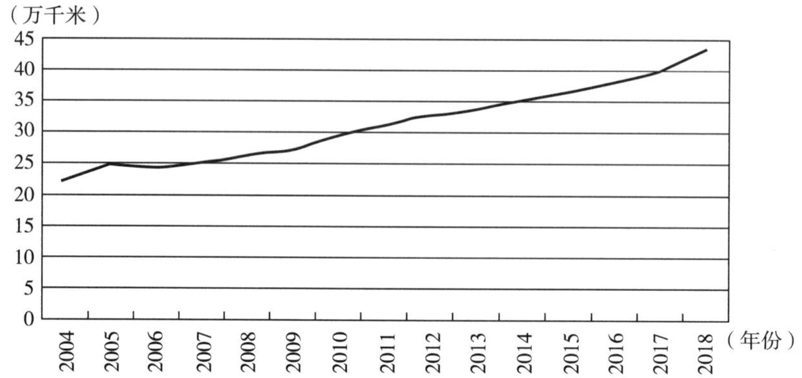

图4－6　城市道路长度增长情况

资料来源：根据国家统计局网站数据整理绘制。

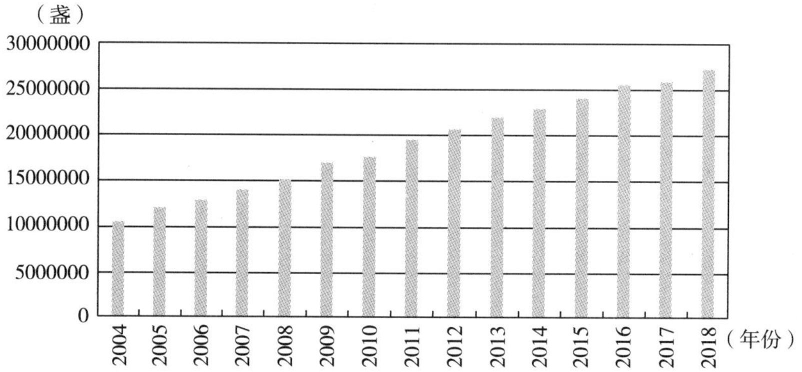

图4－7　城市道路照明灯增长情况

资料来源：根据国家统计局网站数据整理绘制。

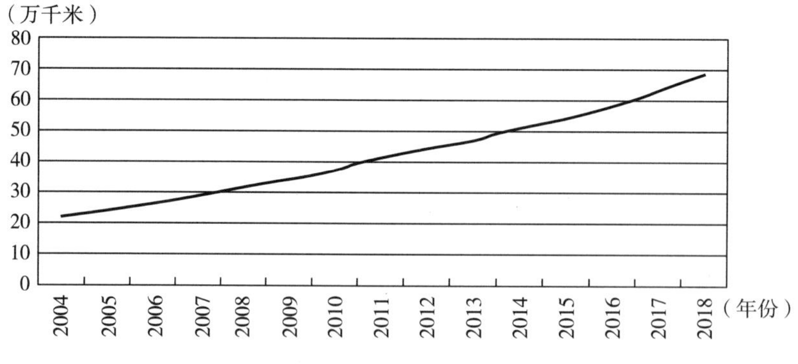

图4－8　城市排水管道长度增长情况

资料来源：根据国家统计局网站数据整理绘制。

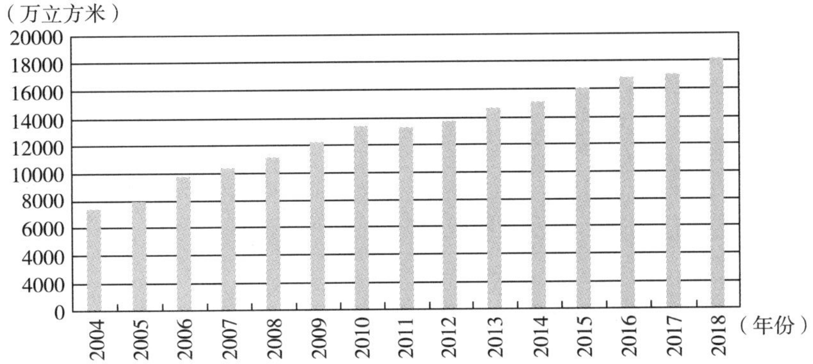

图4－9 城市污水日处理能力情况

资料来源：根据国家统计局网站数据整理绘制。

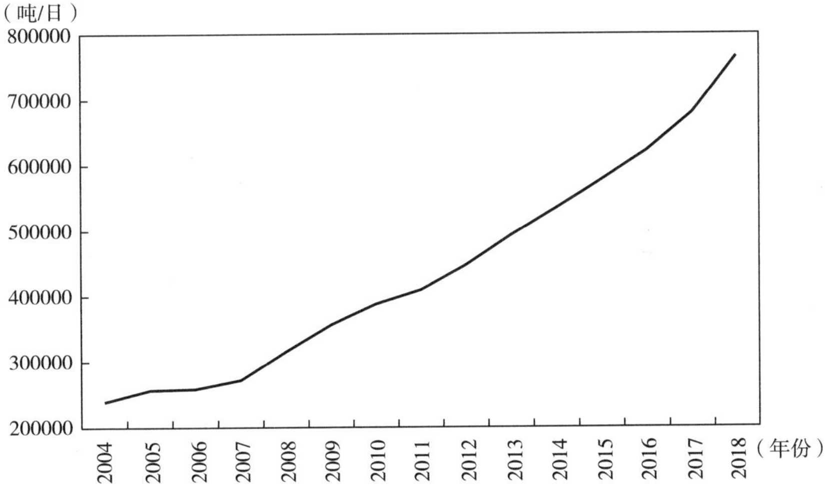

图4－10 生活垃圾无害化处理能力

资料来源：根据国家统计局网站数据整理绘制。

二、城市公共投资的主要问题

虽然城市公共投资在诸多方面提高了城市发展能力和市民的福利，但因为公共投资资金量大、项目周期长以及参与主体多，因此存在诸多资金耗散及管理成本高等方面的问题。提高公共投资效率和价值是紧要的现实问题。这些问题不仅是市民关心的重要问题，也关系到公共治理效率的重大问题。根据经验事实和有关资料，城市公共投资领域存在以下主要问题。

（一）一些城市社区层面的公共投资效率较低

安排公共投资项目时一些城市在选择了那些能够突出外部形象等方面的项目，对社区层面提升服务能力的项目安排存在滞后性。比如，一些社区住房的墙体增加保温层能够显著降低能源使用，从而降低对环境的影响，但很多城市并没有及时安排这方面的投资；一些社区民众居住楼所急需的电梯安装等项目并没有落实，造成日常生活便利性不足；等等。

（二）一些领域的公共投资存在形式化倾向

公共投资应该着力解决民生领域的重大现实问题，但现实操作中存在形式化倾向。比如，一些城市的投资项目用来进行社区管理机构的装修等，一些项目安排与民生问题解决的关系不大；一些项目存在监管中的形式化问题，导致资金使用难以体现预期目标，因此可以说存在形式化倾向。

（三）公共投资管理机制存在一些问题

虽然国家发布了《政府投资条例》等政策文件，但实际操作中存在管理机制方面的问题。由于公共投资项目涉及很多财政资金使用，而中央政府各部门对财政资金使用存在多头管理以及政策冲突的问题，导致地方政府在使用资金时难以进行有效整合，不能提高公共投资的效益。比如，PPP 项目是国家发改委通过项目库的形式进行管理，这种管理模式让地方政府在项目投资中缺乏管理方面的灵活性。

（四）公共投资项目信息披露不充分问题

一些城市公共投资项目的立项申请批复等程序存在信息披露不充分的问题。特别是，项目立项的论证报告和评审等环节的报告等披露不充分的问题。特别是，对项目建设完成后的运行缺乏相对完整的研究评估报告，这对于判断项目的综合价值带来诸多现实困难。这在一定程度上增加了公众对项目的误解。

第四节　提高城市公共投资效率路径选择

由于公共投资在城市建设及运营管理中的重要性，提高城市公共投资效率已经成为社会各界的呼声，也关系到民生领域重大问题解决质量的现实选择。公共投资效率应该成为评估城市治理能力和治理水平的重要内容。根据当前改革的实际以及各个城市建设的经验，提出如下政策建议。

一、建立公共投资项目全过程评价机制

全过程评价机制，就是要对公共投资项目的发起、立项、审批、建设和运行等进行全面评价的项目管理机制。国家公共投资管理部门应该委托独立第三方对公共投资项目进行严格评估，出具具有公信力的评估报告，以便对各个城市公共投资项目进行评价，特别是资金使用效率方面的评价。全过程评价机制的重要方面，在于发现项目存在严重风险和严重违规等问题后需要提出整改措施或者相关的补救建议。这对于提高项目管理效率具有重要价值。当前，国家投资主管部门建立的网络平台对开展全过程评估提供了重要技术支撑，有关研究机构应该着力通过全过程评估实现项目决策科学化。

二、启动公共投资项目负面影响清单管理

负面清单管理，主要是根据产业结构调整等方面的需求，对投资项目进行规范化管理的一种机制安排。各地实践表明，对于在公共投资项目实施过程中造成环境等不良外部性影响的，应该实施负面影响清单管理。城市公共投资项目也应该实施这种管理机制。这种管理不是全部否定公共投资项目的价值，而是对项目价值进行合理的判断和评估，并为做出有关调整提供决策依据。清单构成可以从以下几个方面进行陈述：

一是生态环境领域负面影响清单。对于一些造成物种多样性降低、土地退化等方面影响的建设项目，需要根据实际情况列出负面影响清单。

二是民生保障程度领域的负面影响清单。比如，对于公共垃圾填埋等场所建设造成周边居民生活等不良影响的，应该列出负面影响清单。

三是社会效益方面的负面影响清单。有些项目设计中存在对公众有思想意识等方面不良影响的，应该列出负面影响清单。

三、进一步优化年度投资计划管理

年度投资计划管理，是公共投资的重要管理形式。各个城市需要根据城市发展实际审慎安排年度投资计划，并对计划进行充分的论证和相关研究工作。特别是在项目管理中，要探索建立立项机构和项目监督机构相分离的原则，以便对项目进行不受干预的独立评估。审计部门应该根据审计报告的情况和政府项目主管部门进行年度投资计划的分析和论证，并将年度审计结果作为来年项目计划的重要依据。

四、进一步优化公共投资的合作机制

公共投资项目的论证、审批和实际建设主体涉及多元主体，这些主体之间的合作效率存在差异，因此，建立一个有序顺畅的合作机制十分重要。特别是项目建设主体往往是城市本地企业实施，这不可避免地存在区域垄断，可能会造成低效率的情形。因此，公共投资合作机制改革中重要的目标就是破除绝对垄断，乃至破除相对垄断。这就需要在项目论证前期引入竞争机制，而不是单纯由地方政府部门通过影响公正竞争的方式确定项目承建单位。对此，中央政府公共投资管理部门应该做出有利于提高效率的相关政策措施。

五、着力通过公共投资解决民生“痛点”问题

民生“痛点”问题是各个城市都不同程度存在的问题，主要是房价、环境、教育、医疗、文化和其他民生问题。多年来，公共投资在解决重大民生问题方面发挥了很大作用。不过，由于投资效率较低以及资金耗散等原因，很多城市民生领域仍然存在很多短板。比如，一些城市社区层面的医疗服务设施不够，社区卫生服务站床位数量等偏低，不能满足居民就医需求。一些城市幼儿接受教育的服务能力不足，幼儿园等在规模、设施等方面存在短板，家庭接受幼儿教育服务的成本较高等。一些城市土地资源供给存在盘活存量不足的问题，导致房地产价格虚高等。这些问题需要通过进一步提高公共投资效率来解决，特别是通过重点项目投资整合资源实现系统性提升来解决。

第五章　公共服务与现代城市发展

第一节　现代城市公共服务概述

现代城市政府的基本职能是提供高效的公共服务。公共服务与公众的日常生活息息相关，每个城市居民从出生到死亡都生活在公共服务中，公共服务是构成人们广义社会福利的重要内容。在城市建设与发展中必须高度重视教育、医疗、文化和环保等公共服务问题。这是城市竞争力和发展环境的重要方面，是高品质城市的重要支撑要件。

一、公共服务的内涵

（一）公共服务基本内涵

20 世纪 80 年代，美国著名行政学家罗伯特·B. 登哈特在其著作《公共服务：服务，而不是掌舵》中，提出了一套要求和支持政府完善其管制行为的新理论。这套理论主要研究“关于公共行政在公共服务民主治理和公民参与为一体的治理体系中扮演一系列角色”的问题。

国内也有学者分析了公共服务问题。在《现代城市公共服务问题研究》一书中，严春松概括了公共服务的内涵主要是：服务而非掌舵；公共利益是目标而非副产品；服务于公民，而不是服务于顾客；思考要有战略性，行动要具有民主性；政府的责任不仅在关注市场，还要关注宪法和法律；重视人，不是重视生产率；重视公民权胜过企业家精神。这些公共服务理论强调政府在公共服务系统中的重要作用。

就其内涵来讲，公共服务，包括加强城乡公共基础设施建设，发展教育、科技、文化、卫生、体育等公共事业，为社会和公众参与社会经济、政治、文化等活动提供保障，它是 21 世纪公共行政和政府改革的核心内容。尽管很多研究在公共服务界定方面有范围等方面的差异，但公共服务的供给效率和质量等都引发了大量研究。公共服务对城市产业、房地产价格以及其他要素集聚产生了显著的影响。

公共服务规模和质量关系到能否建设成一个高福利的国家以及民众的生活质量。

（二）公共服务类别

公共服务有狭义与广义之分。狭义公共服务是满足公民某些具体要求的服务，包括衣食住行、生存、生活、生产、发展和娱乐的要求。广义公共服务一般指国家政府的行政管理和公共治理行为，包括国家所从事的经济调节、市场监督、社会监督、社会管理等职能活动，维护市场、社会秩序的监管行为，以及影响宏观经济和社会整体的可操作性行为。这类服务通常由政府或者政府委托的机构垄断性提供，即其他主体没有资格提供这些服务。因此，很多国家的公共服务存在严格的行业准入限制。

公共服务可以根据其内容和形式分为基础设施公共服务、经济公共服务、公共安全服务和社会公共服务等。基础设施公共服务是指那些通过国家公共权力介入或公共资源投入，为公民及其组织提供从事生产、生活、发展和娱乐等活动都需要的基础性服务，如提供水、电、气，交通与通信基础设施、邮电与气象服务等。经济公共服务是指通过国家公共权力介入或公共资源投入为公民及其组织及企业从事经济发展活动所提供的各种服务，如资质认可、行政许可、科技推广、咨询服务以及政策性信贷等。公共安全服务是指通过国家公共权力介入或公共资源投入为公民及有关主体提供的安全服务，如军队、警察和消防等方面的服务，其中，国防安全服务是最重要的公共安全服务。社会公共服务是指通过国家公共权力介入或公共资源投入为满足公民及有关主体的社会发展活动的直接需要所提供的服务。社会发展领域包括教育、科学普及、医疗卫生、社会保障以及环境保护等领域。社会公共服务是为满足公民的生存、生活、发展等社会性直接需求，如公办教育、公办医疗、公办社会福利等。

从中国公共服务的体制角度来考虑，公共服务分为强制消费的制度性公共服务和从节约成本考虑的公共服务。其中，强制消费的制度性公共服务又包括政府制度性公共服务（如政府提供保护财产权，保护经济自由的制度），市场交易秩序维护服务，以及环境与资源的有效利用和保护的公共服务；从节约成本角度考虑的公共服务，包括行政性公共服务、政府提供的安全服务、基础性科教卫生服务，以及体育、电信、通信、非义务教育、城市公共事业及公共交通服务等。

（三）公共服务演变

公共服务是社会形成与发展的必然产物，并在社会发展中不断得到完善。公共服务的雏形在原始社会中开始出现。那时候部落居住地一周会建立起围墙，以便抵御外族入侵。这可以说是现代国防公共服务最原始的模型。此外，原始部落中存在食物分发、祭祀活动等，都映射着现代公共服务的原始形态。

需要说明的是，有些公共服务是人类活动的风险增加导致的，比如国防服务。如果没有战争的风险，就没有必要提供国防服务。历史表明，由于战争的存在，导致了各个国家强化国防安全服务。因此，人类行为方面的风险及不确定性是导致安全公共服务产生的一个重要因素。

随着国家治理体系的完善，特别是公共财政力量的强化，公共服务就发展得比较完善。不过，封建社会的公共服务和现代社会的不完全一样，古代封建帝王为了达到治国安民，巩固自己统治地位，有意识地提供一定程度的公共服务，这种公共服务具有很强的选择性，因此难以惠及万民，非均衡性十分突出。不过，历史资料表明，封建社会的公共服务也为民生问题的解决发挥了很大作用。

19~20世纪，人性和人权都得到解放，工业化得到迅速发展，人才是社会的主体，社会公平得到很好的重视。随着社会形态的发展，公共服务也有了更加完整的形态。特别是现代国家治理体系的建立，对公共服务强化具有显著作用。很多国家通过强大的公共服务而降低了社会合作的成本，促进了经济社会发展。总体来看，这些公共服务集中的区域就是城市。现在，不少国家已经建立起比较的完善公共服务体系。这是现代国家治理体系的重要进展。

我国有几千年文明史，在长期国家治理中积累了丰富的公共服务经验，对于维护国家安全及促进经济发展发挥了很有价值的作用。然而，由于西方社会的工业化和科技化，给中国传统的社会治理模式造成很大冲击。中国的城市化进程显著滞后于西方社会，起步较晚的现代城市公共服务也一直比较滞后。但是，在中国特色社会主义的伟大旗帜引领下，特别是开放以来市场化进程的推动下，我国城市的公共服务也有了充分的发展，教育、医疗、环境和文化等公共服务在居民生存与发展中发挥了很大作用。中国城市公共服务和一些西方国家城市公共服务的差距已经大大缩小。

二、公共服务对现代城市发展的影响

（一）公共服务水平是现代城市的重要吸引力

城市发展使人口、企业、资金、技术、土地等要素集聚，也产生了大量公共服务的需求和集聚，使城市不断增加公共服务的有效供给，这大幅提高公共服务水平并降低了城市各类主体生产生活的交易成本，从而吸引更多的要素集聚。这样城市公共服务的供给水平就会不断提高，并且远高于要素外流的乡村地区和落后地区，成为现代城市的重要吸引力。特别是那些具有优质公共服务的大城市对更大范围的居民形成吸引力，导致人口迁移和劳动力流动。

多年来，中国城镇化进程发展迅速，很多农民离开乡村进入到城市里生活工作。出现这种现象的原因是多方面的，其中最直观的原因是在城市的生活条件更好，在城市里可以享有很好的公共服务，这是乡村不可能提供的。图5-1是

2014～2018年中国城镇人口和乡村人口的数据，可以清楚地看到，城市人口在不断上升，相反乡村人口在不断下降，这些数据正好说明城市公共服务的建设，吸引了大量农村人口进入到城市中居住。

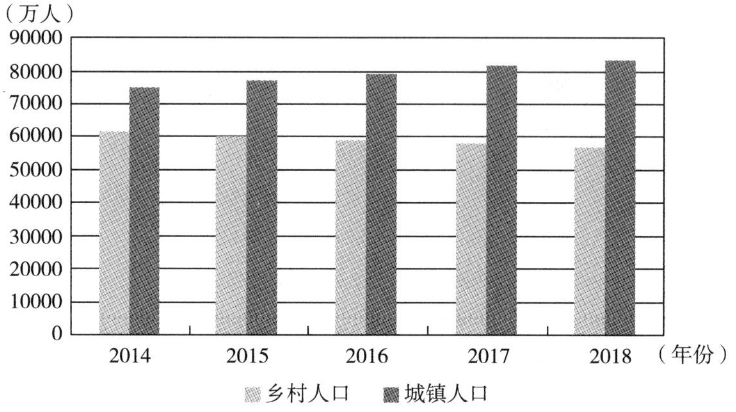

图5－1　2014～2018年城镇人口与乡村人口情况

资料来源：根据《中国统计年鉴》中数据整理绘制。

公共服务水平形成的城市吸引力，不仅表现在城乡之间，在城市与城市之间也有明显表现。公共服务水平的高低是多维度的，不好数量化，我们暂且用地方公共财政支出中一般公共服务支出来估计城市公共服务的水平。以广西为例，城市的公共服务支出和城市人口有明显的正相关关系，公共服务支出高的城市，往往有大量的人口居住，大量的人口居住也促使城市加大对城市对公共服务建设的投入，这是良性循环。是城市发展的自动力，促进城市不断地可持续发展。

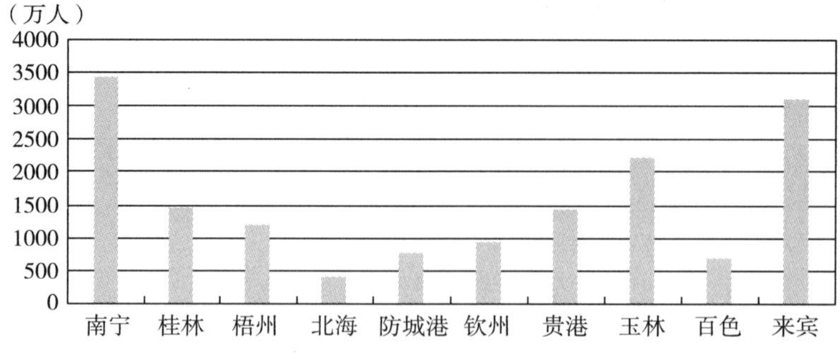

图5－2　广西一些城市的人口

资料来源：中国经济社会大数据研究平台。

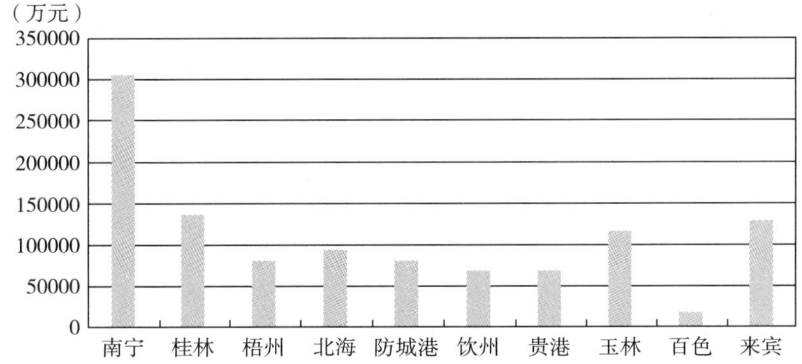

图 5－3　广西一些城市地方公共财政中一般公共服务支出情况

资料来源：中国经济社会大数据研究平台。

专栏 1：鼓浪屿的故事

鼓浪屿是众所周知的旅游胜地，不少人不远千里慕名而来，甚至不少新婚恋人选择这里度蜜月，拍婚纱照，把这里当成美好爱情的象征，仿佛这里便是天堂般美好。然而，有一个奇怪的现象在鼓浪屿发生着，那些土生土长的当地人反而在不断地搬离鼓浪屿。究根其原因，鼓浪屿在商业化，旅游化的过程中，鼓浪屿的基础建设在不断地衰退，更何况，公共服务的提供呢？有居民反映，鼓浪屿上一个像样的医院都没有，他们不得不前往隔海相望的厦门就医。鼓浪屿在公共服务衰退的过程中，也逐渐快要成为一座无人岛，美丽的传说也面临消逝的风险。

（二）公共服务质量直接影响城市发展质量和城市品质

每一个人从出生到死亡，不同年龄阶段都有各种不一样的需要。大量的城市居民生活和发展的公共服务需要量是庞大的，如果这些需求提供是不固定或者得不到满足，将导致经济社会运行的混乱，那么这个城市就难以维持下去。所以，公共服务发挥着至关重要的作用，它可以有序地、系统化地提供城市居民一些基本的生存需要，从而为维系社会的秩序发挥关键作用。高质量的公共服务是城市发展质量的主要体现，也是城市品质的体现，成为城市品质和发展质量的重要象征。

通常，人们普遍对公共服务有很大的误解，不能意识到公共服务带来的民间投资及其他社会效应，简单地认为公共服务支出是地方财政支出的负担。图 5－4 是近五年国家财政一般公共服务支出情况，数据显示，2018 年公共服务的支出已经高达了18374.69亿元。①

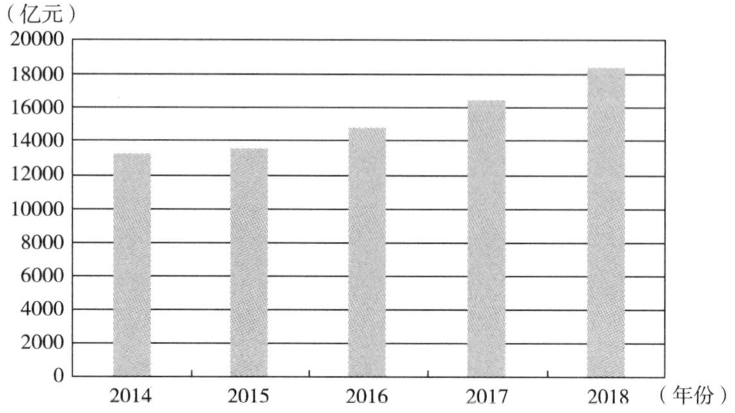

图5-4 近五年国家财政一般公共服务支出情况

资料来源：根据《中国统计年鉴》整理绘制。

公共服务支出增长说明各个城市在提升公共服务方面进行大量投资，这本身是一个服务质量提升的指标。大量数据和经验事实说明，这些支出具有显著的经济增长效应和城市品质改善效应。因此，一些民众对公共服务支出增加导致低效率这种误解是短浅的，他们没有看到公共服务的建设给城市创造了诸多财富。由于很多公共服务的回报具有隐蔽性和长久性，这使人们很容易忽略，从而不重视甚至产生误解。不过，也确实存在一些公共服务支出增加导致的资金耗散等情形，这是公共财政治理水平等方面的差异导致的。

专栏2：罗斯福新政

1929年10月24日，在美国历史上被称为"黑色星期四"。美国发生严重的经济危机，这场经济危机引起美国社会的极大动荡，甚至有迹象表明，美国将会在这场经济危机中分崩离析。但是，不平静的时代也注定会出现不平凡的人，美国新一任总统罗斯福登场，力挽狂澜这场经济危机，振兴美国经济。罗斯福上台后，颁布诸多政策，历史上称之为"罗斯福新政"。这给后世的经济发展很大启示。这里需要关注其中的一点，就是罗斯福在经济萧条时段，反而加大公共基础设施建设，加大公共服务支出。新政一方面为诸多失业工人提供了就业岗位，增

① 一般公共服务支出，包括人大、政协、政府办公厅（室）及相关机构的行政运行、一般行政管理事务、专项业务活动等支出。

加了收入和消费，刺激了经济；另一方面为后来美国经济社会发展打下坚实的基础。至今，美国依然是世界第一经济体。

三、城市公共服务供给存在的问题

（一）城镇基本公共服务非均衡

公共服务非均衡问题已经成为中国经济社会发展失衡、不足的一个重要表现。这个问题形成的原因比较复杂，有财政实力方面的原因，有管理机制方面的原因，也有人口等要素流动方面的原因。当前，主要是户籍管理制度导致的户籍人口与外来的常住人口享受城市公共服务不同，外来常住人口享受的公共服务水平远低于户籍人口，并且这种差异表现在诸多方面。而且一些城市在户籍人口和非户籍人口的公共服务方面存在一定程度的歧视性政策。

当然，一些城市已经意识到外来人口对城市发展的重要性，并在公共服务方面缩小两者之间的差距。这些年的改革虽有改善，但在住房、教育、医疗、养老等方面差距依然较大。比如，一些在城市长期居住并从事环境卫生工作的人口不能享受户籍人口享受的养老保障政策；一些外来常住人口的子女接受教育不能享受户籍人口的政策，需要支付额外的成本等；一些城市常住人口没有任何医疗方面的保障，造成就医和接受医疗服务成本提高；等等。经过多年努力，这种非均衡已经从绝对不均衡向相对不均衡转化，城市化进程的发展也逐渐在缩小这种相对非均衡。

此外，公共服务的省级差距和区域差距明显存在。以养老服务为例，有研究显示：北京、上海和新疆等地区供给水平较高，辽宁、甘肃和重庆等地区供给水平较低。在养老公共服务供需匹配方面，辽宁、海南等养老服务需求相对较高的省份，资源供需明显失衡。①

（二）政府作为公共服务单一的投资主体压力巨大

政府投资和社会投资的融合是一个重要的公共治理问题。当前，公共服务领域中政府是主要的投资主体。政府作为公共服务单一的投资主体不仅压力巨大，效率低，而且难以满足市民多元化高质量发展需求。由于很多公共服务投资项目中社会资本难以分享收益，并且存在准入门槛等因素制约以及社会主体投资的积极较低。这可能导致了政府控制下的公共服务投资低水平重复等问题，造成资金的耗散和浪费。因此，必须推进公共服务的市场化供给或者多元化供给，增加城市公共服务社会资本。

---

① 郭静，朱勤．养老服务调解［J］．中国养老周刊，2019（11）．

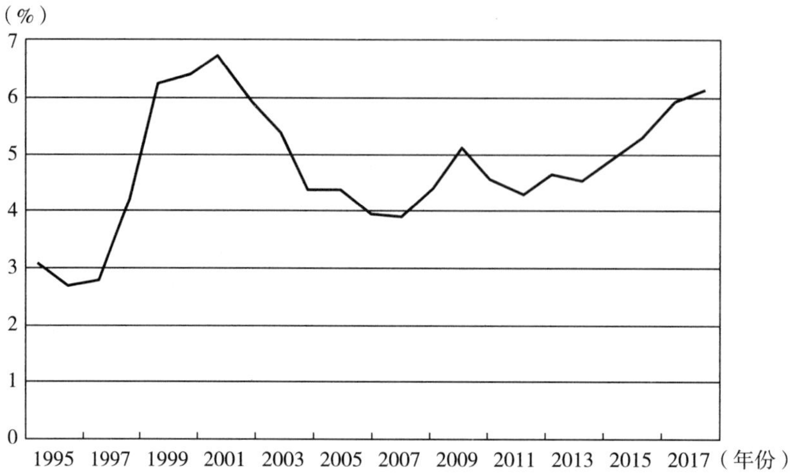

图5-5 全社会固定资产投资中国家预算内资金投资占比情况

资料来源：根据国家统计局网站数据整理绘制。

由于资料限制，这里用国家预算内资金代表城市公共服务投资数据。数据显示，全社会固定资产投资中，国家预算内资金占比总量仍在提升，并呈现出阶段性特征。有些阶段是国家为应对金融危机而采取的刺激措施导致的比例提升，有些阶段则是常态下的政府投资比例提升。如果加上财政收入的其他资金投资，这个比例将会更高，因此，可以初步推断一些城市公共服务领域可能存在对政府投资的高度依赖性。

（三）公共服务中信息化作用发挥明显不够充分

虽然各个城市都在提升城市治理的信息化水平，但由于技术服务成本高等因素，大数据、人工智能等现代网络信息手段在城市公共服务的应用还比较有限，甚至部门间的数据库信息互通互享还存在不可逾越的障碍，特别是政府提供公共服务模式还未充分做到“一网通”便捷化。一些城市有关主体不能提供市民所需要的各类充分信息，部门之间的信息分割现象严重，信息等资源的整合和充分共享还存在很多制度性障碍，有关社会活动主体也不能获得必要和充分的信息来推进社会服务。比如，医疗服务中由于信息化滞后，很多病人难以实现远程诊疗，这提高了患者的就医成本。特别是社区层面的信息化服务程度较低，一些社区甚至没有安装视频监控设施。社区的网格化管理还停留在比较传统的阶段，难以和其他服务信息系统实现有效对接。教育服务中，一些城市还不能充分利用信息化方式分享明师授课和精品课程，这可能在一定程度上影响教学质量和教育质量。

（四）公共服务精细化管理水平较低

总体来看，多数城市运行和公共管理还没有实现大数据技术的应用。一些公共服务中存在的资源耗散等问题难以进行精细化管理和进行相应改进。比如，公交系统服务中并没有根据各个线路乘客的数量等进行精细化管理，可能造成一些资源的过度使用，而有些线路的发车频次不足并影响居民出行。城市能源服务中对工业能源使用比例过高等管理存在精细化不够等问题，但为了维持经济增长对企业行为干预不足。城市建筑中因为保温层建设滞后存在对能源的过度消费等。很多财政性资金支持的公共服务项目，特别是社区事务支出项目，缺乏精确化评估，可能导致了资金的耗散或者低效率使用等。此外，城市管理部门工作人员的量化管理还不够，这给竞争性激励机制的运行带来诸多困难。

（五）一些成本较高的公共服务增加居民负担

所谓成本高，主要指接受服务的质量和预期效果之间的差距。这主要集中体现在医疗和文化等公共服务领域。医疗公共服务成本高的主要原因是制度问题，即药品价格虚高及各个医疗机构之间检查结果互相不认可等问题。同时，社区层面的卫生服务又存在床位不足、医疗人员不足等问题，这可能造成居民健康风险增加。此外，家庭医生制度实际上并没有真正建立和完善起来，居民接受家庭医生的有效服务比例较低。在教育领域，存在由于学校分布不合理等导致的服务成本增加等问题，特别是师资、办学设备等方面的差异导致的服务质量差异问题。

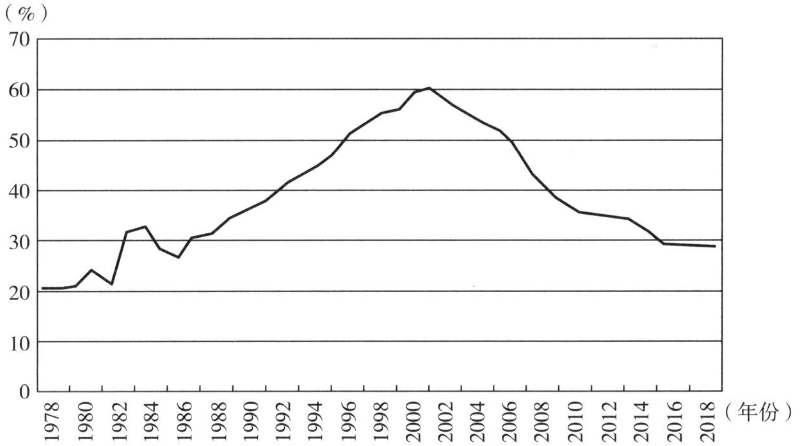

图 5－6　医疗费用花费中个体支出比例变化情况

资料来源：根据国家统计局网站数据整理绘制。

数据显示，卫生费用支出中个人支出所占比例接近 30%，最高时期曾经接近 60%。虽然近年来开始逐步下降，仍比改革开放之初承担的比例高出很多，考虑到经济发展水平以及收入差距等，这个比例对一些城市居民特别是低收入群体可能造成负担加重的情形。

四、提高城市公共服务供给水平的基本途径

（一）着力推进城市公共服务相对均等化

正如前文所说，我国经济发展质量方面还存在不少问题，特别是粗放式发展的不平衡不充分问题。城市户籍人口与非户籍人口之间的公共服务供给的不平衡和不充分是重要表现。推进城市区域公共服务均等化是城市治理现代化的现实选择。一是要正确评估城市公共服务，以便找出不平衡的状况及差距所在。当前，特别是要对教育、医疗、养老等领域的不均衡进行充分评估，根据市民满意度作为评估的重要参考指标，以便提出可操作性的政策建议。二是着力通过具体行动推进公共服务均等化，比如，教育领域需要适度开放和增加对外来人口子女的招生数量；医疗领域需要在一些医疗服务薄弱的城市增加建设医院等机构；文化服务薄弱的社区应该着力推进文化设施建设等。三是通过增加城市公共服务的投入促进公共服务均等化。根据当前情况，可以考虑在城市规划与建设中增加教育、医疗、养老等公共服务的投入，按照常住人口配备医院、学校、养老等服务，以便降低他们享受公共服务的成本。

（二）着力推动公共服务主体的市场化和多元化

事实证明政府纠正市场失灵也是有限的，且存在和市场主体合谋导致低效率的可能。在过去，在现在相当多的领域，公共服务的提供者一般都是政府部门，由于垄断导致的低效率造成很多弊端。根据改革进展及一些思路，就是让非政府主体参与到公共服务的提供中，以建立更加完善的公共服务体系。多元主体参与对于克服政府主体垄断导致的低效率具有一定积极作用。

实际上，不管采取哪一种方式，都是解决供给结构、竞争机制问题以及效率和质量的问题。在城市建设和运行中，公共服务是一个庞大的数量级和现实需求，政府部门也很难直接满足居民对公共服务的需要，同时，受政府部门利益不相关等因素影响，存在一定程度的惰性和混乱，所以，这样的新思路有值得肯定之处。实际上，一些领域已经开始建立民办主体的准入制度，就是这种构想的实践。比如教育领域，已经有 700 多所民办大学，对于丰富国民教育体系及满足一些群体接受服务发挥了很大作用。因此，非政府主体参与到公共服务体系中，有利于弥补公共服务稀缺的漏洞，同时可以监督到政府部门公共服务的提供。这将是一个活力的系统，可以通过第三方评估等形式推进公平化绩效评估等，不断提高公共服务质量和水平。

（三）着力推进城市公共服务的人性化和信息化

公共服务的信息化，就是通过信息技术等让市民能够享受到更多便利的公共

服务。当前，特别要推进医疗、教育和文化等领域的信息化，提高优质资源使用效率，减少劣质资源使用频次，推进高质量服务的流动性和大范围推广。特别是，利用信息化方式降低对各类服务中的能源资源消耗，降低公共服务对环境质量的不良影响。

公共服务的人性化，就是要降低市民接受各类服务的成本及满足多元体验。比如，在各类证照和文件办理服务中，要着力通过网络化平台实现信息化传输，降低居民劳动和精力消耗，并实现相对稳定的常态化信息服务。此外，还需要针对城市低保人口和低收入群体进行更加人性化的公共服务安排，比如，降低低收入群体的殡葬服务经济负担等。

（四）着力推进城市公共服务的集约化和常态化

要让市民接受高质量公共服务，就需要进一步走资源整合、机构整合和人员整合的道路，着力推进公共服务的集约化，但同时也需要鼓励各类主体之间的竞争。特别是公共文化服务，应该通过美术馆、博物馆和展览馆等场馆和空间的集约化来提高居民接受服务的效率。此外，人居环境及休闲娱乐方面的公共服务，也要着力实现集约化，特别是市民对荒野等环境方面的需求，具有显著的环境价值和休憩娱乐价值，要着力通过系统性规划来满足。这有助于提升城市公共环境服务的质量并为永续发展奠定基础。

（五）着力推进城市公共服务运行和改革的制度化

持续推进公共服务改革是城市治理的重要内容。当前，各个城市都设立了全面深化改革委员会之类的工作机制，这对推进公共服务质量提升有很大作用。推进城市公共服务改革的制度化，就是要让持续改善公共服务成为常态化的行动，成为具有一定强制性和约束力的行动，成为具有一定经济社会发展效应的合宜的行动。因此，城市治理体系中应该持续通过规划委员会、教育委员会、医疗卫生工作委员会、文化体育发展委员会等机制实现公共服务的制度化。这种制度化管理的主要成果是各类政策性文件，政府应充分公布这些文件以便市民知晓接受公共服务的范围和质量等。有关研究机构应该持续跟进这些改革文件的执行进展并做出相对中立性的全面评估。

第二节　现代城市公共医疗服务

一、公共医疗服务的基本内涵

不同学者对公共卫生有不同的定义，但被公众所认可的是美国公共卫生管理学家温思路（Winsiow）的定义，他的定义在1952年被世界卫生组织所接受，并一直沿用至今。他的定义是："通过有组织的社区努力来预防疾病，延长寿命和促进健康和效益的科学和艺术。"通过这个定义，公共卫生的内涵可以概括为：疾病预防和控制、妇幼保健、健康教育和健康促进、卫生监督、医疗救治体系建设和公共医疗服务。因此，公共医疗服务不能简单和公共卫生等同，公共医疗服务只是公共卫生中的一部分。

虽然公共医疗服务只是公共卫生的一部分，但医疗也是公共卫生服务的最后一道防线，医疗直接关系广大人民群众的生命安全和健康水平，这是人民群众最关心的重大民生问题。

西方国家经济水平高，相关的公共卫生服务管理制度比较健全。公共医疗服务主要是通过建立医疗保险（保障）体制，对医疗服务的受理病种、公费医疗的报销比例、保险公司的赔付制度等都有专门的法律予以确认，建立了比较完善的公共医疗保险（保障）体系。在不同发展时期我国的公共医疗服务有很大不同。在计划经济时期，在农村建立了合作医疗制度，在城镇建立不同层次的公费医疗制度，公民享受了较公平的公共医疗服务，取得了举世瞩目的成就。特别指出，我国以占世界2%的卫生费用解决了占世界25%人口的健康问题，成为许多国家的学习典范。改革开放后，由于我国的经济体制发生了根本性改变，农村的合作医疗制度和城市公费医疗制度已经不适应新时期的发展要求。国家先后进行多次医疗卫生体制改革，但医疗公共服务问题还没有得到很好的解决。这体现出市场化环境下医疗机制改革的复杂性。

二、公共医疗服务改革发展历程

新中国成立以来，国家政府很重视国民的医疗卫生需要，一直不懈努力发展公共医疗服务。新中国医疗卫生条件基础薄弱，特别是广大农村地区的居民处于医疗保障很低的水平。改革开放初期，卫生主管部门尝试推进医疗卫生领域的市场化改革。代表性文件是卫生部等三部委联合发出的《关于加强医院经济管理试点工作的通知》。1980年，国家开始允许个体医生开业行医，打破了公办医院包办医疗卫生工作的局面。

1992年后，医疗卫生领域开启了更加大范围的市场化进程。1992年9月，国务院下发《关于深化卫生改革的几点意见》。尽管对此存在很多争论，但市场化改革有一些进展，比如，卫生机构数量由1980年的18万家增加到2000年的32万家。应该说，市场化的推进让一些农民具有一定医疗支付能力，能够更加便利地接受医疗卫生服务，在很大程度上提高了保障水平。

2000年以后，政府鼓励更加市场化的医疗卫生模式，代表性文件是《关于城镇医疗卫生体制改革的指导意见》。一些地方大幅度推进市场化医疗服务和医疗卫生运行机制，但2003年的“非典”又暴露了公共卫生服务的不足。中国医改仍然在争论中持续探索。

2007年以后，国家开始着力强化城乡基本医疗卫生框架，并提议到2020年建设覆盖城乡居民的基本医疗卫生制度。这是新一轮医改的开始，可以说，这是一个回归公益性服务的改革信号。此后，中国的医改进程逐步朝着更加理性化、精细化、专业化的方向发展。

2012年2月，国务院召开常务会议，研究部署“十二五”期间深化医药卫生体制改革工作。“十二五”期间，要以建设符合我国国情的基本医疗卫生制度为核心，在三个方面重点突破：一是加快健全全民医保体系。到2015年，城镇居民医保和新农合政府补助标准提高到每人每年360元以上，三项基本医保政策范围内住院费用支付比例均达到75%左右。改革完善医保支付和医疗救助制度。积极发展商业健康保险。二是巩固完善基本药物制度和基层医疗卫生机构运行新机制。基本药物制度实施范围逐步扩大到村卫生室和非政府办基层医疗卫生机构。三是积极推进公立医院改革。深化补偿机制改革，破除“以药养医”机制，推进医药分开、管办分开。建立现代医院管理制度，规范诊疗行为，调动医务人员积极性。

2012年3月，国务院下发了《“十二五”期间深化医药卫生体制改革规划暨实施方案的通知》。规划提出到2015年，基本医疗卫生服务更加公平可及，服务水平和效率明显提高；卫生总费用增长得到合理控制，政府卫生投入增长幅度高于经常性财政支出增长幅度，政府卫生投入占经常性财政支出的比重逐步提高，群众负担明显减轻，个人卫生支出占卫生总费用的比例降低到30%以下，看病难、看病贵问题得到有效缓解。人均期望寿命达到74.5岁，婴儿死亡率降低到12‰以下，孕产妇死亡率降低到22/10万以下。

2016年发布的《健康中国2030规划纲要》主要涉及提高健康公平性。在普及健康生活、优化健康服务、完善健康保障、建设健康环境、发展健康产业5个方面，提出了实现目标和13个具体指标。2019年6月，国务院印发的《深化医药卫生体制改革2019年重点工作任务》中也提到要制定关于实施健康中国行动计划的意见，包括健康中国行动（2019~2030年）、健康中国行动组织实施和考核方案等内容。

2017年6月，国务院发布了新的《关于进一步深化基本医疗保险支付方式改革的指导意见》，为下一段医保改革提出改革建议。其中提出要进一步加强医保基金预算管理，全面推行以按病种付费为主的多元复合式医保支付方式，开展按疾病诊断相关分组付费试点，完善按人头付费、按床日付费等支付方式，并且要强化医保对医疗行为的监管以避免过度医疗等情况的发生。另外，指导意见还明确提出希望确立"用区域医保基金总额控制替代医疗机构综合控制"的制度。

在过去的几年中，基本的医疗保障制度不断完善，覆盖广度和深度都得到了明显提升。2016 年，中国全年卫生总费用①达到 46345 亿元，占 GDP 总量的 6.2%。根据国务院报告消息，2016 年，我国三项医疗保险参合人数达到 13.4 亿人，参保率达到了 98.8%。尽管在 2011 ~2014 年出现了医保基金支出增速大于收入增速的情况，存在潜在的医保赤字风险，不过在一系列控费措施以及医保付费总额的控制下，2014 ~2016 年支出增速大于收入增速的趋势得到了些许扭转，截至 2016 年底，城镇基本医疗保险统筹基金已经累计结存 9765 亿元，2017 年超过 1 万亿元。虽然全国范围内医保赤字的风险暂时得到缓解，但随着老龄化趋势加深和卫生总体费用的增加，未来医疗保障体制服务仍存在较大压力。

专栏 3：西方发达国家的医疗改革模式

德国模式。即社会医疗保险制度，医疗保障和医疗服务体系分离，雇主与雇员向作为第三方的医疗保险机构缴费，保险机构与医疗机构（公立、私立都可以）签约以提供服务，不能参保者由政府提供医疗服务。德国的医疗保险由三部分组成：法定的社会医疗保险，私人医疗保险和其他的保险中的医疗保险部分。德国模式的根本特点是互相共济、费用共担，个人投保的经费在投保人之间横向转移。

英国模式。即英国国民保健服务体制，由政府举办和管理医疗机构，居民免费获得医疗服务；医疗经费 80% 以上来自政府税收，其余来自私人医疗保险。长期以来，英国建立较为方便的国民保健服务体制，在该体制内，除综合的公立医院外，全国各地的居民区都有专门负责本地区居民就诊的诊所。每个居民都在住家附近的诊所登记，选择自己的家庭医生。如需要住院或急诊，可以到医疗检查或治疗条件都比较完善的公立医院或者私立医院，在公立医院就诊无论看病还是住院检查，都一概免费；而私立医院或诊所看病则要支付高昂的医疗费。英国的特点是：绝对的公平但是效率较低。

美国模式。美国推行市场主导的商业医疗模式。它按市场法则自由经营，医疗保险作为一种特殊商品自愿买卖。美国的医疗保险制度由私人医疗保险和社会医疗保险所构成。在美国，许多医疗保险公司都是私营的，有单项保险和综合保险，名目众多，居民自愿参加，政府不干预，也不补贴。美国模式的特点是，相

① 全年卫生总费用，指医疗卫生中个人现金支出、社会支出、政府支出构成的总和。

对自由、灵活、多样化，但公平性较为欠缺。

新加坡模式。新加坡的医疗储蓄也就是一种成熟的医疗模式，它强制性地以家庭为单位储蓄医疗基金，通过纵向逐步积累，以解决患病就医所需要的医疗保险基金。国际上只有少数国家采用这种模式。

三、城市公共卫生医疗服务现状与问题

（一）城市公共服务发展现状

需要说明的是，尽管城市比乡村拥有更好的医疗卫生服务，但由于城市人口增长以及患病率上升等原因，城市医疗卫生公共服务存在诸多短板，比如床位数不足、医生数量不足及人员结构不合理等。特别是城市社区医疗卫生服务存在很多短板。数据显示，乡村医疗卫生机构床位数超过城市，在城镇人口增加迅速情况下，这说明城市医疗卫生机构床位数比较紧张。

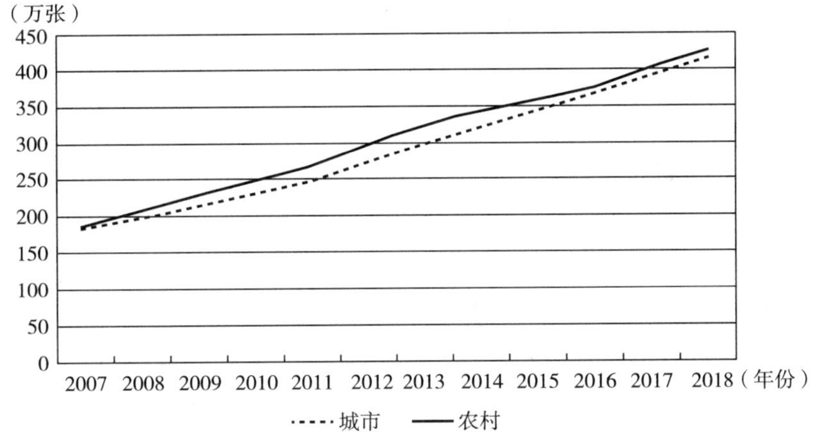

图5－7　城市和农村医疗卫生机构床位数比较

资料来源：根据国家统计局网站公布数据整理绘制。

从医疗卫生技术人员数量来看，城市和乡村之间的数量差距正在扩大，但考虑到城市人口的增长，这种结构应该是一种相对合理的变化。不过，城市之间可能存在不均衡的现象，即一些小城市和地级城市仍然面临医疗卫生人员数量不足的问题，特别是专业技术人员不足的问题。至于诊疗、救治及护理等方面就存在更加显著的差距。

虽然我国不断进行医疗改革，也确实取得令人瞩目的成果，城市公共医疗服

务能力逐步提高，但我们还应清楚地认识到，我国的公共医疗服务还有待进一步提高。

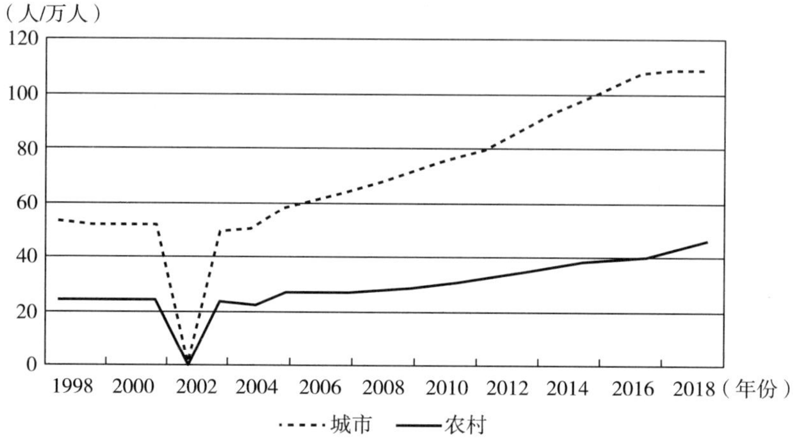

图5－8 每万人拥有卫生技术人员数量

资料来源：根据国家统计局网站数据整理绘制。

（二）城市公共医疗服务发展问题

1. 城市公共医疗服务管理体制不完善

现阶段，公共医疗服务有关的法律法规仍然不健全，一些政策由于没有上升到法律层面因而缺乏刚性。医疗管理部门对相关医疗机构的监管能力不足，医患关系紧张、医疗纠纷时常发生。比如，主管部门对医疗机构机器使用效率等方面没有代表性评估报告，难以说明机器使用的成本收益。此外，对医生等职业人员服务能力和收入缺乏深入评估，难以制定针对性政策措施等。这都说明医疗领域管理精细化程度不高，公共医疗服务效率不高，一些医疗改革的红利和实惠没有确实落到居民身上，这也是为什么中央政府对医疗领域不断加大投入量，但收效甚微的一个原因。对此，一些地方通过开展公立医院医疗服务质量评估等进行改善，但效果还需要持续性观察和研究。

2. 城市公共医疗服务不公平不均衡

医疗卫生服务机构配置或分布整体不均衡。以三级医院数量为例，经济发达地区的广东有102家，而欠发达但是人口大省的安徽仅有22家。此外，各个城市之间存在医疗资源分布不均衡的问题。仍然以三级医院数量为例，以4个直辖市为例，北京有42家，天津有29家，上海有36家，重庆有11家。其他省会城市及地区级城市也存在此问题。优质医疗资源向特大城市集聚的状况显著存在。

这是一个根源性很深的障碍，很大一部分原因是经济不平衡发展和居民的收入差距导致的。但也正是因为这样，才显得公共医疗服务公平的重要性。国家应该根据各地情况采取差别化财政等政策，着力弥补欠发达地区医疗卫生服务短板。特别是，要鼓励发达城市与欠发达城市开展各种模式的服务合作。

3. 公办医疗机构的公益性属性不突出

由于体制性原因，一些公办医疗机构不能很好地控制运行成本，或者为了盈利而通过创收增加收入。这在很大程度上是对公益性的一种脱离，公办医院及医疗机构的市场化行为都是导致其脱离公益性的主要原因。这其中的原因比较复杂，有地方政府财政和经济水平的原因，也有地方政府改革的原因。总之，几乎所有省份的公立医院都有公益性不够突出的现象。

4. 医疗卫生费用支出总量较低

图5－9是全球十大经济体卫生医疗费用GDP占比情况。数据显示，我国卫生医疗总费用GPD占比较低，这反映我国与其他国家的公共医疗服务水平差距。从图5－9中可以看出，我国公共医疗服务水平相比发达国家还有差距，但随着经济发展，我国公共医疗服务水平定会跻身世界公共医疗服务水平的前列。整体上优化财政支出，通过系统改革降低财政资金耗散，是提升医疗保障能力的一个重要改革导向。

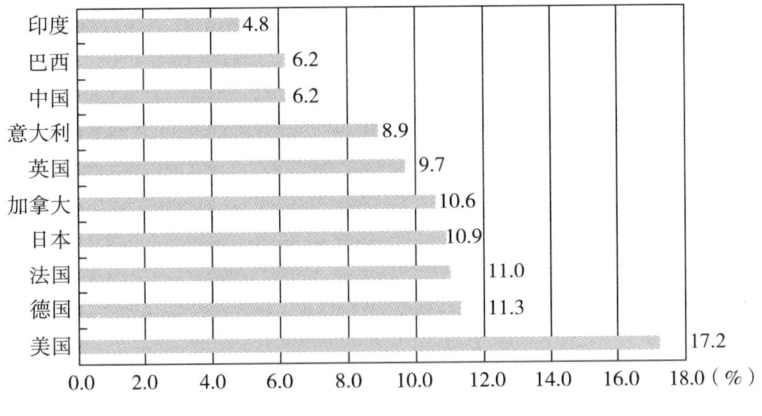

图5－9　2016年全球十大经济体卫生总费用GDP占比情况

资料来源：根据网络资料整理。

5. 医保资金使用效率较低

由于医保资金由政府指定的医疗管理机构来办理报销等运作程序，造成一些医院及医疗机构通过过度治疗、超标准用药以及提供处方、病历等虚假信息等方式提高医保资金获取数量。这是对医保资金的严重浪费和违法使用，让国家医保资金耗散并加重市民负担。此外，医保个人账户资金不能自由流动也是资金使用效率较低的一个方面。

四、提高城市公共医疗服务供给水平的背景和途径

（一）提高城市公共医疗服务供给水平的背景

当前，我国人口老龄化正在加快。数据显示，2018 年我国 65 岁以上老龄人口将超过 1.5 亿，占总人口比例的 11%，预计到 2030 年，中国 65 岁以上老龄人口将超过 2.4 亿，占中国人口总量的 17.1%，占全球老龄人口的 25%（见图 5－10）。这是城乡公共医疗服务必须面对的严峻挑战，持续推进医疗卫生服务的优化对于应对老龄化社会的到来具有显著价值。要实现这个目标，需要进一步推进公共医疗服务领域的改革。

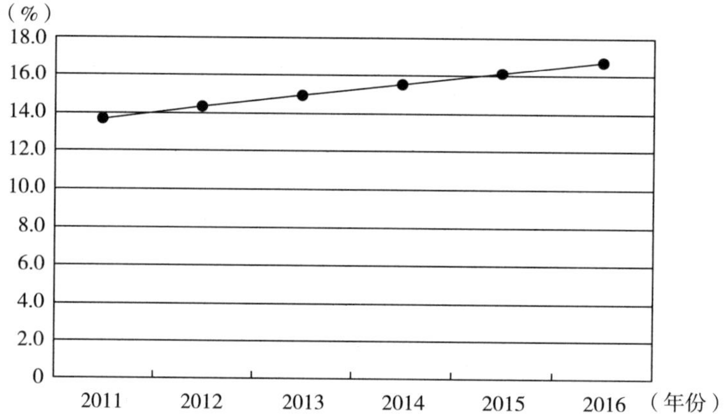

图 5－10　中国老龄人口占比情况

资料来源：中国经济社会大数据研究平台。

2016 年，我国实施全面二孩政策，我国的人口生育率出现了一些反弹。虽然反弹的力度没有预期中每年多出生 250 万～300 万新生儿那么大，但一定程度上缓解了我国生育率快速下降的压力。未来预计我国的生育政策将会继续放开，生育率有望进一步回升。所以，在未来十几年中，中国人口金字塔结构可能会出现“上下越来越宽，中间越来越窄”的情况，如图 5－11 所示。

此外，由于老人以及儿童的平均医疗费用远远高于整体平均水平，因此可以预见未来的人口年龄变化也会导致整体社会医疗费用的增速提高。这是医疗卫生

领域面对的基本现实，政府需要在相关领域改革方面持续发力，避免因为医疗资源和医疗保障不足导致的各类风险。由于人口及各类要素向城市集聚的态势正在加强，因此，提高城市医疗卫生服务能力是重大的公共服务问题。根据城市医疗卫生服务存在的问题，需要在以下几个方面推进改革。

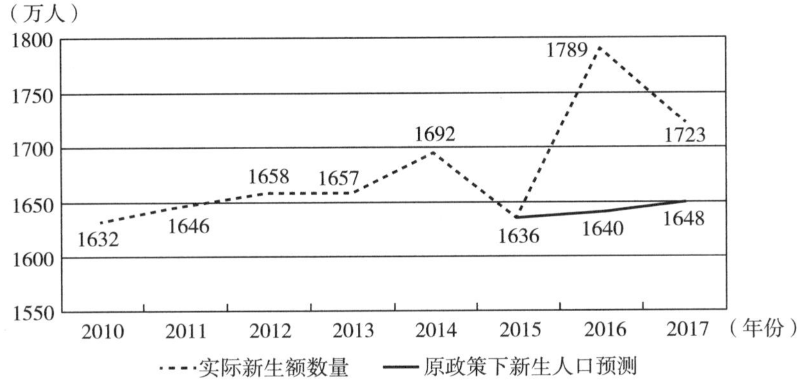

图 5－11　中国新生儿数量以及全面二孩政策影响

资料来源：根据有关网络资料整理。

（二）通过系统性改革强化公办医院公益性

诸多经验事实表明，医疗卫生服务实施纯粹市场化服务存在严重失灵。政府应该兴办具有普惠式服务性质的公办医疗机构并坚持其公办属性，并着力实施高效率管理。一是精简公立医疗机构管理机构并优化人力资源配置。应根据实际情况分流医疗机构冗余人员，并简化医院管理层级，建立结构清晰、治理有效的医院和医疗机构管理体制。二是提高并优化对公办医疗机构的财政资金支持。城市在财政支出中应着力提升对一线医护人员的直接支出，保障医护人员从业积极性。同时，对公办医疗机构和人员业务范围之外的创收行为进行严厉打击。三是实施严格的医疗机构监管政策。医疗卫生主管部门应对医院及医护人员行为进行标准化评估，严格规范以药养医等做法。

（三）大力强化城市社区卫生服务能力

高质量社区医疗服务有助于降低居民健康等方面的系统性风险。截至 2019 年，全国共有社区卫生服务中心 35000 个，总量较低且服务能力差异较大。

一是提高社区医疗机构的财政资金支持，保障医疗人员收入水平相对稳定。

二是对社区医疗机构实施量化评估，并根据评估结果进行一定奖励。

三是支持高水平医疗卫生专业人员到社区卫生机构定期服务，并提供一定保障条件。

四是对社区卫生机构使用的药品及医疗器械等予以补贴等形式的支持。

五是对民间举办社区卫生服务机构的主体进行支持，并根据情况进行评估和奖励等。

（四）大幅提升医疗卫生人员服务能力

当前，全国共有 1230 万名医疗卫生工作人员。国家应该持续优化医疗卫生领域的人力资源配置。一是持续培养大量医疗卫生人才。全国执业医师仅有 301 万人，根据我国医疗卫生工作人员数量整体较低等情况，应适度增加医学类院校和专业招生规模，为公共医疗服务储备人力资源。二是加强对社区医疗工作者的业务培训。具备条件的城市应该持续开展社区医疗工作人员的培训，提高职业技能和从业能力，提高居民健康保障水平。三是通过建立激励机制鼓励医疗工作提升服务能力。通过建立医疗卫生人员工作量化评估体系等实施奖励政策，激发医疗卫生工作人员工作积极性。

（五）着力缩小城市医疗服务相对差距

国家应着力进一步优化医疗资源配置，主要是根据城市人口等指标进行医疗资源配置，在医疗机构相对薄弱的城市组建具有一定等级的医疗机构，并通过特殊政策支持来缩小服务差距。中央政府应鼓励具备条件的城市进行免费医疗服务改革探索，缩小因为收入等导致的医疗服务差距。对地方政府优化医疗资源配置的行为和政策，中央政府应该承认并支持，避免因体制因素导致的改革迟缓等问题。对高等专业技术人员到中小城市等进行服务的，应予以鼓励和待遇等方面的支持。

（六）持续提高卫生服务资金使用效率

各城市财政部门应进一步将资金优化配置，支持民生领域事业发展。一是强化对医保资金使用等方面的监管力度。依据大数据技术等通过独立第三方对医保资金使用作出评估，并根据评估报告及政策建议实行监管改革。比如，有些城市需要对医院及医疗机构套取医保资金行为进行严格处理。二是探索医保资金优化使用机制。具备条件的城市应该探索通过个体间医保资金协议转移等方式，提高医保资金的使用效率。三是对医疗卫生总费用等指标和实际使用情况进行深入研究，找到资金耗散的缓解和领域，根据实际情况采取针对性措施予以纠正。

第三节　现代城市公共教育服务

一、公共教育服务的概念与体系

（一）公共教育服务的概念

中国具有悠久的教育发展历史。4000年前，兴办教育的学校叫作“痒”。到了夏朝（公元前21世纪至公元前16世纪）把学校又分成了四个等级，即“学”“东序”“西序”“校”。后来，学校逐渐发展为相对完善的国立教育机构，但是，一般百姓接受教育的比例较低。在西方社会，古希腊时期着力开始通过教育来培养在身体、道德、智慧和美感方面都得到发展，富有节制、勇敢、宽容、正义等美德以便能帮助他们参与民主生活的公民。中世纪的教育主要是神性方面的教育，而大范围的公共教育服务是从文艺复兴开始，那时候随着人性与人权的解放，人们逐渐认识到教育的重要性，并要求政府有义务为其公民提供教育服务。随着社会的不断发展及社会公共管理的进步，公共教育服务得到更进一步成型。但是，至今学界还没有对公共教育服务有很明确的概念，不同学者有不同的说法，这里简单陈述几个比较权威的说法。

第一，社会职责和职能说。所谓公共教育服务，一般指由政府主导、非政府公共组织及其他企事业单位共同参与，有关主体在教育公共产品的产生和供给中承担相关职责和履行职能，以满足广大公民（包括被监护人如未成年子女等）及组织特定的教育需求为宗旨，以教育公平为导向，对公共教育资源进行优化配置，实现为社会培养人才，提高公民素质，促进经济发展，建设和谐社会目标的社会生产与供给过程。

第二，公共物品说。所谓公共教育服务是指满足公共教育需求而提供的公共物品或混合产品。如果用发展眼光看，公共教育的内涵正在发生变化。根据国际公共服务供给的实践、理念及发展趋势，不管是社会组织还是个人，均可以提供公共教育服务。政府有关主体有责任提供市民或公民所需要的教育公共服务。

第三，公益性服务说。公共教育服务是一种由政府主导的、惠及整个社会公众并能够满足社会教育需求的一种公益性服务。该学说强化公共教育服务的共性属性。

第四，文化服务说。公共教育服务应当是一种在教育领域提供的面向广大公民的文化服务类型。这是更加广义的公共教育服务界定。

（二）公共教育服务体系

公共教育服务体系指公共教育管理部门为满足受教育者需求，由政府、企业、社会组织等多个主体提供教育公共服务产品综合体，以及在提供教育公共服务产品过程中发生教育公共服务决策、监督、评价等行为，其包含若干个子系统。在我国，该系统包括教育管理机构、教育服务机构、高等教育、职业技术教育、义务教育、学前教育。公共教育服务体系的各构成要素之间互为条件、相辅相成。由于各要素在公共教育服务体系中所处地位及联系方式不同，所以可以形成多种类型的结构体系。

第一，政府指令型。该结构体系以政府为公共教育服务的主要提供者和指导者。这种类型的公共教育服务体系主要通过自上而下的权威领导决策和行政权力运行而实现，其中，政府控制力较强。行政组织的领导者占主导地位，在中国，由于长期受计划经济体制的影响，政府包办资源配置，而政府的单一决策机制使教育几乎成了一种垄断性的公共物品，从而也使公共教育服务消费者始终处于被动接受地位。应该说，这导致很多民办教育机构长期处于被挤压的状态，难以获得相对公平竞争环境。

第二，学校主导型。随着政府行政管理方式的革命性变革，逐渐建立了服务型政府，教育的执行者和消费者享有了更多教育选择的话语权。因而，学校逐渐承担起公共教育服务的职能，并主要掌控着种种相关要素及其服务机制运行过程，政府则在教育服务产品的提供上更多地倾向于采取民主对话和沟通协商的方式，特别是在高等教育领域尤其如此。但是，学校能够在多大程度上具有相对独立性，在不同国家存在很大差异。

第三，市场运作型。这种运作强调公共教育领域中市场机制作用的发挥。根据公共选择理论，除市场完全不能提供和不能有效提供的公共物品外，其余的公共产品供给均可通过市场资源配置机制实现。市场不能提供的产品也不应简单由政府单一模式供应，而主张政府和各种非营利性组织通过集体选择的形式决定其供应方式。社会的公共教育服务部门如青少年宫、文化馆、科技馆、历史纪念馆、文物展览馆等均可以市场主体的形式出现。同时，学校也可被置于市场之中，并承担公共教育服务职能。这种类型也是民众集体选择的一种结果。民办教育的发展就是市场化的一种表现，这对教育服务的多元化具有一定推进作用。

二、公共教育服务对城市发展的重要意义

（一）公共教育水平是衡量城市发展水平的内容之一

随着经济发展及社会结构的变化，公众从过去的追求生存转换到追求生活品

位和发展质量层面，人们更加重视生活的质量水平和个人发展。教育成为推进个人发展的机会和方式，越来越得到公众的重视。教育服务质量是市民判断一个城市生活和发展质量的重要内容。因此，评价一个城市的品质和发展程度，不能依靠过去的单一指标，简单从经济水平衡量城市的发展。目前，公众评价城市更多是从多个指标出发，公共服务是其中最基础的指标内容，而公共教育服务又是公共服务的重要部分。

在现代经济条件和现代城市环境下，市民和社会更加关注学校及教育机构提供的服务质量，包括师资力量、办学条件、生源来源、保障水平等。很多市民会把城市幼儿园的服务能力以及初高中的教育质量当作自己是否选择城市工作定居的因素。城市里如果有一所知名的大学，更能够显著提高城市知名度，很多城市是因为有知名大学的兴办而获得发展机遇和条件。

（二）公共教育服务水平的提高在一定程度上助推城市发展

第一，公共教育服务是提高城市居民素质的保证条件。市民素质关系到城市发展和城市文明。教育能够在一定程度上提高市民的素质，包括精神素质、身体素质、文化素质和科学素质等方面。而良好素质的市民又是城市可持续人力资源的重要来源。因此，城市居民的素质情况在一定程度上是城市对外的名片，这与高质量的教育服务存在一定关系。相反，如果没有基本的公共教育服务，城市就会发生高的文盲率，市民文化素质显著降低，这对城市人力资源保障来说有巨大风险。

第二，公共教育服务发展有利于塑造城市文化形象和优化城市发展环境。公共教育服务在一定程度上能够给城市创造文化景观和营造人文环境。在过去，由工业动力引领城市发展、而现在科技创新成为新的发展动力，这就是技术性发展。技术的传播需要通过教育来提供。此外，教育机构兴建的各类文化景观等也是城市文化形象的体现。有学者预言，未来将是文化引领时代。很多文化景观和文化产业的发展证实了教育服务对产业结构优化的重要性，不过，城市文化软实力等还需要建立稳定的产业支撑，否则教育对城市发展的推进作用就会受到制约。

第三，公共教育服务有助于促进科技及管理创新。21 世纪是信息爆发式增长的时代，是科学技术的时代，城市的发展力已经不再是传统工业，而是科技创新引领行业优化提升的过程，科技创新能带来极大的发展动力，这是污染环境、消耗资源的传统工业所无可比拟的。但创新不是凭空产生的，它需要知识基础和信息交流的环境，而公共教育服务能够提供这种环境，特别是跨学科融合方面催生创新的环境。

三、城市公共教育服务供给的现状与问题

（一）公共教育服务投入稳步增长，但仍有提升空间

21世纪以来，中国提出了科教兴国的国家战略，公共教育服务投资快速增长，公共教育服务得到更大的发展。2018年，国家财政的教育支出为32169.47万元，国家财政总支出为220904.1万元，教育支出占比14.5%。但相比一些发达国家，我国的公共教育服务的投入还有些欠缺。应该说，中国教育财政支出保持了一定程度的增长，但存在比较显著的区域差异，这种差异可能导致教育回报率的差异，特别是高等教育方面的支出存在区域差异和院校之间的差异，这对人力资源质量的差异产生一定影响。

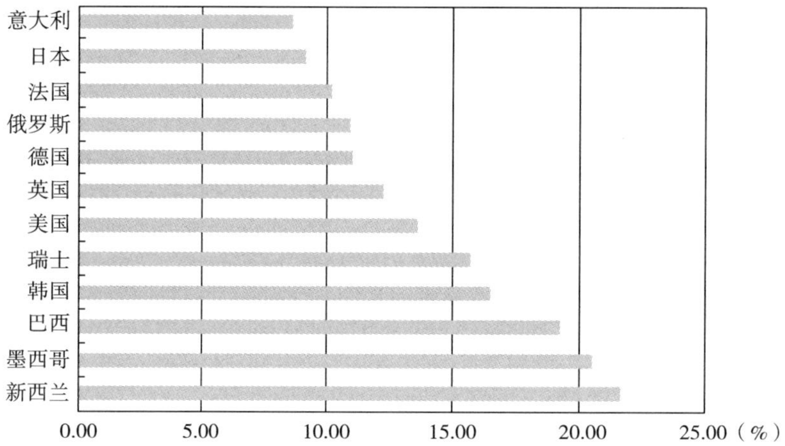

图5-12　部分国家财政教育支出占比情况

资料来源：根据网络有关资料整理。

（二）城市流动人口的公共教育服务供给薄弱

城市发展就必然会吸引大量人口，但如何处理这些流动人口的公共服务教育问题一直都是城市公共服务问题的重点。当前，特大城市外来人口规模庞大，比如上海达到972.69万人，广州967.33万人，深圳868.11万人。一方面，人口的涌入会增加城市公共教育服务压力，数据显示，流动人口的数量庞大，它产生的巨大公共教育服务需求，使原有城市教育支撑面临巨大压力；另一方面，外来务工者的子女服务得不到满足，或者被提供的公共服务教育质量低，与城市户籍居民享受的城市公共教育服务形成对比。这不利于城市可持续、和谐发展。

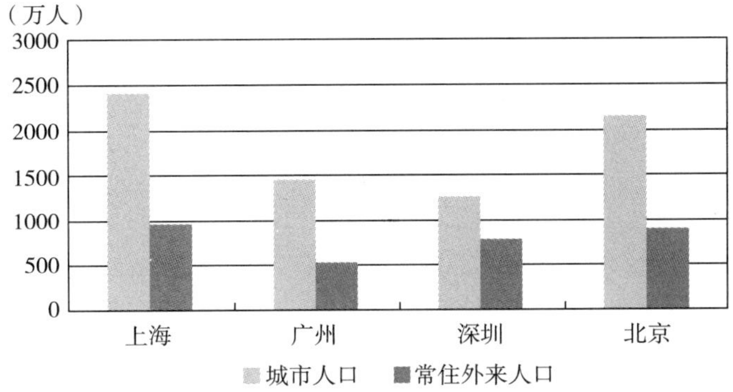

图 5－13　中国四大城市外来人口数量

资料来源：中国经济社会大数据研究平台。

（三）城市公共教育服务质量快速提升，但分布不均

实践证明，教育质量存在严重的区域和城市差距，要为城市建设培养更加高素质的人才，就必须推进教育服务的均衡化。数据显示，以高等教育为例，北京、上海等特大城市在高质量大学数量方面占据显著优势，而作为省会城市的石家庄一所“211”大学也没有。

表 5－1　2018 年中国各城市所拥有“211”大学数量　　单位：所

城市	普通高等学校数量	省普通高等学校数量	“211”大学数量	省“211”大学数量
北京	93	93	26	26
上海	61	61	10	10
南京	52	165	8	11
武汉	81	126	7	7
西安	63	93	7	8
长沙	58	125	4	4
广州	82	150	4	4
天津	55	55	4	4
成都	58	111	4	5
哈尔滨	51	81	4	4
合肥	54	118	3	3
重庆	65	65	2	2
沈阳	43	105	2	4

续表

城市	普通高等学校数量	省普通高等学校数量	“211”大学数量	省“211”大学数量
长春	39	61	2	3
兰州	30	49	1	1
济南	41	142	1	3
杭州	46	107	1	1
贵阳	37	70	1	1
海口	11	19	1	1
郑州	58	134	1	1
南昌	54	100	1	1
呼和浩特	24	55	1	1
银川	16	19	1	1
西宁	10	12	1	1
福州	35	89	1	2
太原	43	82	1	1
拉萨	5	7	1	1
乌鲁木齐	27	47	1	2
昆明	48	76	1	1
南宁	33	74	1	1
石家庄	44	119	0	1

资料来源：根据国家公开数据整理绘制。

以职业教育为例，虽然职业技术教育经历了显著的扩张与整合过程，但仍然存在质量不高结构不优等问题。数据显示，中国技校数量正在减少，但在校学生及专任教师数量正在增加，表明社会对职业类人才具有强劲的需求。

在校人数的增加一定程度上体现出职业技术教育的发展，但这可能是一种粗放式扩张的结果。今后，技术学校还会继续整合，向着提高质量和办学效率的方向发展，这是整个职业技术教育的趋势。

城市人力资本向科技创新发展动力的转型中，会产生大量人才需求。然而，职业教育接受培养的人数却不足，就业市场出现一定缺口。2018 年，全国中等职业教育（含技工学校，技工学校数据由 2017 年数据替代）共有学校 1.03 万所，比上年减少 331 所；招生 559.41 万人，比上年下降 3.95%；在校生 1551.84 万人。高等职业（专科）院校 1418 所，比上年增加 30 所。普通专科招生 368.83 万人，比上年增长 5.16%。普通专科在校生 1133.70 万人，比上年增长 2.60%。

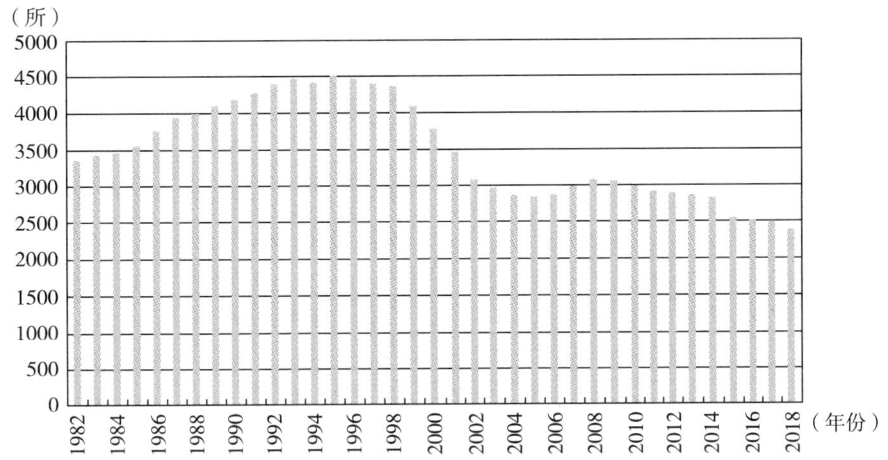

图 5－14　技工学校数量变化情况

资料来源：根据有关资料整理绘制。

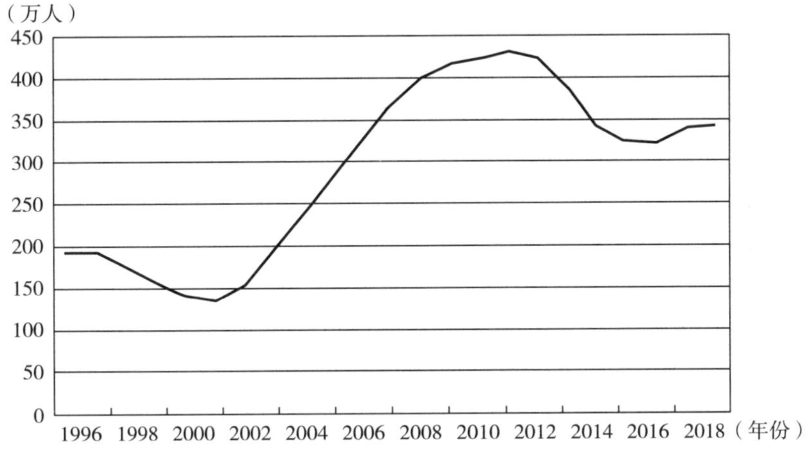

图 5－15　技工学校在校学生数量变化情况

资料来源：根据有关资料整理绘制。

形成这种情况的原因是多方面的，一方面，是社会对职业教育的歧视心理，另一方面，我国的职校质量良莠不齐，还有诸多运作机制等方面的原因。

四、提高城市公共教育服务供给水平的主要措施

（一）通过市场化发展来提升教育投入效率

西方国家办高质量教育的一个重要经验就是产业化。当前，中国教育总经费

已经达到4.2万亿元，各类教育投入持续增加。不过，城市教育投入存在一些低效率的情形，比如，公办教育机构可能存在较低的资金使用效率等。因此，教育要适度推进产业化，即建立包括民办教育主体在内的多元化办学主体对公办教育主体的竞争机制。国家教育经费的分配要适度均衡化，对公办机构和民办机构实施相对均等化的待遇，激发民办学校的办学活力和民间办学热情。对于一些公办院校，也要根据产权和管理权限改革等实现相对高效率的发展，特别是对师资等进行优化配置以提升教育投资回报率。截至2017年，中国共有747所民办高校，民办普通高中3002所，民办幼儿园16万多所，民办培训机构2万多所。总体上，民办教育虽然有所发展，但产业化程度仍然较低，国家应该鼓励社会资本持续办高质量教育。

（二）通过系统性措施解决教育公平问题

教育公平主要是区域性公平和不同层次教育服务的等级性公平。众所周知，各类公共服务包括教育服务在实际上由于要素集聚和区位等因素，难以实现绝对公平。但是，政府应该推进各类公共服务的公平发展，缩小公共服务的相对差距。区域性公平是通过各个行政管理区管理权限，对区域内部教育资源进行优化配置，以要素流动等形式实现教育服务相对公平。当前，高等教育层面要着力实现教育部直属高校对各个省区按照人口比例安排招生指标比例，体现国家层面的高等教育公平。对省级大学，也要根据实际情况合理安排在各个省区的招生比例。阶层性公平，就是要对城市外来人口提供与本地居民相对均衡的教育服务，避免用歧视性待遇和政策降低外来人口的教育质量。

（三）通过大范围改革提升教育服务质量

大范围改革就是对教育领域进行全面系统性改革以提升城市教育质量。一是人力资源改革。国家应该对教育人力资源进行统筹性配置，并降低市场化流动带来的各类风险，对优质师资流失严重的教育机构实行特别支持计划，做到人力资源服务相对平衡。此外，应该鼓励各个城市探索适合城市实际的教育类人力资源配置模式，并将成功的经验逐步推广到全国各个城市或者大部分城市。二是人才培养模式改革。要着力建立体现文化传统和符合时代要求的人才培养体系，制定优化的人才培养方案。各级教育中应进一步优化课程结构，减少没有实际价值的课程设置，降低学生接受教育的额外负担。建立以素质为主要内容的教育发展指标体系和人才培养模式。三是管理体制改革。公共教育服务的管理应该着力推进制度化建设，教育研究机构应该对制度化建设的绩效进行评估，并提出改进意见。当前，要着力强化中央教育部门对各地区各级教育机构的直接管理，以便降低中央和地方之间长期博弈导致的管理成本提升。

第四节　现代城市公共文化服务

文化现象和文化行为是社会发展的现实存在，是人类行为的重要构成部分，也是民众福利的构成部分。特别是文化在教化民众方面发挥着特殊的作用，城市建设与发展必须重视文化建设和文化发展。城市有关主体应该提供市民所需要的公共文化服务，同时应该依法对有关文化机构和文化行为进行必要的规制。

一、公共文化服务的概念与内容

2005 年 10 月，在党的十六届五中全会上，首次提出公共文化服务体系的概念。在我国文化领域公共文化服务和公共文化服务体系一度是研究热点，学者们对公共服务、公共文化服务以及公共文化服务体系等相关概念做了细致的探讨与研究，为加强公共文化服务体系建设、发展和繁荣社会主义先进文化提供了理论指导。

但是，对于公共文化的定义，学术界至今还没有一个统一的说法，很多论述也大同小异。笔者认为，公共文化服务是指以政府部门为主的公共部门提供的、以保障公民的基本文化生活权利为目的、向公民提供公共文化产品与服务的制度、设施和系统的总称，包括公共文化服务设施、资源和服务内容，以及人才、资金、技术和政策保障机制等方面的内容。

公共文化基础设施是公共文化服务体系的主要内容和硬件条件，同时是评价一个地区公共文化服务体系建设质量的重要指标。其内容包括建设基础服务设施，比如满足公民看电视、听广播、读书看报等最低文化需求的相关通信网络，广电网络等技术设施；图书馆，文化广场，文化大院，博物馆，演出场所等实体场所文化设施以及图书、戏剧等文化产品。

二、公共文化服务与高品位城市建设

（一）公共文化服务是城市居民的重要需求

党的十九大报告指出，新时期中国社会的主要矛盾已经转化为人民日益增长的美好生活的需要与不平衡、不充分发展之间的矛盾。而公共文化服务需要是城市居民对美好生活的需要中的重要组成部分。

在高压力、快节奏的城市生活中，城市居民对公共文化服务的需要显得尤为强烈，文化活动成为城市居民放松身心的精神港湾。比如，近些年来出现了来势汹涌的广场舞热，正是居民对公共文化服务需要的强烈表现。然而，广场舞的出现也暴露出一些城市公共文化服务建设的不足。这些问题的发生，无不在敦促政府要重视公共文化服务建设，以满足居民的需求。城市土地和空间资源配置和开发中，应该保留文化场所和文化活动的必要空间。

（二）文化服务对城市文化精神建设的积极作用

在第二届世界古都论坛上，国家文物局有关负责人指出，近些年来我国城市建设出现“千城一面”“文化阻隔”的弊病，城市与城市的文化环境和城市形象等方面的区别性越来越小。这是城市化的一大灾难，或者说不良外部性。一些城市存在文化服务滞后于经济发展的现象。

总体来说，具有浓郁文化环境、鲜明文化特色和重大文化项目的城市比较少，城市人文景观的品位还存在一些问题。因此，提高特色文化服务，建设特色文化景观工程是其正确选择。城市文化精神是城市的内涵所在，也是城市之间的重大区别所在。建设特色化城市和建设文化精神是并行不悖的，因此应该高度重视城市文化服务项目建设。

（三）公共文化服务建设是城市文化形象的重要体现

城市文化品位不是凭空产生的，它需要拥有扎实的物质基础和具体支撑要件，公共文化服务的建设就为城市文化品位提升所提供物质的载体和孕育的“温床”。公共文化服务建设是城市文化精神建设的具体化行动，公共文化服务很大程度上决定城市文化精神的基本形象。比如，河南开封是八朝古都，拥有深厚的文化底蕴。开封保留许多宋朝的文化遗产，政府就利用这些古遗产，为居民提供古城墙公园、具有宋风味的博物馆等大宋文化公共服务。这样特色的公共文化服务建设，大幅度增强了开封作为宋朝古都的可视度和感知度，重塑宋朝古都的城市文化形象。城市文化形象建设很需要政府有效的领导和规划，而公共文化服务建设就是很好的实施手段。

三、城市公共文化服务的现状和问题

（一）城市公共文化服务发展的现状

自 2005 年国家提出公共文化服务体系建设要求以来，我国公共文化建设取得比较大的成果。以公共图书馆建设为例，我国公共图书馆业机构数、公共图书馆业从业人员数、图书馆总藏量等一直逐年上升。2017 年，我国拥有公共图书馆业机构数 3166 个，公共图书馆从业人员 57567 人，公共图书馆总藏量 96953 万册，其中每万人拥有公共图书馆建筑面积 109 平方米。

数据显示，博物馆机构、博物馆从业人员、博物馆文物藏品都在不断上升，博物馆事业发展的趋势不减。2017 年，博物馆文物藏品 36623080 件/套，博物馆从业人员 105079 人，博物馆机构数 4721 个。

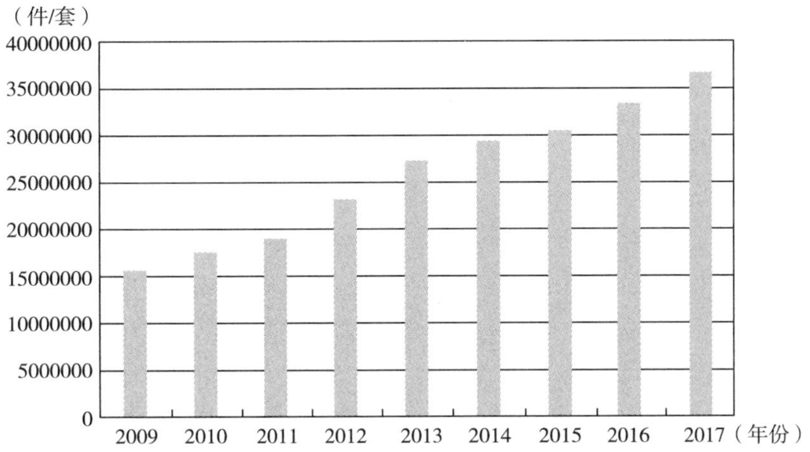

图 5－16　博物馆文物藏品

资料来源：根据《中国统计年鉴》整理绘制。

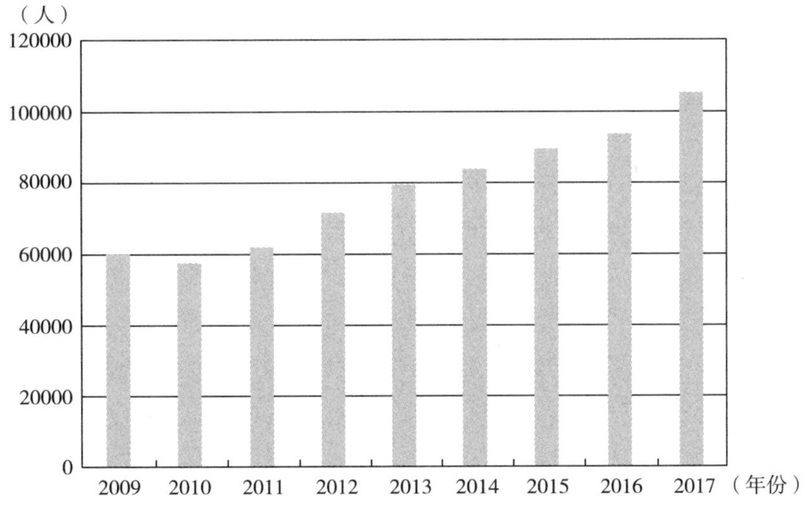

图 5－17　博物馆从业人员

资料来源：根据《中国统计年鉴》整理绘制。

这些数据从侧面反映出我国的公共文化服务蓬勃发展，构成了庞大的文化服务体量和规模，这也和我国文化资源大国的地位相符合。然而，我国城市公共文化服务建设还存在诸多问题。

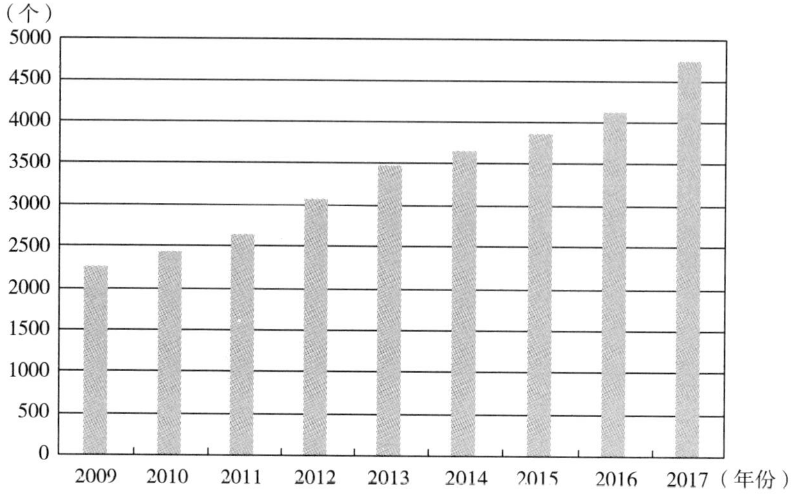

图5-18　博物馆机构数

资料来源：根据《中国统计年鉴》整理绘制。

（二）城市公共文化服务发展存在的问题

第一，城市建设一味追求经济增长，公共文化服务建设投入不足。经济建设的重要性不可否认，但在经济建设迅速发展之时，城市公共服务远远跟不上城市发展，尤其是公共文化服务。2017年，地方财政的一般预算财政支出是173228.34亿元，一般公共服务支出15238.90亿元，占总财政支出的8.79%，文化体育与传媒支出3121.01亿元，占总财政支出的1.80%。这在一定程度上说明文化建设投入比例较低。从公共财政支出看，社区事务支出中没有安排用于文化建设的资金，很多城市社区没有公共图书室等文化场所。

由于建设公共文化服务的效益回报具有隐秘性和不可估计性，这在很大程度上影响地方政府对建筑公共文化服务的重视度，地方政府更愿意进行效果显著的经济建设从而提高自己的政绩。这是造成公共文化服务方面投资不足的一个重要原因。

第二，公共文化服务形式化突出，一些服务难以满足居民现实需要。文化产品和文化服务不同于其他有物质形态的产品，它很多情形下是一种没有具体形态的精神服务和精神价值。当前，一些城市的公共服务建设没能考察城市居民的精神文化需要，而是简单笼统地建设一些文化设施，如文化广场、文化公园等。不可否认，这些文化设施在一定程度上给居民提供文化服务，但这些没有内涵的“粗制品”难以满足居民的文化需要。环境污染、交通拥堵、工作生活压力大的“城市病”，一方面是由于城市高速的生活和高压的工作导致，另一方面是由于城市居民的文化需求没有得到很好的满足。特别是文化服务的教化价值不够突出，社区层面的文化服务还处于非常薄弱的环节，这需要根据实际情况采取一些政策措施予以解决。

第三，公共文化服务项目建设创新不足。公共文化项目建设的相关理论和实践还不够完善，导致城市在建设公共文化服务时，没有很好的理论来指导创新，或者创新程度不足。现在全国城市都普遍在一个建设的阶段，并没有一个比较成功的建设方案可供参考。这就好像开放之初我国搞建设经济一样，就要“摸着石头过河”。多年来，一些旅游文化景观项目在文化创意方面取得了进展，推进了公众文化福利提升。但是，在社区层面存在严重创新不足的问题，居民接受高品质文化服务还是依托于市场主体。此外，社区文化创新不足导致社区人居环境质量提升缓慢，居民从社区中获得的舒适感等非常有限。这就要求城市建设者，特别是文化方面的建设者，要融合技术和人文元素，实现文化项目和文化景观的创新，满足民众多元化需求。

四、提高城市公共文化服务水平的主要措施

（一）坚持文化服务正确导向、强化文化服务的教化价值

文化的核心使命在于教化。在城市人口已经占较大比例背景下，城市公共文化机构和文化服务项目要着力以教化价值为主要价值构成，兼顾经济价值和社会价值。政府文化主管部门应该建立以教化价值为主要内容的文化服务评估指标体系，控制文化项目严重商业化的局面，以便对文化服务和文化工程项目进行全面评价。

（二）适度提高城市公共文化服务财政投入

总体上看，文化类财政资金应该进一步向社区倾斜，向基层倾斜。城市社区事务财政资金中，应该安排文化项目建设资金，以便提高文化场所建设和文化项目建设。此外，具备条件的城市应该持续推进重点文化项目建设，着力提供更加具有普惠性质的文化服务。

（三）优化文化服务空间布局、提高社区文化服务能力

城市文化服务空间布局应坚持集聚和分化相结合，实现空间优化布局。当前，要根据城市社区情况提高社区层面的文化服务能力，特别是社区内部文化、体育、艺术一体化服务工程项目应该进行规划和建设，提高居民接受文化服务的便利程度，特别是要对青少年和儿童提供社区内的有价值的文化服务。鼓励房地产开发商在社区建设中进行文化项目建设，并予以一定政策优惠。城乡社区事务支出中应该安排社区文化项目建设资金，并通过评估和监督等方式提高资金使用效率。具备条件的城市应着力探索社区文化服务能力评估体系，以便为有关方面

建设文化项目提供指导。

（四）利用先进技术强化文化服务创新能力

技术化文化服务具有特殊的教化价值及综合价值。城市公共文化服务应坚持文化和技术的融合，实现文化服务模式的创新和文化产品的创新。具备条件的城市应强化和技术化主体的深度合作，开发创意类的文化产品，建设融合性文化景观，提高文化服务的体验感，进而全面提升市民的文化福利。

（五）以适度市场化推进文化服务能力提升

经验事实显示，公共文化服务的部分服务可以进行市场化配置，这能够提高市民的文化福利。一些文化场馆和文化项目的经营应该和市场主体合作，坚持公益性服务项目和商业化服务项目相结合，以提高文化服务项目优化配置，实现各类主体优化合作，降低文化项目运行风险。

（六）着力降低文化服务的不良外部性风险

实践证明，一些文化项目在实际运作中产生了一些负外部性，比如，一些文化项目占用土地资源过度，一些文化服务过于形式化等，因此，政府文化主管部门应该评估各类文化服务的负外部性，列出各类场所和机构文化服务的不良影响清单，并采取具体措施予以规制。

第五节　现代城市的其他公共服务

前面介绍的公共教育服务、公共医疗服务和公共文化服务，这些只是整个庞大公共服务体系中的一部分。此外，还有公共安全服务、公共环境保护服务及针对残疾人、孤儿等群体的特殊类公共服务，这些服务对于推进社会正义事业具有显著价值，也是城市公共服务的重要构成部分。

一、公共安全服务

所谓公共安全，是指社会主体和公民个人从事和进行正常的生活、工作、学习、娱乐和交往所需要的稳定的外部环境和正常秩序。所谓公共安全管理，是指国家行政机关为了维护社会的公共安全秩序，保障公民的合法权益，以及社会各项活动的正常进行而做出的各种行政管理及具体服务活动的总和。

公共安全包含信息安全、食品安全、公共卫生安全、公众交通安全、避难者行为安全、人员疏散的场地安全、建筑安全、城市生命线安全以及恶意和非恶意的人身安全和人员疏散等。威胁公共安全的因素包括自然灾害、事故灾难、公共卫生事件、社会安全事件等。

具体来说，公共安全服务是指公共管理部门的交通警察、民事警察和刑事警察等不同类别的公安人员以及其他公务人员为居民提供各类公共安全保障，保障居民的生命和财产安全的过程。公共安全服务是维持社会秩序不可缺少的力量。

随着互联网的发展，现在公共安全不仅仅局限在现实生活，网络的公共安全也不可忽视。因为虚拟社会和现实社会之间存在显著的交互作用，并引发各类社会活动的风险。当前，网络犯罪层出不穷，网络公共安全已经逐渐成为公共安全重要的组成部分，而且所占的比重也越来越大。互联网并不是法外之地，网络安全必须给予保障。同时，互联网的发展也给公共安全服务提供发展的新思路，可以充分利用互联网的方便以及其强大的能力，提高公共安全服务质量。比如，网络的全国搜索功能，让犯罪分子无处可逃，这是过去时代不可能想象的。过去犯罪分子只要潜逃到别的城市，消息就会石沉大海，但在互联网新时代，全国的犯罪分子身份信息网络化，天网恢恢，疏而不漏；电子摄像头现在已经遍布城市的每一个角落，在互联网的强大作用下，城市里每一个地方的实时状况都会同步在警察局，一旦有情况发生，公共安全部门就能做出及时的反应，减少人民生命财产安全的损失等。因此，城市公共安全服务在互联网技术的助力下，形成了较为完善的公共安全服务体系，相对降低了各类安全威胁的风险。

二、环境保护服务

（一）城市环境问题的严重性

多年来，很多地区片面追求经济发展和财富增长，不过随着人们生活质量不断提高，人们开始更加关注自己生活环境的质量。但是，由于片面追求效益的发展，已经造成一系列环境恶化的后果：雾霾等造成空气质量下降严重和一些河流被污染，城市黑臭水体数量增加。这使我们陷入环境保护的困境，一方面要治理已经种下的恶果，另一方面要寻找新的可持续发展的道路。城市是环境污染的重要集中区域，民众对环境质量的关注一直居高不下，政府的环境保护服务备受重视。

在城市中，政府提供环境保护的范围更加广泛，包括垃圾清运、道路清扫、公共厕所服务、市容绿化、园林建设、黑臭水体治理以及污染物排放控制等。城市很大一部分绿化环境都是共享的，不属于个人所有，是公共产品，所以应由政府来管理。政府具有提供公共环境产品和服务的职能，环境治理能力已经成为城市公共治理能力的重要内容。

（二）城市环境治理的区域协同模式

近些年来，国家出台很多治理环境的政策，也收到了不错的成效，但环境保护治理之路还任重道远。诸多经验事实显示，由于地方信息封锁和区域保护等原因，一些环境执法存在形式化问题，难以发挥环境治理的作用，而区域协同执法模式则显示了有力的价值。这有助于破除地方势力对环境执法的干预局面，从而推进严格执法的进程，对于提高城市环境治理十分有效。

专栏 4：华北“2 +26”座城市协同治理环境的集体行动

“2 +26”指北京、天津 2 个直辖市和周边的石家庄、太原、郑州等 26 座城市，这些城市是华北地区和一部分中部地区的主要城市区域，由于冬季燃煤比例较高等原因，环境污染情况严重。自 2017 年以来，环境保护部抽调各地环境保护干部，统一行动，协同发力，对“2 +26”个城市环境质量进行整体治理，取得了显著成效。其主要做法就是严格落实以电代煤等，减少污染源数量，从源头上减少污染物排放。主要开展异地交叉检查，交叉执法，避免了地方保护造成的执法松懈不严等问题，这是城市环境保护服务中值得推广的做法。

（三）城市环境保护的制度及技术保障

城市环境问题复杂，急切需要制度和技术来保障环境治理质量。制度建设的一个重要方面就是标准化。很多社会组织在这方面发挥了很大作用。比如，中国城市环境卫生协会组织编写了《餐厨垃圾集散转运设施设置标准》《装修垃圾收运技术规程》等文件，就是推进标准化的重要举措。此外，考虑到乡村地区环境问题的现实需要，还需要探索城乡一体化的环境卫生治理机制。

由于城市环境保护的市场潜力大，很多企业进行技术方面的创新，以提高环境治理效率。比如，中联重科、福田欧辉环境装备、沈阳德恒、石煤机、河南森源、烟台海德、龙澄高科、福龙马、山东五征环保科技、中通汽车、陕西重汽、劲旅环境、青岛同辉、徐工环境、重汽济南专用车、吉林北欧等大企业已经成为城市环境保护领域技术创新的主体。政府需要与这些企业建立良好的合作关系，并实现相对优化的环境保护合作机制。

三、公共管理或行政管理服务

城市存在涉及政务、司法、民政、教育、医疗和文化等多方面的公共管理服务，这些服务也是城市治理体系的构成部分。不过，经验事实表明，一些管理机构还存在人员多、办事效率低等问题。换句话说，中国城市存在比较严重的公共管理人员冗余现象以及过度管理导致的低效率等问题。因此，机构和编制等方面的改革一直是行政和公共管理体制改革的重要内容。近年来，一些城市开始将分散的办事机构进行整合，成立办证大厅或者公共服务大厅之类的办事机构，提高行政和公共服务效率。但是，要提高行政效率还需要刚性制度建设，并采取必要的行政和法律方式进行。

专栏5：着力推进城市政务服务环境优化评估

一般民众能够感受到，政府机关设立了很多办事机构，这些机构由具体的公务人员负责不同岗位。那么，这些机构究竟办什么事？如何办事？如何评价这些办事机构的效率？这是公共管理和公共政策领域的一个重大问题。当前，中国共有1700多万公共管理人员和社会组织工作人员，他们的服务质量是一个重大的问题，特别是对于城市人口来说，公务人员的服务质量关系到城市的竞争力和城市形象。遗憾的是，公务人员的服务难以进行量化处理。近年来，一些地方政府开始着力探索对公务人员服务进行量化评估，如重庆请第三方评估机构对公务人员的服务进行量化评估等，这对于规范公务人员工作流程及提高服务质量等具有很大价值。

四、社会养老服务

近年来，老龄化问题在我国不断凸显出来。国家统计局2011年4月发布了以2010年11月1日零时为标准时点的第六次人口普查，结果显示，0～14岁人口占16.60%，比2000年人口普查下降6.29个百分点；60岁及以上人口占13.26%，比2000年人口普查上升2.93个百分点，其中65岁及以上人口占8.87%，比2000年人口普查上升1.91个百分点。有数据显示，预测到2030年，人口老龄化会到达顶峰，届时中国会有高达2亿到3亿老龄人口，占全国人口的15%。根据1956年联合国《人口老龄化及其社会经济后果》所提到的标准，当一个国家或地区65岁及以上老年人口数量占总人口比例超过7%时，这个国家或地区进入老龄化时期。1982年维也纳老龄问题世界大会，确定60岁及以上老年人口占总人口比例超过10%，意味着这个国家或地区进入严重老龄化。这说明我国于2000年已经进入养老社会。养老服务将是政府的重要职能之一。

多年来城市养老服务业也取得较大进展，但仍存在服务设施数量不足等问题。以养老床位为例，2019年我国各类老年社会福利机构拥有床位平均每千名老年人仅拥有30张床位，这很难满足老龄群体巨大的多元养老服务需求。

应该从以下几方面提高城市社会养老服务有效供给。一是要提高对家庭养老的直接补贴。充分发挥我国家庭养老的传统和优势，建立并完善家庭养老的财政补贴机制，增强家庭养老功能，同时加大居家社区养老的扶持力度，强化资源的有效配置。二是鼓励社会资本开办养老机构并实现有序竞争。民办养老机构能够有效满足养老市场需求，具有很强的竞争力，对提高整体养老水平具有积极作用。政府应该鼓励公办养老机构和民办养老机构之间有序竞争，从而整体上提高养老服务能力。三是优化养老设施的空间布局。对于没有规划养老服务设施的社区，直接兴建、改造或租用一些养老服务设施。对于新建社区，要严格落实房地产开发商配套养老服务设施的要求。

五、公共交通服务

公共交通是城市运行的重要组成部分。但是，由于城市发展速度飞快，但城市公共交通服务却跟不上城市发展的速度，这对城市居民生活和发展的诸多方面产生不良影响。一是交通拥堵严重降低城市运行效率，增加运行成本。这主要表现为市民每天在交通方面的时间成本和经济成本的增加。二是城市土地资源紧张限制交通发展。2018 年，全国城市人均道路面积 16.7 平方米，但由于区域差异等因素，很多大城市存在人均道路面积不足等情况。由于土地等资源的约束，一些城市难以展开大规模交通建设，提高交通服务能力。城市开始着力开发地下空间来发展交通服务，但为此承担了很高的成本。三是出行方式多元化带来的交通压力。居民私家车、出租车等数量的迅速上升不但挤压了公交服务的空间，而且挤占交通资源，这也导致城市交通压力增加，增加了交通纾解等方面的成本。

有效增强城市公共交通服务的主要措施：一是优化城市交通结构和空间设施布局。由于轨道交通快速安全、运量大的特点，近年来，我国大城市大力发展以轨道交通为主体的城市交通网络。增加城市交通落网密度也成为优化城市交通的重要方向。另外，一些城市通过专门设立物流通道以减轻客流通道的压力，实现了交通服务的相对优化发展。二是大力发展公共交通网络。持续提升公共交通服务能力是解决公共交通服务制约的核心突破口。从国际看，东京、巴黎、伦敦、新加坡、中国香港、首尔、斯德哥尔摩、哥本哈根是世界闻名的八大“公交都市”。中国上海在这方面取得很大成绩。2003 年起，上海从提升公共交通便捷性、可靠性、舒适性及安全性四方面着手进行各项工作，成果突出。截至目前，全市公共交通日均客运量为 1796 万乘次，中心城居民公共交通出行比重（不含步行）超过 50%，各类节能环保型公交车约占全市公交车总量的 47%。三是着力推进公共交通服务的信息化。进一步将交通信息和社交平台等系统连接起来，实现交通信息快速流动并降低有关主体选择成本。在具备条件的城市开展智能交通试点，并对技术创新做出实质性贡献的企业进行财政税收等政策优惠。

六、其他特殊服务

除了以上公共服务，城市还需要为孤寡老人、孤儿等特殊群体提供必要的服务，这是公益和慈善事业的构成部分。

（一）儿童成长服务与SOS儿童村

SOS儿童村是一个起源于第二次世界大战时期奥地利的国际性的民间慈善组织，其特色在于采用家庭模式收养孤儿，让他们能够重新享有母爱和家庭温暖，并用SOS这个国际上通用的求救信号，呼吁全社会都来关心和帮助那些在灾难中幸存的孩子。SOS妈妈、兄弟姐妹、家庭住房和村落四个部分组成SOS儿童村模式。

中国第一批SOS儿童村始建于1984年。目前全国共建成天津、烟台、齐齐哈尔、南昌、开封、成都、莆田、乌鲁木齐、拉萨、北京10所SOS儿童村。此外还在烟台和齐齐哈尔建立了2所以赫尔曼·格迈纳尔博士名字命名的学校。

据中国SOS儿童村协会官方数据显示，截至2018年底，全国10个SOS儿童村共有127个家庭、1100名儿童，历年总计收留抚养了3073名儿童，其中2038名儿童已离村，相继走上各自的工作岗位；共培养了663名大专以上、244名大学本科、43名研究生、16名国外留学生。

（二）残疾人生活保障与残疾人联合会

中国残疾人联合会（以下简称中国残联）成立于1988年，是国家法律确认、国务院批准的由残疾人及其亲友和残疾人工作者组成的人民团体，是全国各类残疾人的统一组织。按照国家行政区划设立中国残联各级地方组织，社区居民委员会、村民委员会、残疾人集中的企业事业单位，建立残疾人协会或残疾人小组。多年来，残疾人联合会举行了一些职业技能培训等方面的服务，并着力构建残疾人的精神家园，给一些残疾人提供了相对人性化的服务，并强化了他们谋生与发展的能力。

（三）殡葬服务

城市公墓的价格问题近年来经常受到社会关注。殡仪馆和公墓管理方面推出了很多关于殡葬的服务，包括遗体运输、墓地购置、尸体保管、骨灰存放等。并且，这些服务被设立了很多不同的价格和服务标准。显然，殡葬服务在一定程度上已经成为一种市场化行为。这在一定程度上增加了部分市民的经济负担，特别是低收入群体的经济负担。城市民政部门等需要针对低收入群体进行殡葬费用减免等政策制定和执行。实际上一些城市已经开始探索减轻居民丧葬负担的政策。

表 5-2　1985～2011 年我国在医疗改革方面的重大举措

年份	改革内容
1985	国务院批转卫生部《关于卫生工作改革若干政策问题报告》，提出必须进行改革，放宽政策，简政放权，多方集资，开阔发展卫生事业的路子，把卫生工作搞好
1988	国务院发布卫生部“三定”方案，确定了卫生部的基本职能，对直属企事业单位由直接管理转向间接管理
1989	国务院批转卫生部等部委《关于扩大医疗卫生服务有关问题的意见》提出，积极推行各种形式的承包责任制；开展有偿业余服务；进一步调整医疗卫生服务收费标准；卫生预防保健单位开展有偿服务；卫生事业单位实行“以副补主”“以工助医”；“给予卫生产业企业三年免税政策，积极发展卫生产业”。卫生部正式颁发实行医院分级管理通知和办法
1990	卫生部成立《中国卫生发展与改革纲要（1991—2000）》起草小组，此纲要先后草拟了 12 稿，不断地征求意见，讨论修改，这个过程对深入各部门对医改的认识有着重要的意义
1991	全国人大第七次会议提出了新时期卫生工作的方针：预防为主，依靠科技进步，动员全社会参与，中西医并重，为人民健康服务，同时把医疗工作的重心放在农村
1992	国务院下发了《关于深化医疗体制改革的几点意见》，卫生部贯彻文件提出的“建设靠国家，吃饭靠自己”精神，卫生部门工作会议中要求医院要在“以工助医，以副补主”等方面取得新成绩，这项卫生政策刺激了医院创收，弥补收入不足，同时，也影响了医疗机构公益性的发挥，酿成“看病问题”突出，群众反映强烈的后患
1997	中共中央、国务院出台了《关于卫生改革与发展的决定》，明确提出卫生工作的奋斗目标和指导思想，提出了推进卫生改革的总要求，在医疗领域主要有改革城镇职工医疗保险制度，改革卫生管理体制，积极发展社区卫生服务，改革卫生及后运行机制等
2000～2004	《关于城镇医疗机构分类管理的实施意见》《关于卫生事业补助政策的意见》《医院药品收支两条线管理暂行办法》等诸多改革措施出台。尤其是“非典”暴发以后，市场主导和政府主导的争论也逐渐深入，医院产权改革是本阶段最为明晰的脉络
2005	7 月 28 日，《中国青年报》刊出由国务院发展研究中心负责的最新医改研究报告，通过对历年医改的总结反思，报告认为：目前中国的医疗卫生体制改革基本是不成功的
2007	党的十七大报告首次完整提出中国特色卫生医疗体制框架包括公共卫生服务体系、医疗服务体系、医疗保障体系、药品供应保障体系四个重要组成部分，这是在新时期对卫生医疗体系构成的全面概括

续表

年份	改革内容
2009～2011	《中共中央国务院关于深化医药卫生体制改革的意见》和《国务院关于印发医药卫生体制改革近期重点实施方案（2009—2011）的通知》等文件相继发布，继续围绕“保基本、强基层、建机制”，统筹推进医药卫生体制五项重点改革，确保基本医疗保障制度覆盖城乡居民，保障水平显著提高，确保国家基本药物制度基层全覆盖，基层医疗卫生机构综合改革全面推开，新的运行机制基本建立；确保基层医疗卫生服务体系建设任务全面完成，服务能力明显增强，确保基本公共卫生服务和重大公共卫生服务项目有效提供，均等化水平进一步提高，公立医院改革试点不断深化，体制综合改革取得实质性进展，便民惠民措施普遍得到推广

资料来源：根据有关材料整理。

第六章　现代城市发展的人力资源管理

第一节　人力资源概述

一、人力资源的基本内涵

（一）内涵阐释

人力资源，广义称为劳动力资源或人才资源，是指一个国家或地区中处于劳动年龄、未达到劳动年龄和超过劳动年龄但具有劳动能力的人口的总和。同时，人力资源也指一定时期内组织中所拥有的能够为企业或者有关主体所用且对价值创造起贡献作用的教育、技能、经验的总称。和自然资源相似，人力资源并不是无穷无尽的，人力资源在可供利用的同时在数量和质量等方面具有有限性，对于不同地区、不同企业和不同主体，人力资源状态或者竞争力有所不同，合理正确高效地利用人力资源是区域和城市人力资源可持续发展的重要前提。

人力资源战略是指国家或地区为了实现战略目标所采取的人力资源调查、评估、开发等方面所做的规划、政策及决策的总称。在城市和地区发展的各个方面，人力资源战略举足轻重，人力资源在所有战略性资源中处于核心地位。良好的城市治理应该将人力资源管理放在十分重要的地位。

（二）基本特性

一般衡量人力资源结构包括数量和质量两个方面：一方面，人力资源的数量是一个社会中达到劳动年龄且具有劳动能力人口的数量；另一方面，人力资源质量是指经济活动中劳动力所具有的体质、劳动知识和技能水平。由于人口增长处于动态调整中，因此人力资源的数量也在相对调整中。在资源相对充足时，人口的数量会有所增加。如果社会的人口数量发生了巨大变化，社会发展必然会受到一定程度的影响，或者比较严重的外部冲击。而人力资源的质量则有不同的维度，包括身体素质、文化水平和职业技能等。在职业化的工商时代，人力资源管理机构更加重视人的职业技能，这些技能是现实工作和项目得以顺利推进的保障。一般来说，人力资源具有如下特性。

一是生产的自然性。人力资源的生产是一个人类的自然繁衍过程，尽管如此，这个过程受到历史环境及公共政策等方面的影响。比如，中国曾经采取的计划生育政策，这给人口结构和人口素质带来很大影响，总体上通过控制人口增长提高了劳动力资源的质量。随着经济发展，劳动力资源呈现一些结构性矛盾，国家已经根据社会发展对此做出调整。要维持人力资源生产的稳定性，就有必要通过公共卫生设施和服务能力提升来降低婴儿死亡率等，以便降低人力资源生产风险及其他风险。

二是行为的社会性。人的行为具有高度的趋社会性，即人是在社会关系中生存和生活。这是非常重要的基本事实，而人伦关系及一定的社会规范对于人的行为具有约束和规范，这对于人的经济合作及社会合作十分重要。人力资源管理和开发机构应该充分注意到这个事实，并据此采取有助于优化人的社会生活的管理措施。

三是价值的多元性。由于人是自然生产的，因此人的劳动能力等在不同年龄阶段具有不同特征，且严重地受到自然禀赋的影响。这些具有不同禀赋的劳动力资源能够创造多元价值，比如，科学、艺术和文学方面的价值，以及工程技术方面的价值。这种多元性给社会和城市发展带来正向影响，但有些人力资源则存在制造不良影响等方面的外部性。

四是结构的动态性。所谓结构的动态性是指年龄导致的结构性以及性别等导致的动态性，以及区域分布方便的动态性。多年来，城市人口结构发生的显著变化是女性比例的逐步提高，而农村人力资源则呈现女性减少的态势，这个结构性变化对于区域发展具有显著影响。当前，全国人力资源结构面临的问题是老龄化的问题，这需要根据年龄结构进行有关社会保障等方面的政策调整。

（三）基本分类

一个城市的发展与所处的地理环境密不可分，但同时与人力资源也紧密联系，城市发展的繁荣必定会吸引各类人才集聚，其中，核心人力资源在城市发展中发挥着主导作用。一般地，城市所需的核心人力资源大致包括以下几个类型。

第一，创新型人才。现代经济条件下，创新是一切发展的驱动力，创新会引领发展的方向。创新型人力资源能够提高资源使用效率或者创新管理或技术方法，为城市提供新型驱动力。具体来说，创新人才主要是在管理、科学、文学和艺术领域的各类人才及相关工作者，还包括医学、教育、科研等领域具有一定创新能力的各类学术型人才。

第二，技术型人力资源。掌握某种技术或技艺的人力资源，属于技术性人力资源。一般来说，包括工程类技术人员、艺术类技术人员、教育类技术人员和文化类技术人员等。这些人力资源或为城市基本运行提供保障，或为居民消费提供服务，或者为人的专业发展提供服务，或者为公共利益发挥作用。市民生存与发展的一些必要条件需要这类人力资源完成。这些工作的完成与技术型人力资源密不可分，技术性人力资源在实质上推进各类具体建设项目的进展，特别是基础设施建设领域的进展。

第三，管理型人力资源。诸多经验事实证明了领导力或者说管理能力的重要性，特别是领导力对于团队和组织绩效等方面的重要性。一般来说，所谓管理人才就是能够通过组织和领导力提升组织效能并降低实际操作风险的人力资源。各个行业发展不同，管理模式也不尽相同，对管理人才的要求也不同。比如，学术团队管理人员，需要能够把握国家现实需要并带领团队以各类项目以满足国家需要的研究，这是其最基本的素质要求。当然，一种方式不可能适应所有模式，对于城市发展要引进管理型人才，对各个行业进行行之有效的管理，让各行各业处于稳定的工作形态之下。因此，管理型人力资源既是各个行业领域十分重视的一类人力资源，也是城市竞争力提升的重要战略性资源。

同时，可以根据人力资源对行业发展的重要程度，分为核心人力资源、一般人力资源和辅助性人力资源；根据工作不同可分为专业技术类人力资源、综合管理类人力资源和一般岗位类人力资源。具体情况如表6－1所示。

表6－1　人力资源基本分类

类别	能力要求	岗位举例
核心人力资源	在团队或组织中发挥核心作用，对重要工作负有主要责任	部门领导、首席专家、主治医生等
一般人力资源	在团队或组织中发挥辅助作用，对工作负有次要责任	医院护士、大学助教等
辅助性人力资源	在团队或组织中发挥辅助作用，对工作负有次要责任	医院护工、保洁员等
综合管理类人力资源	具有综合协调管理能力，能有效指挥团队或组织正常运行等	团体领队、部门领导等
专业技术类人力资源	具有独立承担专业技术能力，能完成某一专业领域的工作	主讲教师、核心营销员等
一般岗位人力资源	为维护公共秩序或提供公共服务所需要的一般工作人员	实验室管理人员、社区保安等

资料来源：根据有关材料整理。

当然，由于城市经济及社会发展领域的复杂性，对于人力资源分类不可一概而论，要根据不同地区，不同城市，不同发展水平进行合理的区分，正确把控人力资源，最大限度地避免因未合理对待而造成的资源流失，以及对地区和城市的发展造成不良影响。

二、城市发展中的人力资源开发

因为城市结构的复杂性以及城市经济社会发展的复杂性，城市所需要的人力资源也是多元的，特别是专业技术方面的人力资源是多元的。但是，所有岗位提供的就业机会和社会就业人员相比是有限的，这是城市存在一定水平的失业率的原因。但是，很多组织和主体却缺乏具有竞争力的人力资源，开发人力资源价值是城市发展所必需的重要工作。

（一）人力资源开发的基本类别

1. 家庭开发和社会企业开发

任何一个区域，存在家庭人力资源开发和社会人力资源开发两种行为。其中，家庭人力资源开发是主要的行为，但这是一个微观行为，主要方式是不同形式的教育。由于社会分工的发展，这种人力资源开发主要由学校承担，家庭发挥着辅助性作用。不过，学校只是完成基础类理论和技能的传授，而对于市场需求而言，还需要企业等主体进行人力资源的深度开发。对于人力资源开发，企业等主体需要一个规划和工作流程，主要包括以下几个方面：

一是人力资源规划。包括组织机构的设置、企业组织结构的调整与分析和企业人员供给需求分析等。二是招聘与配置。主要包括招聘需求分析、工作分析和胜任能力分析等。三是培训与开发。主要是理论学习、项目开发、外出学习与交流等。四是绩效管理。主要包括行为考察和结果考察，绩效是考察人力资源素质的主要依据。五是员工关系。主要是一些关于劳动就业方面的法律法规来调整，包括《就业促进法》《劳动法》《劳动合同法》。六是薪酬与福利。主要是构建合理公正的薪酬与福利管理体系，企业一般根据国家有关法律和企业自身实际而确定员工福利。

2. 体制内开发和体制外开发

所谓体制内开发就是所有行政事业单位和国有经济的人力资源开发，可以看作体制内开发。这主要包括对党政干部培训、对企事业单位的工作人员进行职业技能提升等方面。这是一个庞大的人力资源开发类别，因为国有单位共有 5000 多万名工作人员，这类人力资源的质量和结构对于国家发展十分重要。不过，体制内开发也存在成本高和不良风险大等现实问题。所谓体制外开发，主要是指民营企业及其他社会机构的人力资源开发，这个类别的开发促进了经济结构的均衡化和多元化发展，对于城市和区域发展十分关键。改革开放以来，体制外人力资源开发的重要进展在于有些行业已经对体制内形成了竞争，比如民营企业人才对国有企业人才的竞争等。由于市场化的人力资源配置在强化，体制内和体制外的人力资源出现了更高的流动性，这对于激活人力资源价值和优化人力资源结构具有一定积极作用。

（二）城市人力资源开发的主要模式

1. 国民教育

国民教育是人力资源价值开发的主要形式，世界各国的经济发展表明，具有优质教育资源的国家通常会有优势的人力资源，而这些人力资源在不同程度上对这些国家经济发展做出显著贡献。反之，那些经济欠发达地区总是与教育发展落后有直接关系。国民教育是一个国家和地区人力资源开发的基本形式。

以国民教育（义务教育）和高中教育为例，对全国 31 个城市（包括直辖市、省会城市、首府城市）各级学校统计表明，人口超过 1000 万的城市在义务教育和高中教育机构方面拥有显著优势（见表 6－2）。如果考虑到其他培训机构等，这种优势更加明显。这表明从义务教育开始就存在显著的城市分化现象。

表 6－2　2018 年各城市义务教育学校数量情况

城市	小学	初中	高中	城市	小学	初中	高中
北京	970	448	309	福州	895	218	102
天津	879	536	187	杭州	478	264	87
上海	721			南京	860	240	53
重庆	2893	866	256	拉萨	71	22	
哈尔滨	574	342	102	成都	590	460	149
长春	1063	271	71	贵阳	538	249	73
沈阳	275	299		昆明	755	319	
石家庄	1434	414		广州	148	195	17
太原	441	137	90	南宁	1106	263	79
呼和浩特	203	109		海口	159	113	
济南	575	251	51	兰州	519	141	64
郑州	940	342	126	西安	1130	456	
武汉	598	305	94	乌鲁木齐	128	97	56
长沙	937	242	88	西宁	141	138	
南昌	75	213	75	银川	200	53	26
合肥	515	247	103				

资料来源：根据各地经济与社会发展统计公报等资料整理（部分数据缺失）。

2. 技术或职业培训

人力资源开发的另外一种形式就是技术和职业培训，包括对员工进行政策理论培训、专业技术培训、心理调整培训等。这些都是强化人力资源价值的重要方式。城市中存在诸多方面的人力资源培训工作，比如，针对党政管理干部的管理能力和业务能力培训。此外，还有诸多身心健康方面的培训。这些培训整体上对于增强人力资源价值有促进作用。诸多经验事实显示，人力资源培训提高了人力资本的价值，提升了单位劳动力的产出水平，对于实现人力资源和其他要素的融合具有显著价值。人力资源的技术或职业培训是提高人力资本贡献率和要素协同程度的重要选择。

体制内人力资源的职业技能培训是按照国家职业分类和职业技能标准进行的规范性培训。国家人力资源与社会保障部门规定一些职位必须经过职业培训，获得技能等级证书后方可上岗。因此，职业资格证书是表明劳动者具有从事某一职业所必备的学识和技能的证明。不过，也存在一些形式化培训的问题，人力资源部门通过这些培训来垄断培训机构和培训市场，从而造成人力资源开发成本增加等。这是目前人力资源开发中的一个现实问题，需要通过系统性改革和有效政策措施来改善。

3. 其他方式

还有一些特殊的人力资源开发方式，实际上也具有很现实和显著的价值。比如，有些监狱、看守所等机构请社会心理专业人士以开展讲座等形式对服刑人员进行心理教育，以便加快对这些人员的改造，争取他们早日回归社会，服务大众，这也是人力资源开发的一个重要方式。一些机构从事特殊群体比如残疾人、问题青年的培训和教育工作，这也是降低人力资源负面价值的一种重要方式。城市公共管理部门应该通过一定的方式支持这些机构和人员的工作，而不能仅仅将资金用于优势人力资源的开发。

三、人力资源开发对城市发展的贡献

（一）经济贡献

所谓人力资源的经济贡献，其实就是劳动收入所得以及为社会创造的物质和精神财富。这些基本都可以用货币化方式进行价值评估。比如，所有从业人员的收入可以看作是人力资源的经济贡献，以及所有劳动力参与的产品与服务的总价值也是人力资源的经济贡献。作为不可缺少的一部分，人力资源对经济增长的贡献率已超过其他资源，并且一直在提高，但在不同行业有不同的表现。除此之外，合理使用人力资源，还能对自然资源产生积极影响。一方面节约了自然资源，另一方面也为增强自然资源再生能力、开发新自然资源的条件。我国作为一个人力资源数量多但质量较低的发展中国家，增加和优化人力资源供给，是实现赶超性发展和可持续发展的一条根本性途径。

（二）社会贡献

测度人力资源的社会贡献比较复杂，主要是这些贡献的价值难以计量且存在很大差异。一些优质人力资源可能对社会做出了很大的贡献，那些在社会慈善与公益事业以及公共服务领域做出贡献的人们，属于这种类型的人力资源。此外，有些人力资源发挥了促进社会正义等方面的价值，他们主要通过对弱势群体提供帮扶等形式促进社会正义，比如一些律师对低收入者提供法律服务等。总之，凡是用实际工作促进社会正义和社会和谐方面的人力资源，都有一定程度的社会贡献。

城市需要不同层次的人力资源。人力资源在功能和发挥的作用方面有所不同，虽然低层次的人力资源对于城市运行是必要的，但大量的低层次的人力资源的集中会形成对城市资源的消耗。目前，对于人力资源的层次性辨别有一定的难度：一方面是因为对人力资源的资料掌握的不足，对人力资源不够熟悉，很难判断人力资源的层次；另一方面是因为人力资源具有一定的流动性，他们自由地更换工作地点和工作岗位，这对于判断他们的贡献带来难度。

（三）文化贡献

人类行为中有一个重要的过程就是文化行为，这甚至比纯粹的经济行为更加广泛。一是文化传承方面的贡献。当前，全国有教师1400多万名，其中很多一部分从事文化传承的工作。二是创造文化产品的贡献。全国文化领域的各类工作人员，创作了大量的小说等文学作品、绘画、音乐、摄影和电视剧等作品。对全国400家重点统计艺术院团统计，2018年共创排艺术作品1150部，其中新创802部，复排260部，移植改编88部。但是，由于文化市场领域的激烈竞争，以及民众对文化产品的偏好性强等因素，这类人力资源的文化贡献存在很大的个体差异和行业差异。

当前，很多城市都有相当一部分人力资源从事文化工作，他们的贡献存在很大的行业和区域差异性。在2017版国民经济行业分类（GBT 4754—2017）中，涉及文化类的如表6－3所示。

表6－3　文化类行业构成情况

行业大类	具体行业
新闻和出版业	新闻业
	出版业（图书出版、期刊出版、报纸出版、音像制品出版、电子出版物出版、数字出版）
	其他出版业

续表

行业大类	具体行业
广播、电视、电影和录音制作业	广播
	电视
	影视节目制作
	广播电视集成播控
文化艺术业	电影放映
	录音制作
	文艺创作与表演
	艺术表演场馆
	图书馆与档案馆
	文物及非物质文化遗产保护
	博物馆
	烈士陵园、纪念馆
	群众文体活动
	其他文化艺术业

资料来源：根据国民经济分类标准 GBT 4754—2017 中相关内容整理。

（四）其他贡献

很多人力资源的贡献是无形的或者难以直接测度的，我们称之为隐性贡献。比如，一个园林工人种植的苗木直接可以吸收碳，减少对环境污染的影响。因此，该工人的贡献不能简单以工资水平计算。又如，一个画家的作品的价值或者画家的劳动贡献，也不能简单以作品交易价格来计算，因为这些作品在博物馆展览等方面将创造门票收入等更多价值。因此，很多行业的人力资源价值或者贡献难以直接货币化，但他们的劳动价值又存在延续性、隐蔽性和间接性等特征，因此，需要开发一种相对完整地计量其贡献的方法。城市人力资源管理部门应该着力强化鼓励这些人才或者人力资源发挥创造性价值，从而扩展他们的社会贡献。

（五）典型案例

从古至今，城市是人力资源的集聚地，特别是一些大城市更是优质人力资源的集聚地，成为大城市经济社会发展强有力的支撑。当然，城市发展水平与城市的区位、经济和政治地位等也存在一定关系。

以中部地区郑州市和武汉这两个国家中心城市为例，对人力资源开发与城市发展进行初步分析。郑州和武汉是中部地区具有核心地位的城市，总体来看，经济总量武汉超过郑州，人力资源总量也超过郑州。

如图6－1所示，武汉人力资源总量和质量都显著高于郑州，主要表现为每万人的产值武汉高于郑州，并且这种差别正在扩大，武汉每万人创造的产值接近30亿元，而郑州的数据仅仅为武汉的一半左右。因此，可以初步推断，武汉人力资源对经济增长的推动力高于郑州，或者武汉人力资源的总价值高于郑州。这是两个城市人力资源现状的基本事实。当然，仅仅通过人均产值来评估人力资源的价值是存在很多问题的，对于不同行业的人力资源贡献，需要进行独立评估，但受到资料的限制，这里不再涉及。

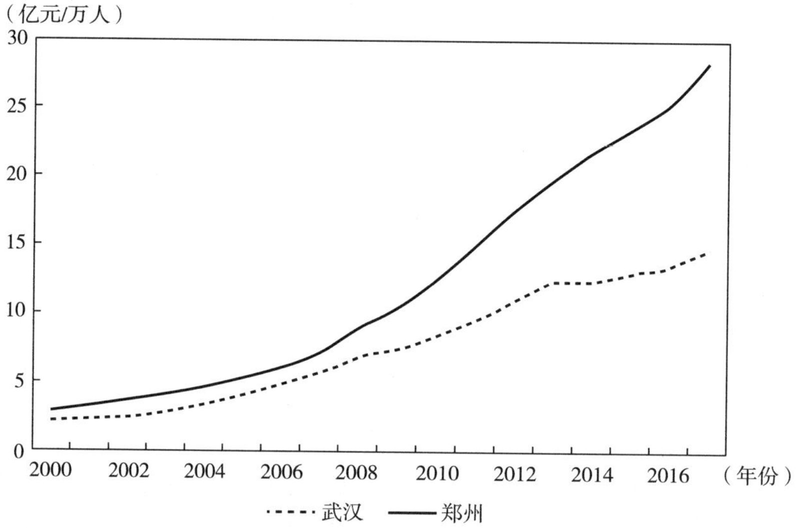

图6－1　武汉和郑州市人均产值比较

资料来源：根据郑州市和武汉市各年度经济社会发展统计公报整理绘制。

第二节　城市人力资源开发状况

一、人口流动条件下城市人力资源的形成与发展

（一）人口流动条件下城市人力资源的形成

城市和乡村的人力资源存在一个动态互动过程，也就是城市和乡村之间的人力资源存在流动性。多年来，由于农业领域的机械化程度提高等因素，农村剩余劳动力流入城市地区，这直接增加了城市劳动力供给并改变了人力资源结构。数

据显示，改革开放以来城乡人力资源发生结构方面的根本性变化。第一产业从业人员从近4亿人减少到2亿人；第二产业从业人员和第一产业人员基本持平，但呈现继续减少的趋势；第三产业从业人员增长迅速，已经接近3.6亿。可见，城市化进程特别是产业分化进程显著改变了城乡人力资源配置，服务型产业的人力资源得到迅速增长。

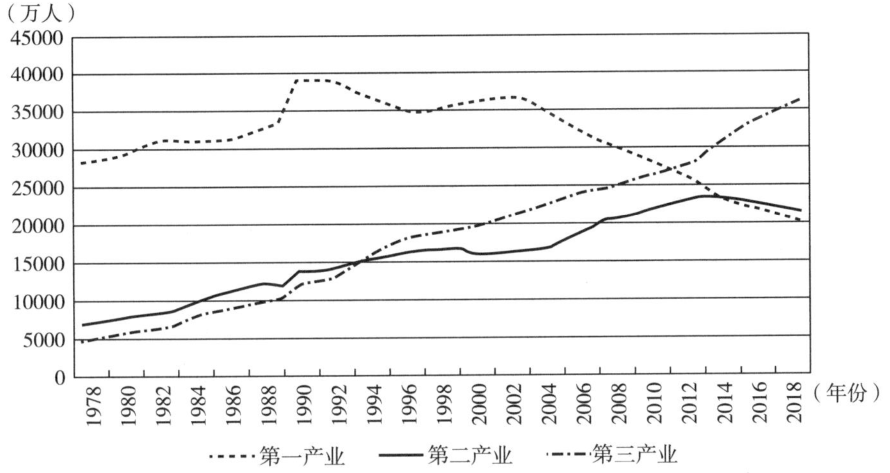

图6－2　三次产业从业人员情况

资料来源：根据国家统计局网站数据整理绘制。

这种流动可以划分为体制内流动和市场自发流动两种推动力。所谓体制内流动，就是农村人口通过上学、参军和招工等形式进入城市，从而成为城市人口。改革开放以前的人口流动主要是体制内流动。所谓市场自发流动，是指市场经济条件下，通过市场主体招聘，更多农村人口到城市就业。改革开放以来，两种形式的流动推动力都发挥了很大作用，特别是后一种推动力更为显著，这直接导致了城市人口的迅速增长。据统计，2006年中国城区人口100万以上的城市数仅为57个，而2017年中国城区人口100万以上的城市已达到78个之多。

2006～2017年的12年间，中国增加了21个城市人口超百万的城市，保持平稳较快速度的增长。这意味着生产力及各类要素的快速集中。一般情况下，在专业分工的大趋势下，个人所能创造的价值随着城市规模的扩大增多，这也推动了我国经济的快速发展。

（二）人口流动条件下城市人力资源的发展趋势

虽然城市人口及劳动力资源增长迅速，但并不意味着农村将会失去所有资源。不过，城市之所以能够集聚大量人口和农业生产效率的提高有直接的关系。1952 年的农村土改运动，彻底摧毁了我国封建剥削土地所有制度；1958 年人民公社化运动，使农村走向了集体化道路；1982 年的家庭联产承包责任制为农村带来了持续的繁荣发展；2006 年全面取消农业税，大力惠农；2005 年底在十六届五中全会号召下大力建设社会主义新农村建设。因此，农村经济社会的发展为城市提供了大量人力资源，同时农村内部的人力资源结构也在调整。近年来，由于农村人口增长率的减缓以及人口城市化进程等原因，城市工业和服务业需要的劳动力供给呈现降低的状态，直接导致一些产业通过国际转移等方式寻找更加便宜的劳动力资源。城市人力资源未来可能出现的趋势是：

第一，高端人力资源的区域分异现象加剧。由于城市在人力资源方面的竞争，会导致高端人力资源向具有优质公共服务的城市集聚，这会加剧人力资源配置的区域分异。这是市场化自发流动和配置的结果。当前，高校和科研单位等已经开始出现人力资源在区域和城市方面的巨大差异，中西部地区的高效人才流失严重。

第二，城乡之间人力资源流动性加剧。城市和农村紧密相连，城市在就业方面提供了机会，劳动者个体的技术和才智在城市平台上可以得到更加广阔的发展空间。另外，高新技术迅速发展，让更多有才能的人回到农村，带动农村的进程。因此，城市和乡村之间存在更加显著的人力流动性，而交通等基础服务的强化又会加剧这种流动性。

第三，人力资源结构性矛盾逐步缓解。因为市场自发竞争等原因，人力资源在一定程度上适应市场化发展，即有关主体会根据市场需求来进行人力资源开发，比如，技术学院根据市场进行专业及人才培养模式等调节，将会逐步缓解人力资源结构性矛盾。总之，市场化力量在人力资源结构变化中发挥着强有力的作用。

二、城市人力资源的基本现状

城市经济社会高速发展，需要多元化、专业化技能人才支撑。城市人力资源是国家和区域人力资源的主要构成，其数量和质量关系到城市竞争力。城市的各类专业技术人员统一由人力资源与社会保障部管理。专业技术人员的类别及专业分类如表 6－4 所示。截至 2018 年，全国共有 2913 万人获得各类专业技术职业证书，这是人力资源和劳动力市场正规化的重要标志。

当今社会，传统的人力资源发展方式有些落后，不能适应当今社会的快速发展模式，“大众创业、万众创新”是人力资源发展的新趋势，对于人力资源的管理也要与时俱进，以时代发展为指导，紧跟时代步伐。目前，一些地区城市已经出台一些鼓励事业单位人员创业的政策文件，这为人力资源的发展空间做了进一步的扩大，城市管理者也应该通过创建创新社区推进新型人才的成长与发展。新时期，各类城市吸引人力资源的竞争比较激烈，这是创新驱动战略下的一种自发竞争行为。

表 6－4　中国城镇各类专业技术人员情况

类别	专业分类
工程类	建设专业人员、机械专业人员、纺织专业人员、轻工工程专业人员、冶金专业人员、石油化工专业人员、交通水运专业人员、质量技术监督专业人员、水产专业人员、广播电影电视专业人员、煤炭专业人员、物化探专业人员、地质实验测试专业人员、测绘专业人员、采矿专业人员、土地专业人员、岩土工程专业人员环境保护专业人员、电子信息专业人员、水利专业人员……
财经类	经济专业人员、会计专业人员、审计专业人员、统计专业人员、国际商务专业人员……
科研类	社会科学研究人员、农业科研人员、自然科学研究人员、自然科学实验人员、思想政治研究人员、国有企业经营管理者……
卫生医药类	医疗、预防、护理、医技人员，药品专业人员……
教育类	小学教师、中学教师、中专校教师、中专实验人员、党校教师、高校教师、高校实验人员、高校管理人员、技工学校教师、技工实习指导教师……
农业类	技术人员、农业经济人员、畜牧兽医林果专业人员……
新闻出版司法文化艺术及其他类	新闻专业人员、广播电视专业人员、出版专业人员、律师专业人员、体育教练、公证员专业人员、文学创作专业人员、艺术专业人员、飞行专业人员、海关专业人员、翻译专业人员、档案图书资料文物博物群众文化专业人员……

资料来源：根据人力资源与社会保障部有关文件整理。

如图 6－3 所示，中国城市就业人员实现了快速增长，接近 4.5 亿人。改革开放以来，城镇从业人员数量翻了两番多，这是城市化进程快速推进的结果，更是全国经济结构调整和产业多元化的结果。如果计算务工农民数量的话，城市实际就业人员数量更大，这已经成为中国城市人力资源状况的基本事实。

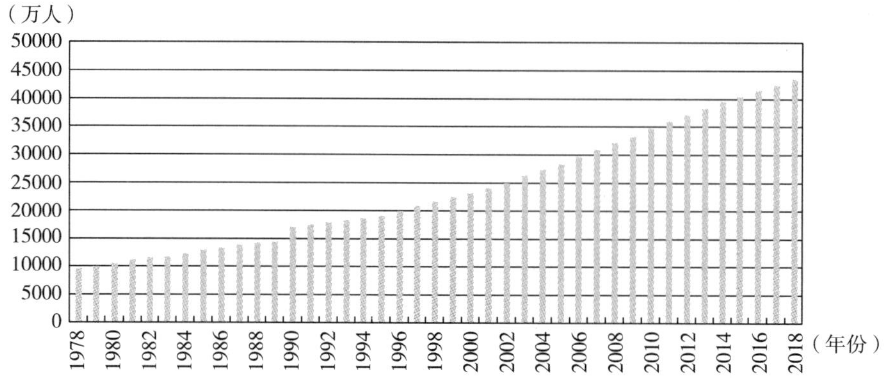

图 6－3　城镇从业人员数量变化情况

资料来源：根据人力资源与社会保障部公报统计绘制。

三、城市人力资源开发存在的主要问题

（一）城市人力资源供需缺口较大

当前，我国已进入大城市和城市群引领区域发展的时代，必然引发人口不断向大城市、特大和超大城市以及城市群集聚，而部分中小城镇和乡村人口减少逐步衰落。然而，总体而言，在人口老龄化和人口红利逐步弱化背景下，城市人力资源供给明显供不应求，缺口巨大。各大城市在发展中尤其缺乏城市经济发展所需的各类管理型人才和技术型人才，以及各个行业领域的实用技能人才。近年来，为获取大量各类人力资源，各大城市之间发生激烈的“人口之争”。各大城市主动而为，多措并举，努力扩大人口规模，形成人才争夺乃至人口之争，而且这种人口之争将成为常态。

这是人力资源价值在新时期的体现，是经济发展进入新常态的体现。总体来看，人口之争从人才争夺战开始。2017 年，武汉、成都、长沙和西安等省会城市，纷纷以住房、就业、福利待遇等条件，推出人才新政。进入 2018 年，北京、上海、深圳、广州四个一线城市也开始针对高端人才调整引进条件。二线城市也不示弱，西安、南京、合肥、武汉等城市推出的针对吸引人才政策力度空前。2019 年，全国大批城市的人才改革基本全面开花，人才标准继续下移，在一些地方很大程度已经开始变成了劳动力之争。特别是西安、南京等城市为了争夺人才，在原有政策基础上，逐步放开对学历型人才的落户限制，“无门槛落户”“先落户再就业”“亲属可投靠”成三大关键词。以西安人才新政为例，西安中等职业学校（含技校）毕业均可落户，取消本科学历落户年龄限制。

（二）城市人力资源开发的地区不均衡

发达地区城市经济社会发展起步早，相关体制机制健全完善，能够从落后地区吸引各种人力和人才资源聚集，这种聚集反过来促进城市经济社会进一步提高，从而吸引更多落后地区的人力资源，形成人力资源地区城市分布的不均衡乃至极化效应，这是人力资源地区分布不均衡的内在因素。从外在因素看，城市主政者眼光、视野和相应政策措施也发挥着重要作用。人力资源开发和储备对城市发展十分重要，具有竞争力的城市往往是在人力资源方面获得相对优势。近年来，深圳、上海、北京等一线城市纷纷出台了具有吸引力的人才支持计划。比如，20 世纪 90 年代中叶，上海就提出“构筑上海市人才资源高地”的战略目标，强调“各级政府把构筑人才资源高地的工作提上议事日程，要求第一把手像抓第一生产力那样，全力支持和推进人才资源高地的建设。”① 相比之下，中西部地区城市的人才资源规划与政策存在诸多不系统、不完善之处，以致中西部地区优质人力资源及人才大量流向东南部地区，从而大大地影响了中西部地区城市竞争力的提升。

（三）城市人力资源配置的体制机制尚待完善

在市场经济条件下，人力资源市场机制的作用下，通过在不同行业间促进人力充分合理流动而实现有效配置。但此过程中，城市相关体制机制也发挥着重要作用，很大程度上制约人力资源的配置效率。即城市要建立和完善有助于人力资源高效配置的体制机制，既能够实现人才的自有迁移与流动，以便吸纳更多城市经济社会发展急需的优秀人才，又能够保持人才队伍的相对稳定，这是形成城市竞争力的基础。据我们对郑州的调查，对人力特别是人才的受重视在很大程度上还只停留在文件上或观念层面，许多企事业单位难以落实到位，导致郑州目前高端人才流失较多，影响了郑州作为国家中心城市的持续发展。造成人才现实或潜在外流的重要原因之一是组织内部人力资源管理环节薄弱，缺乏完善的人力资源配置纵横向体制机制，主要表现在：一是人才体制机制不活，人才流动的自由度还不大；二是缺乏完善的人才吸纳、考评与使用机制，不少单位和企业在这些方面仍然存在很大的随意性；三是收入分配制度不够科学合理，在一定程度上存在平均分配的惯性，多劳多得很难体现，导致不少企事业单位无法吸引并留住高素质人才。这种状况在政策人才能力浪费的同时，严重制约了城市竞争力的持续提高。

① 郭巧云. 人力资源能力建设与提升中国城市竞争力问题探讨［J］. 城市发展研究，2005（3）.

第三节　城市发展的人力资源管理

现有城市人力资源管理，可以简单划分为体制内管理和体制外管理两种基本模式。城市国有单位的5000多万人力资源，属于体制内管理的人力资源。其他人力资源属于体制外管理的人力资源。因此，一个城市人力资源的总体形势是这两种管理来形成和发展的。一般来说，体制内人力资源管理相对规范化、常态化，但存在效率低下等问题，体制外人力资源管理则更为灵活并具有不确定性。良好的人力资源管理应该同时推进体制内管理和体制外管理，促进人力资源与其他要素的优化协同。

一、城市人力资源管理的意义

城市人力资源管理主要体现在城市人力资源规划上。作为一个城市，要持续培育各类产业和事业发展所需要的人力资源，这需要持续开展人力资源以及人才方面的规划，这其中要针对人力资源的专业、年龄和职称等方面综合规划人力资源，还要推进组织人力资源价值持续增长与拓展方面的规划。这是人力资源管理的重要内容。在与其他城市的交流和借鉴中吸收有利于自身发展的经验，不断优化城市人力资源发展规划，从而实现一种优化的或者相对优化的人力资源结构。这是城市治理的内容和目标所在。

开展城市人力资源规划主要有以下五方面的意义：一是帮助组织制定长期规划，确保组织实现战略目标。城市人力资源规划是组织发展战略的重要组成部分，也是实现组织战略目标的重要保证。二是确保组织生存发展过程中对人力资源的需求。城市人力资源部门必须分析组织人力资源的需求和供给之间的差距，找到制约人力资源价值发挥的各类因素，制订各种详细规划（包括职业技能规划、薪酬规划等）以满足对人力资源的需求。三是有利于人力资源管理活动的有序化。城市人力资源规划是各类企业人力资源管理的基础，它由总体规划和各种业务计划构成，为管理活动（如确定人员的需求量、供给量、调整职务和任务、培训等）提供可靠的信息和依据，进而保证管理活动的有序化。四是有利于调动员工的积极性和创造性。人力资源管理要求在实现组织目标的同时，也要满足员工的个人需要（包括物质需要和精神需要），这样才能激发员工持久的积极性，只有在人力资源规划的条件下，员工对自己可满足的东西和满足的水平才是可知的，从而能够根据情况调整行动。五是有利于控制人力资源成本。人力资源规划有助于检查和测算出人力资源规划方案的实施成本及其带来的效益。要通过人力资源规划预测组织人员的变化，调整组织的人员结构，把人工成本控制在合理的水平上，这是组织持续发展不可缺少的环节。

二、城市人力资源管理的主要内容

为了缩小组织人力资源供给和需求之间的差距，实现组织长期持续发展，维护人力资源个人利益，主要包括四个方面实施城市人力资源管理。

一是人力资源总量管理。无论是体制内组织还是体制组织，都需要对人力资源进行总量管理。体制内总量管理的主要方式是机构和编制管理。由于各种原因，很多组织存在超过编制的情况，这是编制管理相对失效的体现。通常，达到组织人力资源总量上需求与供给的平衡，要持续开展人力发展规划。其一，对目前人力现状予以分析，以了解人事动态；其二，对未来人力需求做一些预测，以便对企业人力的增减进行通盘考虑，再制订人员增补和培训计划；其三，定期组织人员交流培训，提高人力资源质量。

二是人力资源的使用管理。体制内人力资源使用管理相对机制化，而体制外的人力资源使用相对灵活。当前，体制内的使用管理主要是岗位管理，划分为管理岗位、专业技术岗位和工勤岗位等类别。城市人力资源部门需要根据各个部门和行业实际情况，就人力资源合理利用提出规划方案和建议，并出台具体政策。比如，很多城市缺乏高技术人才，人力资源部门会出台鼓励高技术人才的政策方案。这对于优化人力资源整体结构具有显著作用。

三是薪酬管理。人力资源管理不能不提薪酬管理。体制内薪酬管理相对规范，但也存在因为绝对平均从而不能体现劳动价值等问题。为改善这种状况，当前更多是绩效管理，即就业实际工作业绩的绩效对应薪酬，这既是人力资源薪酬管理相对规范化的体现，也是未来人事改革和薪酬管理的导向之一。

四是福利及发展管理。除薪酬之外，人力资源管理还应该对社会福利及个体发展进行适度管理。这种管理要相对正义，或者符合大众对组织成员业绩的评价。此外，还应该着力通过一定机制促进个体发展，但要避免过度层级化带来的管理效率低和人力资源价值损失。城市人力资源管理部门需要根据财政等情况采取综合措施降低用人成本，节省人才管理成本。人力资源管理规划有利于调整人力结构，通过分析各项影响因素，找出制约人力资源有效运用的条件，比如进行技术革新、更换机器设备、完善组织制度、提高工作人员能力等。

三、实现从人力资源到人力资本的转变

（一）从人力资源到人力资本的必要性

人力资源不是人力资本，虽然人力资源是人力资本的基础条件。从人力资源

到人力资本，就是将组织的劳动力资源转化为更加具有长久增值价值的资本形态的过程，或者产业资本的某种形态的过程。因此，人力资本更多是一个动态价值概念，并且是能够更加深入测度人力资源价值的概念。

更加微观地看，组织在将人力资源转化为人力资本的过程存在很大差异，这可能是导致绩效差异的重要原因。换句话说，人力资源管理中如何促进人力资源转化为人力资本，是一个动态过程中不断应对不确定性的过程。劳动力的技能、流动性、组织形式等都会影响到转化效率。人力资源转化为人力资本的能力，其实就是人力资源管理竞争力以及组织的竞争力所在。人力资本的一个显著内涵是单位人力资源带来的资本增值量。

实现人力资源转化为高质量人力资本，重要方式之一是推进职业化管理，提高职业化贡献。21 世纪的竞争归根结底是人才的竞争，因此企业的人力资源战略核心应该是以人为本。以人为本是充分考虑人的本性需求。马斯洛把人的需求分为五个层次，即生理、安全、归属和爱、自尊、自我实现。这其中，人力资源战略应该充分考虑到人的需求层次，并通过各种渠道去满足不同层次的需求。

（二）如何实现从人力资源到人力资本的转化

当前，城市人口总量已经超过农村地区，城市拥有丰富的人力资源数量。不过，很多机构和组织的问题是拥有人力资源，但缺乏人力资本。换句话说，单位人力资源的价值增值能力存在差异和问题，这也是人力资源结构性矛盾的一个外部表现。比如，大学教师和教育服务来说，由于师资力量差异，直接导致了大学办学水平的差异。因此，对于城市发展来说，要根据有利于“从人力资源转化为人力资本的视角”来管理人力资源，从以下几个方面实现从人力资源到人力资本的转化。

第一，坚持引进人才战略，以高端人才带动人力资源向人力资本转变。各个专业领域的拔尖人才，对行业发展具有显著引领价值。组织通过人才引进来强化人力资本价值是通常的管理模式。人才引进指因工作需要，当地的单位录用一个外省、市的在职的、就业至少达到一定年限的人员，学历高于当地人才引进的最低要求的人才来当地就业。实现人才价值，就是获得人力资本投资的回报，发挥的人才作用，也是实施人才强国战略必须关注的关键环节。例如，就高等教育来讲，很多民办高校通过引进公办学校的师资提高了办学水平，这是将人力资源转化为人力资本的一个例子。

第二，精准化评估人力资源的资本和价值拓展能力。实施相对精准的人力资源价值评估，是人力资源管理及实现人力资本价值的可行选择。精准化评估，主要是对人力资源的价值进行全面评估，包括战略眼光、专业技能及潜在的市场价值等方面进行评估。目前，很多机构开发了各种类别人力资源的评估体系，这种评估已经应用在经济社会发展各个领域。

第三，破除人力资源转化人力资本的体制障碍。人力资源转化人力资本，环境非常重要。当前，体制内的组织还存在很多人力资源转化为人力资本的障碍，包括裙带关系、性别歧视、身份及层级过度等级化等，这些不利于人力资源转化为人力资本，需要根据行业和领域进行改革，以便实现相对低成本的人力资源价值拓展和转化。

第四，注意风险控制，以内涵式提升推进人力资源向人力资本转化。实施创新驱动发展战略，建设创新型国家，必须有千百万特别能创新、特别能奉献的科技人才。不过，很多领域存在人力资本价值拓展中恶意套取国家资金以及低效率使用和攫取公共资源的情形，这是人力资本价值发展的重要风险。人力资源管理部门应该切实注意防控这些风险，以便降低人力资本价值拓展的不良外部性。

纵观历史，各个国家之间的竞争都是采取人才先行战略。1870～1913 年，美国人均受教育年限由相当于英国的 88.3% 提高到 91.2%；1913～1992 年，日本人均受教育年限由相当于美国的 68.2% 提高到 82.4%；韩国经过 30 年的追赶，到 1995 年中等教育入学率达 90%，大学近 55%，达到了经合组织国家的水平。

第五，制定人才培养战略，以专业化提升推进人力资源向人力资本转化。实施人才战略，必须注重人才的培养。在培养的目标上，要在抓好当前急需人才培养的同时，着眼于应对信息社会化、经济全球化，培养一批能够与国际接轨的、懂得高新技术和先进管理经验、懂得国际惯例的高层次人才；在培养的内容上，要着力在更新知识的培训上下功夫，重点抓好知识经济、现代行政和经营管理、计算机应用、外语等新理论、新技术、新方法的培训，尽快提高专业技术队伍的创新能力和创造能力；在培养方式上，应尽快建立和完善政府调控、行业指导、单位自主、个人自觉的继续教育运行机制和终身学习体系，突出单位和个人的主体地位，使人才的培养由政府推动走向市场机制推动，由行政推动走向利益驱动。

经济学告诉我们，一种资源要引起经济主体对其需求欲望，必须首先具有经济价值，没有经济价值是无法构成需求欲望的。人力资源作为现代城市的一项特殊资源，其价值是它能为城市带来价值增值。因此，城市和企事业单位的人力资源活动必须能开发和培养难以被竞争对手模仿的人力资源特性。这种特性应该是难以描述的、不易摸索规律的，甚至是难以让外人发觉的。

四、规划城市人力资源战略的方法路径

当前，城市人力资源管理分为体制内管理和体制外管理两个范畴，但很多城

市意识到体制外人力资源的重要性，并采取一些针对体制外人力资源的管理措施。比如，很多城市开放的户口限制，鼓励农民进城；一些城市制定了大学生毕业创业的优惠政策等，有些城市则制定了高端人力的激励措施等。这是比以前更为先进的人力资源管理模式。总之，体制内和体制外人力资源更加流动和更加灵活的管理机制正在形成。从很多经验事实看，城市一般可以通过如下路径来优化人力资源。

一是实施高质量的基础教育，提高全民文化素质。很多城市通过强化基础教育服务能力来提高人力资源存量和质量，已经得到很广泛的体现。比如，深圳、青岛等城市的基础教育发展迅速，人力资源的质量和结构等显著改善。一些城市具有培养高等人才的教育机构，这直接给城市人力资源优化提升带来现实贡献。

二是推行人力资源优化配置，提高人力资源的价值贡献。人力资源的优化配置，是根据机构和组织发展需要，对有关人员的岗位、职责等做出调整，发挥人力资源最优价值的过程。此外，很多机构还通过组织人力资源培训等方式来提升人力资源价值，特别是对专业技能进行培训以便提高人力资源的专业技能贡献。

三是改革人力资源考核机制，激励人力资源的正向价值贡献。人力资源的考核，体制内和体制外存在很大差异。当前，由于体制内考核有些形式化倾向，很多城市已经开始改革，对体制内人力资源实施绩效考核等方式进行激励。这是人力资源领域改革的重要内容。对于体制外的人力资源，可以实行更加灵活的方式进行激励机制建设，以便激发他们的创造性和实际业绩贡献。

专栏1：珠海人力资源和社会保障事业发展“十三五”规划

“十三五”时期（2016～2020年），是我国完成全面建成小康社会任务、实现第一个百年奋斗目标的决定性阶段，也是我市贯彻落实“四个全面”战略布局，省“三个定位、两个率先”总目标和我市发展定位等方面，推进提质增效、结构升级，促进经济社会更高水平、更高质量发展，努力打造珠江西岸核心城市的重要时期。根据党的十八届五中全会精神、《广东省国民经济和社会发展第十三个五年规划纲要》、《广东省人力资源和社会保障事业发展第十三个五年规划》和《珠海市国民经济和社会发展第十三个五年规划纲要》，为谋划推进全市人力资源社会保障事业向更高水平发展。

具体指标方面，珠海力争到2017年，累计引进诺贝尔奖得主、院士5～10名，到2020年增加到10～15名；到2017年，重点引进80名以上国家“千人计划”特聘专家来珠海创新创业，到2020年增加到120名以上，全市人才发展水平和竞争力处于全国前列，形成面向全球的人才高地。

具体来说，人力资源开发的经济效应表现在消费和投资两个方面。人力资源开发本身已经成为一个重要的产业和行业。据统计，2018 年新建国家级专业技术人员继续教育基地 20 家，总数已达 160 家。2018 年末全国共有技工院校 2379 所，在校学生 341.6 万人。全年技工院校面向社会开展培训 420.6 万人次。年末全国共有就业训练中心 2298 所，民办培训机构 21565 所。全年共组织各类职业培训 1651 万人次，其中就业技能培训 853 万人次，岗位技能提升培训 552 万人次，创业培训 201 万人次，其他培训 45 万人次。全年各类职业培训中，培训农民工 831 万人次，培训城镇登记失业人员 210 万人次，培训城乡未继续升学的初高中应届毕业生 42 万人次，培训高校应届毕业生 104 万人次。

第四节　城市人力资源开发的公共政策

人力资源开发对于区域和城市经济社会发展十分重要，其中重要的是通过各种措施优化人力资源结构，从而让人力资源为经济社会发展做出更加显著的贡献。尽管市场本身会形成人力资源的价值，但是，公共政策在人力资源开发中的作用是任何主体不能代替的。各个城市和地区也在人力资源开发方面出台了与之相对应的政策，这些政策的组合和协同对于开发人力资源十分重要。

一、财政政策

财政政策是国家制定的指导财政分配活动和处理各种财政分配关系的基本准则。它是客观存在的财政分配关系在国家意志上的反映。在现代市场经济条件下，财政政策又是国家干预经济，实现宏观经济目标的工具之一。

财政支出中，教育以及社会保障与就业支出是涉及人力资源建设支出的主要内容。数据显示，国家财政方面在社会保障与就业方面的支出已经超过 2 万亿元。不过，这其中主要是社会保障方面的支出，就业方面支出较少。当前，各个城市应该着力优化财政政策在人力资源开发中的作用。比如，适度提高技术性人力资源的培训等方面的支出，特别是和市民生活密切相关的医生、教师等技术性人才的培训支出。又如，需要根据城市冗余人力资源现状调整财政支出和人员费用支出，对严重冗余人员进行分流并通过提高社会保障等进行优化，降低冗余人员对社会资源的消耗。最后，根据第二胎放开后生育率不符合预期的情况，应该着力对“二孩家庭”适度进行孩子养育方便的补助等。总之，应该通过系统性财政支持优化城市人力资源结构。需要说明的是，尽管中央财政在社会保障与就业支出的比例较低，但中央财政在农民工技术培训方面也做出了一些安排，如雨露计划。

二、金融政策

多年来，金融与人力资源开发的作用关系并不显著。国家应该制定金融系统支持人力资源开发的系统性政策，以便对财政政策形成有益的补充。金融政策是政府或中央银行所采取的货币与信用政策的统称。就狭义的观点而言，中央银行所实行的金融政策与调节货币供给量的货币政策有重要的关系，因为中央银行是直接担任发行货币的金融机构，它向社会发行银行券，而在所有的货币中，其流通量最多的为存款货币，存款货币的多寡又决定于银行券发行额的多少。

金融支持人力资源开发的问题比较复杂，因为人力资源存在开发周期长以及回报价值不确定等原因，金融机构在这方面表现得十分谨慎。不过，还有一些城市和单位提出了金融支持人力资源价值开发的计划和政策。例如，一些城市通过对创业人员提供免息贷款给予金融支持。当前，应该通过金融支持给城市急需的人力资源进行更加优惠的支持，比如，对医学人才及高水平社区工作人员培养进行大力支持等。此外，应该持续强化金融对社区专业工作人员的支持。城市人力资源与社会保障部门和金融部门应该探索更加具有操作性的金融支持人力资源开发政策。

三、产业政策

产业政策是国家制定的引导国家产业发展方向、引导推动产业结构升级、协调国家产业结构、使国民经济健康可持续发展的政策。产业政策主要通过制定国民经济计划（包括指令性计划和指导性计划）、产业结构调整计划、产业扶持计划、财政投融资、货币手段、项目审批实现。产业政策是政府为了实现一定的经济和社会目标而发布的调整产业结构和规避产业风险方面的政策体系。尽管在矫正市场失灵方面存在有限性，但产业政策在弥补市场缺陷、推进有效配置资源、保护幼小民族产业的成长等方面发挥了很大作用。不过，在各个行业和领域都需要对不同产业政策的效应进行具体分析。

产业政策对人力资源的影响比较复杂，一些城市的产业政策对于就业增加以及人力资源价值提升发挥很大作用，比如，深圳通过建设高等教育园区来提升人力资源价值就是一个典型的例子。而一些城市的产业政策则可能造成人力资源结构单向度化倾向。当前，各个城市需要进一步促进产业结构和人力资源结构的优化组合，特别要注意通过人力资源优化提高产业优化程度。对一些产业需要的特殊性人才实施特殊政策，实现人力资源的价值拓展和人力资本价值的提升。产业项目包括各类服务业项目，对各类人才具有整合和集聚的显著作用。一些区域和城市通过发展特色产业吸引人力资源集聚，并将产业带动就业作为考核业绩的重要方式。比如，一些地区发展大健康产业，导致很多医疗卫生人员、保健工作人员以及其他健康服务人员从事这些行业。

四、社会保障政策

社会保障政策是公共政策体系的构成部分，是构建福利国家的重要基础。一个具有现代治理体系的社会，需要制定关于社会保险、社会救济、社会福利、社会优抚安置等方面的一系列方略、法令、办法、条例等政策体系，并提供基本的社会保障和社会福利，这是评价社会文明的重要条件和标准，也是评估城市治理能力的重要内容。

社会保障与人力资源的关系比较复杂。各个城市在人力资源开发中进行社会保障政策的探索，但存在很大差异。当前，各个城市应着力探索对优质人力资源的特殊社会保障政策以及对高端人才家属等成员的优质社会保障政策，这有助于提高人力资源集聚和价值拓展。一般来说，良好的社会保障有助于深度开发人力资源，因为在基本生活得到保障后，人们具有从事更加专业化工作的能力和机会。因此，根据财政实力提升社会保障水平比如医疗保障水平对人力资源的开发具有正向价值。此外，一些城市在扩展过程中通过将农民纳入低保进行补偿，以便顺利推进城市化进程以及社会保障程度。

专栏 2：事业单位冗余人力资源的管理问题

事业单位工作人员是城市人力资源的重要构成。2018 年，国有单位就业人员达到 5739.7 万人。不过，很多单位存在人员冗余的问题，即通常所说的超编制运行的问题。显然，冗余劳动力究竟发挥什么作用、体现什么价值以及如何实现优化管理已经成为一个现实问题。国家推进事业单位企业化管理的目标之一就是推进人力资源结构调整，解决冗余劳动力问题。

什么是冗余人力资源或者冗余劳动力？一般来说，是指在完成单位事务和工作任务中基本不发挥作用，但占有编制且消费公共资源的劳动力。主观来说，这些人员通过“搭便车”等实现低付出、高回报，从而降低了单位系统运行效率。遗憾的是，人力资源与社会保障部门并没有对此问题进行专题研究，相关方面的改革也进展缓慢，这对社会资源造成很大的消耗。随着城市精细化管理的深入推进，这个问题会成为重要的改革对象。

五、其他政策

破除人力资源价值开发的各类体制和机制障碍，需要持续推出具有实际操作性的政策措施。我国政府意识到城市事业单位和企业的技术人才及技术性劳动者中蕴含的创新创造能力，及时制定了有关政策措施。2017 年，人力资源和社会保障部发布了《关于支持和鼓励事业单位专业技术人员创新创业的指导意见》，提出技术性人员创办企业等政策措施。此后，各地方政府和有关单位推出了支持技术人员创新创业的政策措施。这是一个盘活人力资源价值的积极信号，将会极大地促进人力资源的区域和城市流动性和优化配置。总之，专业技术人员自由流动性得到显著提高，这是要素流动充分的体现，有助于通过多种方式实现人力资源价值。

第七章　现代城市环境治理与保护

第一节　现代城市环境问题概述

一、现代城市环境的内涵

（一）城市环境的主要构成要素

城市为居民的物质和文明生活创造了优越条件，便捷的交通运输方式，即时通讯，多样的文化休闲设施，发达的工业和现代化的建筑等。但是，城市人口密集，工厂林立，交通阻塞等，使环境遭受严重的污染和破坏，特别是现代产业体系导致的经济行为分化对环境造成很大不良影响。此外，城市的扩张导致一些原本是农村原生态的环境也遭受到严重破坏和污染。

城市环境包括社会环境和自然环境。广义来说，是指与城市整体互相关联的人文条件和自然条件。前者由经济、政治、文化、历史、人口、民族、行为等基本要素构成；后者包括地质、地貌、水文、气候、动植物、土壤等诸要素。城市形成、发展和布局，一方面得益于城市环境条件，另一方面也受所在地域环境的制约。城市的不合理发展和过度膨胀会导致地域环境和城市内部环境的恶化。城市环境质量好坏直接影响城市居民的生产和生活活动。通常所说的城市环境主要包括大气、水体、土壤和噪声等环境要素。

（二）城市环境和乡村环境的主要差别

和乡村地区相比，城市环境具有构成元素复杂、污染物排放多、环境事故风险大损害大等特点。虽然乡村地区也有一些环境污染，但总体来说，城市的环境问题比乡村要严重得多，主要是工业生产的废气、废料和废水的排放，以及这些排放物中的各类污染物，对环境有很大的影响。此外，私家汽车等数量的上升也成为造成大气环境污染的一个因素。需要说明的是，城市的污染物排放对一些乡村地区的环境造成了影响，比如垃圾填埋等可能对乡村地区的环境质量产生一定不良影响。总之，和乡村相比较，由于要素高度集聚和流动性等因素，城市大气、水体等环境质量较低，乃至一些城市的人居环境质量也低于农村地区。

二、城市环境问题的主要现状

（一）空气污染

煤炭作为我国的主要能源，在生活和生产中被广泛应用，但煤炭等化石燃料在使用的过程中会释放出来很多污染物。同时，越来越多的私家车、高排放汽车被人们使用，汽车尾气污染已经成为城市污染源的重要来源。再加上还有许多工业、制造业排放的化学物质和森林火灾等自然事件的污染，使大气的 PM2.5 严重超标，造成严重的空气污染。

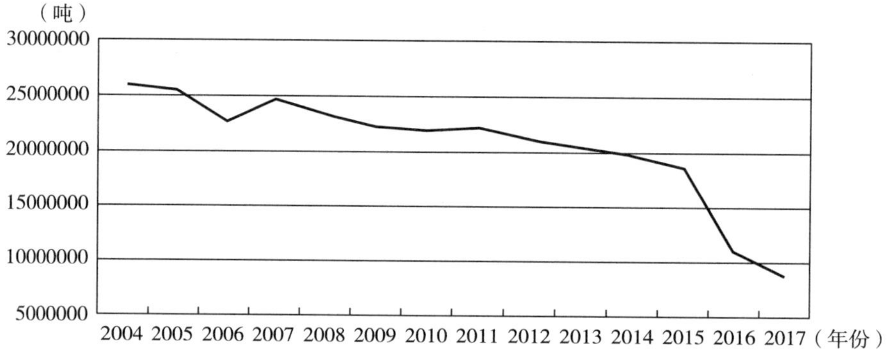

图 7－1　大气中二氧化硫排放量情况

资料来源：根据国家统计局网站数据整理绘制。

不过，由于国家采取严格的环境保护政策，大气污染物排放增长的势头得到控制。数据显示，大气中二氧化硫排放量多年来逐渐降低，已经降到 1000 万吨以下。但是，空气质量的城市分异和区域分异较大，这和城市产业结构及环境治理能力等存在直接关系，一些城市大气污染仍然对居民生活有显著影响。

世界卫生组织对世界 50 多个国家的 200 多个城市的大气进行过测定，我国的北京、太原、兰州等 8 个城市在前十名之列，特别是能源大省山西城市污染情况严重，比如太原是 1999 年全世界空气污染最严重的城市。造成城市大气污染的来源大体可归为以下两个方面：一是燃煤等能源工业污染。城市是工业聚集的地方，而我国工业大多还是能源消耗型工业，特别是一些重工业，这必然导致城市空气要承受大量的工业废气排放，比如烟尘、二氧化硫、二氧化碳等。1995 年，我国废气排放总量约是 1985 年的 2 倍左右，二氧化硫排放量当年已超过美国。由于氮氧化物排放量逐年增加，我国酸雨区的范围也逐年增大，目前约占国土总面积的1/3，其中西南、华南最严重。二是汽车尾气污染。随着城市经济的迅速发展，城市版图扩展，城市人口的增长也愈加迅速，中心城市人口密度也迅速增加。这一方面使城市机动车保有量急速增多，汽车尾气排放增加，同时也使中心城区交通拥堵问题严重，也越发增添了汽车尾气排放的数量。目前，大城市汽车尾气污染基本超过城市空气污染原因的1/3。还有就是汽车尾气很容易造成光化学烟雾，刺激人的眼鼻，严重影响城市居民的身心健康。

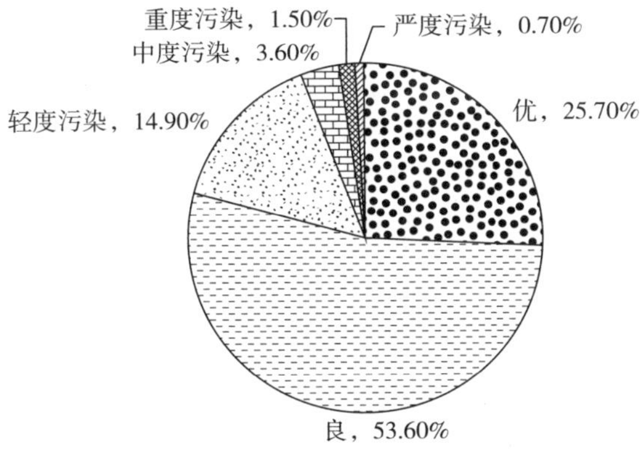

图7－2　2018年338个城市环境空气质量各级别天数

资料来源：根据网络资料整理。

（二）水域污染

当有害化学物质排入水中，使水质发生变化，降低了水的使用价值，这便造成了水污染。我国城市及其附近河流仍以有机污染为主，主要污染指标是石油类、高锰酸盐和氨氮等，主要原因是工业“三废”的任意排放、生活污水的任意排放、农药化肥的任意排放等。

我国的水资源非常短缺，如果按水资源的总量考虑，水资源总量位居世界第六位，但我国人口密度大，这使我国人均水占有量为世界第109位，是名副其实的贫水国。全国600多个城市中，有300多个城市缺水，其中100多个城市严重缺水，而这100个城市工业产值占全国的一半以上。不仅如此，我国水污染相当严重，这进一步加剧了我国水资源的短缺。目前，我国水污染主要是城市生活污水和工业用水，这些污水往往是未经处理或稍加处理就排入临近河道，日久天长，往往使原来清澈的水循环系统成为臭水沟。不仅仅是地表水污染严重，地下水也不能幸免，据调查，我国90%以上的大中城市地下水受到污染，其中一半以上是重度污染。这不仅加剧了我国水资源短缺，给水域居民带来很大的经济损失，同时也引发多种疾病，引起全社会范围的饮水健康问题。

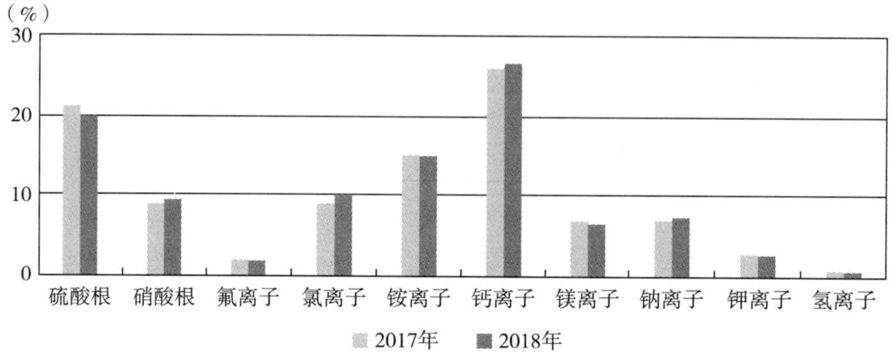

图 7－3　2018 年降水中主要离子当量浓度比例年际比较

资料来源：2018 中国生态环境状况公报。

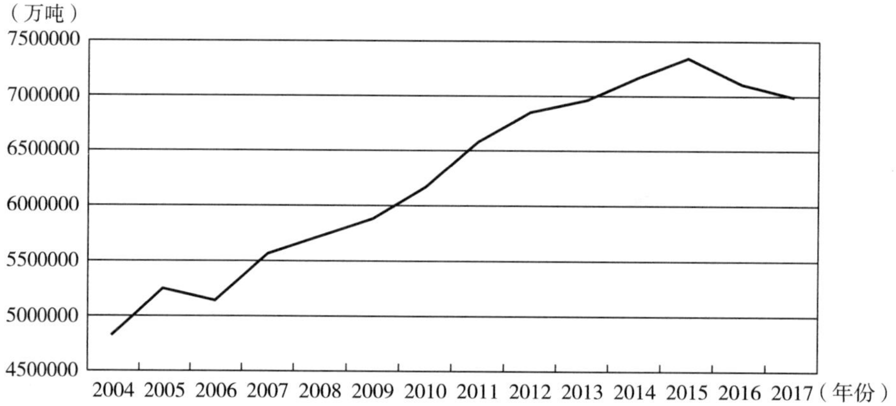

图 7－4　废水排放量情况

资料来源：根据国家统计局网站数据整理绘制。

（三）城市垃圾污染

城市发展过程中垃圾处理一直是令人烦恼的。即便是在具备丰富城市建设经验的西方国家都不能尽善尽美地处理好这个问题。我国城市垃圾主要是城市生活垃圾和工业垃圾。就工业垃圾来说，它的产生量大、比较集中，相对城市生活垃圾来说，无害化处理程度较高，但它依然是城市垃圾的最主要来源。城市生活垃圾无害化处理程度较低，其主要原因是垃圾混杂，不能得到良好分类。目前，一些城市生活垃圾只是简单地堆放在城郊地区，基本上都是未经处理就进入环境，很容易造成严重的二次污染，影响地下水、环境安全和人体健康。

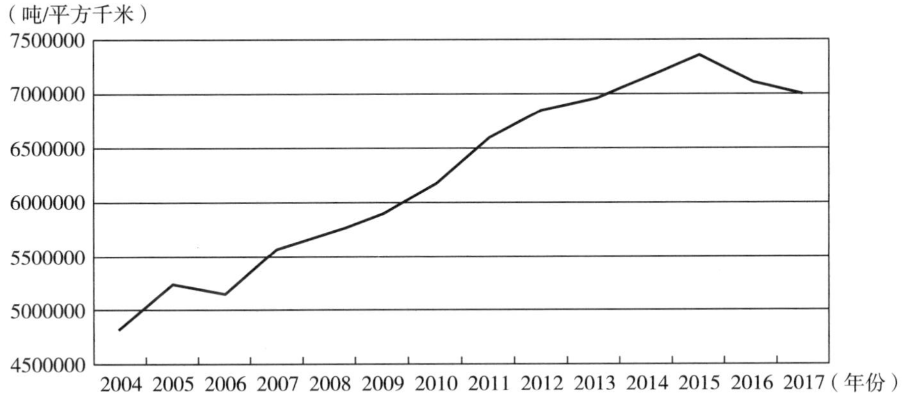

图7－5 单位建成区面积生活垃圾清运量

资料来源：根据国家统计局网站数据整理计算并绘制。

数据显示，中国城市单位建成区面积的垃圾清运量呈现减少的趋势，但近年又有所增加。这体现出城市快速扩张中生活垃圾的排放变化情况。随着城市化水平的提高，消费量的增加可能会导致垃圾排量的持续增加。

近年来，为大力发展循环经济，加快资源循环利用基地建设，推进城市公共基础设施的整合，促进垃圾分类和资源循环利用，推动新型城市发展，2017 年国家出台《关于推进资源循环利用基地建设的指导意见》，指出资源循环利用基地是对废钢铁、废有色金属、废旧轮胎、建筑垃圾、餐厨废弃物、园林废弃物、废旧纺织品、废塑料、废润滑油、废纸、快递包装物、废玻璃、生活垃圾、城市污泥等城市废弃物进行分类利用和集中处置的场所。并强调基地与城市垃圾清运和再生资源回收系统对接，将再生资源以原料或半成品形式在无害化前提下加工利用，将末端废物进行协同处置，实现城市发展与生态环境和谐共生。

（四）室内环境污染

城市中的室内环境污染是由室内装修、装饰、家居、物品产生的污染，此类污染在一定程度上危害着人们的健康或者对环境质量产生一定不良影响，如甲醛、光污染等，不仅威胁着城市环境，还影响居民的工作效率和生活质量。

（五）其他污染

城市环境还有许多其他问题，如雨水污染、光污染、土地荒漠化问题、水土流失问题、旱灾水灾问题等。除了大气污染、水污染和垃圾污染外，城市的噪声污染、电磁波辐射污染、光污染等也逐渐严重。近年来，我国主要城市的噪声污染案子逐渐增加，主要集中在城市交通噪声、施工噪声以及工业噪声等。电子雾污染是近些年才提出的，但却很快被民众公认为城市公害，它主要来源于变电站、高压线、电视台、电磁波发射塔、雷达站以及各种电子设备和家用电器等，长期处于过高辐射的环境中会严重损伤人的身心健康。

三、当前城市环境治理的主要问题

（一）城市居民的环境保护意识薄弱

虽然我国已经制定了一系列法律、政策来保护城市环境，但仍然存在一些问题需要解决。城市环境保护存在的首要问题是城市居民的环境保护意识薄弱。城市居民对环境保护的责任感不强，特别是环境污染造成的维权行为等还不够广泛。城市环境保护是所有公民的共同义务，大家应该相互监督，但城市仍然存在着乱丢垃圾等现象，并且很少有人去阻止，使我国的城市环境保护不能更好地发展。另外，还体现在对环境保护的宣传和教育力度不足，使人们不能深入理解环境保护的重要性，从而无法在城市环境保护中发挥积极性，也不利于我国城市环境保护的发展。总体上，环境权利、环境福利和环境正义等观念还没有真正在市民心中形成一种自觉意识和行动意向。

（二）部分城市资源开发过度

城市环境保护还存在一个问题是城市资源开发过度。随着城市化进程日益加快，为了快速发展经济，加大了城市资源开发力度，对城市环境造成了很大的破坏，使城市环境污染问题越发严重。对矿山、森林、水体等城市资源的过度开发导致我国城市大气污染、水污染等非常严重，使城市自然资源短缺，一些城市已经成为资源枯竭型城市。为了建立资源节约型和环境友好型社会，使青山常在，绿水长流，我们应该对城市的不可持续发展规划。城市应该创新发展模式，平衡产业结构，使城市与民生和生态各领域全面发展。

（三）城市环境治理基础设施建设落后

近几年，我国城市环境治理基础设施建设工作有了显著进展，但由于城市发展，人口数量的增多，相关污染随之增多，这种速度已经超过了人们的预期，城市环境治理基础设施建设满足不了人们的需要。想要改变这种现状，其难点在于相关资金及技术等方面的缺乏，特别是技术成本让一些企业难以负担。一些生活污水基础处理设施、生活垃圾无害化处理设施的建设严重匮乏。这些设备的缺乏直接影响城市垃圾与污水的处理效果，在很大程度上影响了城市的水质量与空气质量。

（四）城市环境保护的法律法规及执法机制不健全

除了以上问题外，我国的环境保护还存在一个问题就是城市环境保护的法律、法规不健全。2014 年，全国人大通过了新的《中华人民共和国环境保护法》，这是进一步提高环境保护立法工作的标志。更重要的是，城市环境保护执法机制及执法效应评估等还存在很多问题，特别是形式上执法的问题比较严重。由于没有制定有效的监管和惩处措施，仅仅依靠公民的道德心来实现环境保护，使很多公民有恃无恐，仍然肆意地乱丢垃圾，破坏环境。由于法律法规不健全，一些工厂在法律的边缘徘徊，仍然排放工业废水和有害气体，持续危害城市环境。所以说，城市环境保护的法律法规不健全使城市环境保护问题无法从根本上得到解决，这使城市环境无法得到全面的治理。

（五）城市经济的扩张增加了城市环境治理的压力

当城市化高速发展的同时，资源与环境的矛盾也日益尖锐。比如城市经济的加快，伴随大量外来人口的增加。人口基数的增多意味着生活垃圾、废弃物、污染物的大规模增加，这造成城市环境水平严重下跌。当城市人口到达一定数量时，其污染物排放总量会超过城市环境的容量，直接对城市环境造成严重威胁。这种情况在一些大型城市早已出现。若想集中处理这些问题，需要从多方面进行，其中耗费的人力、物力无疑增加了城市环境治理的压力。发达国家的城市经济发展是趋于一种匀速进行的模式，对于城市环境治理是依托数年来不间断的整治进行的。而中国城市经济的加快步伐是一种骤然上升的趋势，相对于外国发达国家的匀速上升趋势，中国这种骤然上升趋势会在短时间内面临发达国家数年来出现的环境问题。该原因也造成城市环境治理压力的提升。

第二节　现代城市的环境治理

由于西方发达国家的城市化进程开始较早，它们对于城市环境治理的研究为我们提供了借鉴经验。20 世纪八九十年代，有学者从水环境和生态的角度初步探讨了城市环境治理问题。直到 2000 年前后，城市环境治理才正式登场，才真正从治理视角探讨城市环境管理问题。城市环境治理之所以必要，其原因在于城市环境问题日益严重，影响城市经济健康发展，降低人民的生活水平。因此，在经济转型期必须重视和加强城市环境治理。

一、中国城市环境治理的发展演变

（一）城乡工业点源治理阶段（20 世纪 70 年代初至 70 年代末）

该阶段的标志性文件是《关于保护和改善环境的若干规定》。1973 年第一次环保大会确定了“全面规划，合理布局，综合利用，化害为利，依靠群众，大家动手，保护环境，造福人民”的环境保护工作方针。这一阶段，城市环境保护的主要工作是控制大气污染、工业“三废”综合利用和主要污染物的净化处理。通过一系列宣传教育，全社会开始重视工业污染问题。

（二）城市污染综合防治阶段（20 世纪 70 年代末至 1980 年前后）

该阶段的标志性文件是首部《环境保护法（试行）》。这一阶段，各级城市政府在全社会推行强化环境管理的方针，在工业界对重点污染源进行点源治理，使我国的工业污染防治取得了决定性进展，在城区开展了污染综合防治工作，一些城市区域的污染治理已经初见成效，环境保护这项基本国策开始深入人心，并在各级政府工作中逐步得到贯彻。

（三）城市环境综合整治阶段（20 世纪 80 年代初至 90 年代末）

该阶段的标志性文件是《关于城市环境综合整治定量考核的决定》《国家环境保护“九五”计划和 2010 年远景目标》《建设项目环境保护管理条例》。这一时期，城市环境综合整治和城市环境综合整治定量考核开始实施，把工业污染防治与城市基础设施建设有机结合起来，由单纯污染治理向调整产业结构和城市布局转变，特别是在大的区域范围内对污染严重的企业推行“关、停、禁、改、转”的工作方针。

（四）城市生态质量改善提升阶段（2000 ~ 2005 年前后）

该阶段的标志性文件是《关于加强资源开发生态环境保护监管工作的意见》《国家环境保护“十五”计划》《环境影响评价法》《清洁生产促进法》。这一时期，明确把改善生态环境作为全面转型期中国城市环境治理模式研究建设小康社会重要目标，城市环境管理也逐渐由单纯环境污染控制转向城市生态环境管理、城市环境质量管理，城市环境逐渐步入生态建设与环境质量全面改善提升的新阶段。

（五）科学发展观背景下的城市环境建设阶段（2005 ~ 2015 年）

标志性文件是《国务院关于落实科学发展观加强环境保护的决定》《关于推进大气污染联防联控工作改善区域空气质量指导意见》《国家环境保护“十一五”规划》。这一阶段，在科学发展观指引下，城市环境管理进一步深化，城市环境管理逐步向环境治理转向，环境治理新理念开始被逐渐接受，城市环境管理进入了一个新的阶段。2006 年第六次全国环境保护大会会议强调要加快实现三个转变：一是从重经济增长轻环境保护转变为保护环境与经济增长并重；二是从环境保护滞后于经济发展转变为环境保护与经济发展同步；三是从主要用行政手段保护环境转变为综合运用法律、经济、技术和必要的行政办法解决环境问题。这一时期，环境管理从重视管理向初步治理转变，主要是在城市生态建设与环境质量全面改善提升的过程中，逐步进入科学发展观背景下的城市环境建设初步治理新阶段。

（六）新时期城市环境治理新思路（2015 年至今）

2015 年 12 月，中央城市工作会议在京举行，这是新中国成立以来召开的第四次城市工作会议，充分体现了新时期党中央对城市工作的高度重视。针对我国城市发展过程中的“摊大饼”、交通拥堵、生态环境恶化等“城市病”，这次会议强调坚持以人为本，转变城市发展方式，完善城市治理体系，提高城市治理能力，着力解决城市病等突出问题，不断提升城市环境质量、人民生活质量、城市竞争力，建设和谐宜居、富有活力、各具特色的现代化城市。2017 年 10 月召开了党的第十九次全国代表大会，习近平总书记在报告中指出，发展不平衡、不充分的一些突出问题尚未解决，发展质量和效益还不高，创新能力不够强，实体经济水平有待提高，生态环境保护任重道远。为此，党中央提出了“坚持人与自然和谐共生”的基本方略。在具体措施方面，提出推进绿色发展、着力解决突出环境问题、加大生态系统保护力度、改革生态环境监管体制等策略。这表明城市环境治理工作已经上升到建设美丽中国构想的高度，包括城市环境治理在内的环境保护任务还十分艰巨，生态环境保护和生态文件建设还需要持续推进。

2019 年 10 月召开的十九届四中全会，是全面贯彻落实党的十九大精神的会议。会议通过的《中共中央关于坚持和完善中国特色社会主义制度、推进国家治理体系和治理能力现代化若干重大问题的决定》提出，坚持和完善生态文明制度体系，促进人与自然和谐共生。为此，提出实行最严格的生态环境保护制度、全面建立资源高效利用制度、健全生态保护和修复制度、严明生态环境保护责任制度。这表明国家开始更加注重从制度层面推进环境保护问题。这为城市环境治理和保护工作提供了制度保障。

二、城市环境治理途径和措施

（一）城市环境治理采取的主要途径

1. 完善环境保护体制机制，加大依法整治力度

为了防治环境污染，我国已经相继颁布了《中华人民共和国环境保护法》《中华人民共和国水污染防治法》《中华人民共和国环境噪声污染防治法》《大气污染防治行动计划》等一系列法律法规。党的十八届三中全会站在中国特色社会主义事业总体布局的战略高度提出了改革生态环境管理体制，健全生态环境保护体制机制等改革，以前所未有的改革力度，首次提出了自然生态空间统一确权登记，监管所有污染排放，独立进行环境监管和行政执法等体制改革新思路，将“保护环境”列入了政府五大核心职能之中，为加快生态环保体制改革提供了前所未有的机遇。全国人大常委会 2016 年 9 月 1 日起施行的新《环境影响评价法》

将登记表从审批制改为备案制，明确由环境保护部统一布设网上备案系统，地方环保部门负责实施，环保部门对备案信息予以公开，并开展相应的监督检查。加强法制建设，2016 年 12 月 8 日最高人民检察院第十二届检察委员会第 58 次会议通过的《两高关于办理环境污染刑事案件适用法律若干问题的解释》，司法解释明确了环境影响评价造假的刑事责任追究问题。环境影响评价机构或其人员，出具的环境影响评价文件存在重大失实，造成严重后果的，以提供虚假证明文件罪或者出具证明文件重大失实罪定罪处罚。

2. 实施严格的污染监管制度

城市在治理环境污染进程中，不断强化污染监管力度，推行城市考核中，环境污染一票否决制。以黑臭水体治理为例，国务院颁布实施的《水污染防治行动计划》（“水十条”）明确，城市人民政府是整治城市黑臭水体的责任主体，由住房城乡建设部牵头，会同环境保护部、水利部、农业部等部委指导地方落实并提出目标：2017 年底前，地级及以上城市实现河面无大面积漂浮物，河岸无垃圾，无违法排污口，直辖市、省会城市、计划单列市建成区基本消除黑臭水体；2020 年底前，地级以上城市建成区黑臭水体均控制在 10% 以内；到 2030 年，全国城市建成区黑臭水体总体得到消除。

我国黑臭水体的治理，最早可以追溯到 1996 年的上海苏州河环境综合整治。近年来，黑臭水体治理逐渐受到地方政府的高度重视，并已经开展了相关实践。“水十条”将公众身边黑臭水体作为国家战略的重点，体现自下而上的公众诉求，也是自上而下回归水治理本质的重要举措。

专栏 1：城市黑臭水体治理的典型案例

李村河是青岛东岸城区流域面积最大、河道最长、支流最多的一条入海河道，发源于崂山余脉百果山，全长约 17 千米，汇水面积 147 平方千米，流经李沧东部生态商住区、青银高速、李村商圈、重庆路、胶济铁路、环湾路，汇入胶州湾，既是重要的防洪排涝通道，同时具有重要的生态功能。

青岛市委市政府高度重视胶州湾保护工作，按照“治海先治河、治河先治污”的思路，近年来下大力气实施环湾各流域整治。一是坚持统一规划，统筹实施整治，高度重视河道整治系统规划，自上而下统筹分步实施。二是坚持问题导向，整治黑臭水体优先，客观分析河道现状存在的问题，科学制定黑臭水体治理方案，坚持自然生态，兼顾城市景观。

自 2009 年起，陆续对李村河分段实施综合整治。目前，已完成李村河上游（百果山—青银高速）段约 8.4 千米综合整治；基本完成李村河下游（君峰路—入海口）段约 5.6 千米综合整治；正在进行李村河中游（青银高速—君峰路）

段约3千米综合整治。整治内容主要包括：截污、防洪、生态修复、蓄水、景观环境建设等，累计完成总投资约24亿元。经过整治，切实改善了李村河水体黑臭和环境“脏乱差”的面貌，提升河道沿线城市环境质量。

3. 发挥科技作用，利用技术辅助降低环境污染的伤害

在城市环境治理过程中，充分发挥科技的作用。2016年12月，环保部环境发展中心发布国内首个空气净化器中国环境标志标准：HJ2544—2016 环境标志产品技术要求。作为中国首个空气净化器环境标志产品标准，其建立在《空气净化器》（GB/T18801—2015）国家质量标准的基础上，不仅明确了不同大小的房间所用的空气净化器产品去除PM2.5、甲醛等有机挥发物的最大净化指标、噪声等要求，还首次规定了静音状态下产品的净化指标要求。标准实施后，消费者可以根据净化器产品上是否贴有中国环境标志作为购买产品的重要依据之一。

4. 积极争创文明城市

创建文明城市，一方面需要对城市环境进行综合整治，另一方面实现城市可持续发展。增加污染排放强度和资源生态效率、促进城市经济增长方式转变的指标，增加与群众生活密切相关的环境问题和群众的满意度的内容，增加强化环保统一监督管理、提高环境保护的能力建设的内容等，打造最适合人类居住的生态市。治理污染是个任重而道远的事业，需要各部门把国家制定的各项措施落实到位，加强力度，建立长效机制，努力全面提高我国科技的发展。相信在政府的指导下，一定能取得较好的效果。中国在进行城市环境保护管理的过程中，先后采取了创建国家卫生城市、国家环境保护模范城市、生态城市、全国绿化模范城市等若干实践模式，有效遏制了城市污染的蔓延，促进了经济社会的发展。

（二）城市环境污染治理重要措施

1. 环境污染第三方治理模式的推广和应用

近年来，随着我国逐渐意识到生态保护的重要性，在环境治理方面也不断创新。环境污染治理由命令控制型模式向市场模式转变。鼓励各地方政府推行环境污染第三方治理模式，由原来的“谁污染，谁治理”向“谁污染，谁付费”方式转变。由污染企业聘请专业环境治理企业帮助建立环保设备，并对排放污染物负责清理，从而吸引社会资金进入环保领域，加强了对环境治理的资金支持。另外，由专业环保企业负责回收、处理污染企业排放的污染物，治理质量和效果得到保障，可以有效保证我国环境污染现状的改善。由EPI指标结果显示，排序在前十名的城市基本均已经采用了第三方治理模式，环境治理效果得到很大程度的提升。

2. 强化地方政府的环境业绩考核

过去我国环境污染严重，环保产业发展缓慢，主要是因为地方领导提拔时主要考核经济发展指标，导致地方政府过于重视 GDP 数据，忽视环境保护。因此，未来对地方领导考核时，需要在考核体系中加入环境治理指标，提高地方政府对于环境保护的重视度，激励地方领导采取有效的手段加强环境治理。在设计地方政府环境考核指标时，应该包含全面的衡量环保信息，并且考虑地方的实际情况，制定地方政府确实可达到的评价指标，才能调动当地领导的积极性。否则考核指标设置过低，无法达到环境治理的效果；考核指标制定过高，不可能完成，会打击当地领导和相关部门的积极性，有可能使当地环境恶化。

3. 建立环境污染责任保险机制

当工业企业发生意外事故时，大量的污染物未经处理就直接进入环境，很多因为环境污染遭受损失的受害者无法得到赔偿。环境污染责任保险可以有效改善这种状况，保证受害者的利益，缓解污染企业压力。因此，保险公司应顺应市场需求导向，不断开发新的环保险产品，帮助企业应对环境污染意外情况的发生。

第三节　现代城市环境治理的综合效应

一、城市环境治理的经济效应

（一）城市环境治理与经济增长的关系

城市环境治理与经济增长的关系比较复杂，可以从两个方面说明：

第一，政府环境治理财政投入与经济增长的关系。政府的环境财政投入对经济增长具有推动与阻碍双重作用。这取决于人口增长率、环境自我净化能力与环境污染对老年健康成本的影响比较。之所以出现这一情况，原因有两个方面：一是政府环境财政投入来自税收，当税收增加时，征税会减少个体的要素回报（如工资、利息），降低私人消费与储蓄意愿；二是政府环境财政投入的增加可改善环境质量，减少人们特别是老年人的健康成本，从而个体消费增加，促进经济增长。因此，政府环境财政投入对经济增长的影响需要权衡以上两个效应，当环境财政投入增加所带来的要素回报降低对经济增长的负面作用小于环境质量改善所带来的健康成本减少对经济增长的正面作用时，政府环境财政投入能够促进经济增长，同时实现降低污染物排放水平的目的，真正实现环境与经济的可持续发展；反之，环境财政投入会对经济增长起阻碍作用，但仍然可以降低环境污染水平，实现环境质量的改善，发挥对环境污染治理的积极作用。

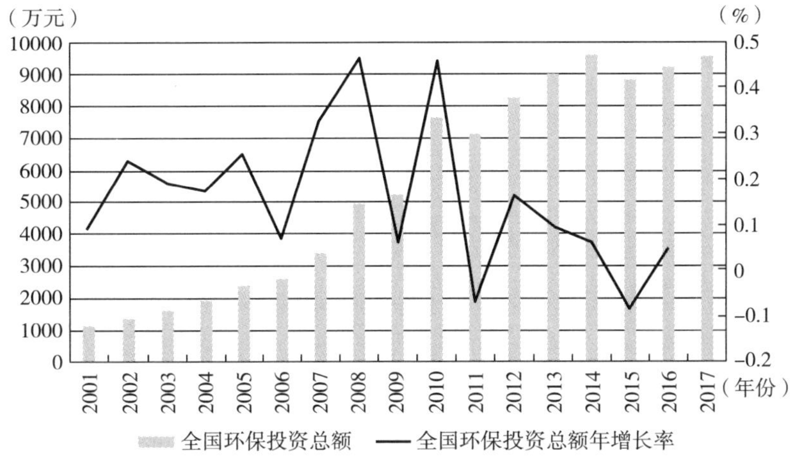

图7-6 全国环保投资总额与全国环保投资总额年增长率

资料来源：根据国家统计局网站公布数据整理绘制。

数据显示，虽然全国环境保护投资呈现增长态势，但增长率较低。这可能与较低的回报率有关系，说明环境保护投资可能受到市场等要素的影响，特别是市场主体接受意愿等方面的影响。这说明环境保护的复杂性，单纯依靠产业投资可能只能发挥局部治理环境的作用。综合采取行政、法律等措施治理环境有必要性。

第二，税收会对社会整体的经济增长产生一定影响。从宏观理论上讲，如果不能很好配置财政资源税收收取会抑制经济增长。但是，考虑税收的使用与安排，税收又会促进经济增长，故税收与经济增长呈双向影响关系。

具体到环境税而言，环境税对经济增长具有调节作用，王金霞（2015）研究认为，环境税收主要通过两个方面调节经济增长：一是环境税对其他税种具有"替代"效应，政府在考虑经济发展不影响财政收支平衡基础上，降低对扭曲性税种（如企业所得税）的征收，从而刺激GDP总量上升。二是征收环境税可以有效促进新型能源产业发展，推动产业结构升级，提高对新能源的消费需求，促进经济增长。图7-7显示，环境税通过投资、生产和消费三个渠道影响绿色经济的发展。由于环境税开征自2018年开始，还没有系统性资料说明环境税的经济效应。

从短期看，逐步提高环境税率或排污费率，直到环境治理成本得到填平为止，需要大幅度增大征收力度，迫使污染性企业外部成本内部化，从而增加其生产经营的成本，如果市场价格不变，那么加征的环境税负不能转嫁，企业利润降低，其竞争力会受到影响。所以，在环境税费改革初期，对受到影响较大的能源密集型企业一定程度的减税，对积极采用技术达到一定标准的企业减免优惠，会减小对纳税人税收负担影响。

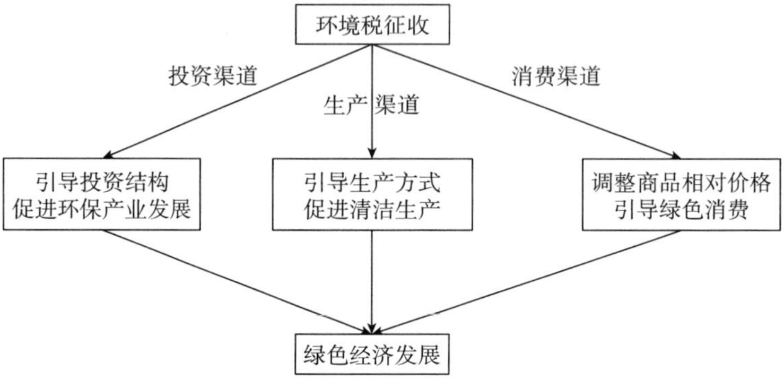

图7-7　环境税与绿色经济发展的关系

从长期来看，环境税征主要影响以下四个方面。首先，从投资方面看，环境税征收使投资方向发生变化，高污染、高能耗产业由于其成本增加会使其减少投资。同时，环境保护相关行业因为得到资金支持，行业竞争力明显增加，经济增长方式的转变可保持经济可持续增长。其次，从就业方面看，环境税征收带来“双重红利”，增加社会就业，从而促进国民经济增长。再次，从生产效率看，环境税征收会提高社会生产效率。污染企业在成本增加的重大压力之下，要想求得生存就必须引进先进工艺和生产设备，转变生产的增长方式，提高生产技术。最后，从技术角度看，环境税征收督促高污染、高能耗企业走技术创新之路，刺激企业技术改造、节能减排，整个污染行业的生产效率会随着技术进步而不断得到提升，还会带动其他行业发展，整个社会生产效率提高，从而促进经济增长。

（二）城市环境治理与产业结构调整

环境治理可能具有显著的产业结构调整效应，即政府支出的环境保护基础设施建设投资等可能具有产业结构调整效应，或者产业结构优化效应。这在学者对环境库兹涅茨曲线的诸多研究中得到证明。

以河南为例，多年来政府持续增加对环境保护的投资，对产业结构调整产生了积极作用。数据显示，全省第三产业的贡献率约达到一半，表明全省产业结构优化程度正在提高。不过，各地市存在很大的差异，这可能是产业基础及政策执行效力等方面的原因造成的。

此外，还有很多城市的发展表明环境治理对产业结构优化的结果很好，说明环境治理在一定程度上倒逼了企业行为及有关主体行为，对经济结构整体优化具有正向作用。

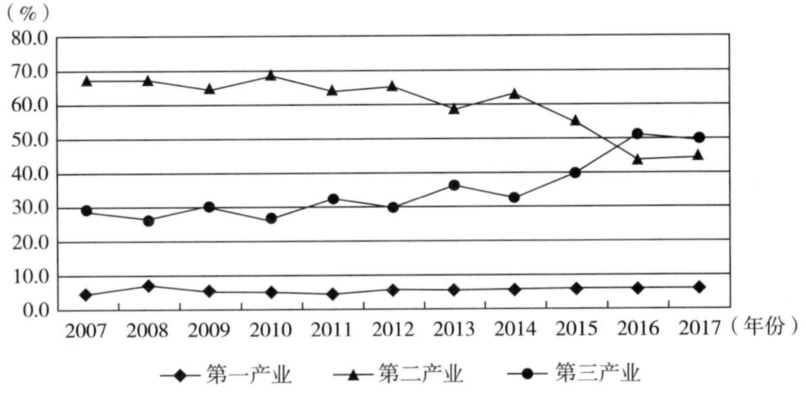

图 7－8　2007～2017 年河南三大产业产值贡献率变化

（三）城市环境治理的其他经济效应

城市环境治理是复杂的博弈过程，而不是关闭工厂等简单的行为。这是我国现阶段环境执法和环境治理领域的复杂性导致的，企业、政府等主体之间在不同阶段，会采取不同的策略，从而导致环境治理的经济效应存在差异和复杂性。因此，一些城市的环境治理可能导致环境质量的提升从而强化了各类要素的集聚，从而对经济增长具有正向贡献。但是，有些城市的环境治理对一些产业具有实质性影响，从而造成产值减少或者由成本增加导致的风险等。

所谓环境治理的要素集聚效应，是指政府为了实施更加优化的环境治理，将有关企业等主体通过进行搬迁等形式进行集中安置，从而减轻污染带来的扩散效应等。例如河南鹤壁，推动宝山循环经济产业集聚形成示范区，形成了煤电化材、工农复合等循环经济产业链条。通过持续建设，实现了煤变电、煤化工和煤电废弃物的综合利用，不仅能用固体废弃物生产新型建材，排放的二氧化碳还可参与可降解塑料的生产及油田驱油。在食品加工领域，鹤壁不断探索畜牧养殖业和食品加工业废弃物的综合利用，依托大用、永达等龙头企业，建设了利用动物羽毛、内脏等废弃物生产蛋白酶解生物饲料、血源性生物活性蛋白，利用玉米皮、玉米胚芽生产玉米油、蛋白粉等项目，构建了“粮食种植—畜禽养殖—畜产品精深加工—废弃物处理再利用”的循环链条。

总之，鹤壁通过发展循环经济，在治理环境的同时优化产业结构，提高清洁生产能力，实现了基于环境治理的要素集聚，平衡环境保护和产业结构之间的矛盾。

二、城市环境治理的社会效应

一是城市环境治理能够有效改善城市人居环境，有助于加快人口城镇化。城市环境质量持续改善，既能够增加农业剩余劳动力流入城市的愿望，必然会增加城市人口和劳动力供给，促进人口城市化，又能够有效遏制环境污染向农村地区扩散的趋势，对农村环境质量特别是人居环境质量提升具有显著价值。

二是城市环境治理能够有效改善城市居民环境福利，并提高居民社会交往活动频率，增强城市居民的幸福感和获得感。环境治理让更多市民在本市进行休闲、娱乐等活动，市民社会活动规模扩张显著。大量数据也显示城市居民活动量和环境质量存在正向关系。

三是城市环境治理能够有效提高有关主体对未来的向好预期。城市环境治理改善了人们生存的环境，有关主体会根据环境质量提升对城市发展的预期，从而做出投资决策等经济行为。特别是人居环境质量较高的区域将会吸引社会要素集聚。

四是城市环境治理能够有效对城市形象具有显著改善价值。一些城市通过环境治理改变了城市形象，强化了其他区域民众对城市发展的信心。这些效应在经济活动和社会活动中得以体现，但有些效应属于隐性效应，这需要一定条件才能显示。

三、城市环境治理的生态效应

在城市发展与人类生态环境关系问题上，人们基本都是持否定态度的，许多人甚至将人类生态环境问题归咎于城市发展。但是，站在城乡一体化的角度上，城市发展不仅不会有悖于生态建设和发展，而且区域整体生态环境效应十分明显。城市环境治理发展对人类生态环境起着良好的促进作用，这种促进作用体现在资源集聚效应、人口集散效应和污染集中治理效应等方面。[①]

一是城市的资源集聚集约效应。城市特别是大城市吸引大量人口和企业的集聚，对土地、能源、水、教育、医疗等资源的集约利用，大幅提高单位土地产出，提高了土地、水资源的使用效率，不仅大幅减轻了城市以外其他地区生态压力，而且增加了其他地区的生态产出，从而整体上提升了区域生态效应。

二是城市污染集中治理的生态效应。良好生态环境的维护离不开环境治理，在某种程度上，环境治理水平决定着生态环境的状况。人口集中的大城市，产生的环境问题也集中。那么城市环境治理的成本会因为治理的规模效应大幅降低，同等的投入可以获得更大的生态环境治理效果。

---

① 宋言奇，傅崇兰．城市化的生态环境效应［J］．社会科学战线，2005（3）．

第八章　现代城市社区建设

第一节　城市社区概况

一、城市社区基本内涵

社区是人居环境的重要构成部分，社区建设对居民的生存质量和幸福感有着显著的影响，同时也是城市重要的软实力所在，良好的社区建设将会提高城市的吸引力和竞争力。现今，社区承担的社会管理事务也越来越多，已经成为城市社会管理的基本单位。城市社区是在一定区域内异质性居民密集聚居的共同体，是在一定的地理位置和范围内，有着不同文化和生活方式的异质性居民集居在一起相互交往、从事相互依存的社会活动，共同维持正常的社会秩序的共同体。在大多数的情况下，城市社区是指城市中的某一小区，例如城市中的街道、胡同、工厂区、大学城等。它既是居民常居地构成的基本空间单元，也是城市治理和管理的基本单位。

和乡村村落相比较，城市社区摆脱了宗族和血缘关系束缚，脱离了熟人社会，因此，社区成员关系不再通过血缘来联系，而基于共同居住地的一种简单的空间聚居联系，并形成一种陌生人社会。同时，由于城市居民的快节奏生活，导致社区强化居住地功能而弱化了文化等方面的功能。目前，城市社区承担着社区治安、社会救助、计划生育、居民就业等多项工作，加大力度推进社区建设是我国城市经济和社会发展到一定阶段的必然要求，是面向 21 世纪我国城市现代化建设的重要途径。改革开放以来，快速的城镇化进程催生了城市社区的扩张，而城市房地产业的兴起以及大型城市建设项目进程使社会空间结构、居住空间结构变化急剧，特别是单位空间中集聚大量人口及其他社会要素，上述变化使城市社区逐渐成为我国城市非常重要的社会组织单元。

社区对个体发展有显著影响，社会心理学的研究证实，社区环境对人的心理等具有很大影响。社区环境包括社区的生态环境和基础服务等方面。社区教育、医疗、体育、文化等方面的服务能力可能是导致人成年后存在发展差异的重要方面。良好的社区教育、文化等服务对于人的心智健全发展具有显著作用。不同的社区环境会对个体的成长等产生不同影响，高端社区提供的优质服务以及形成的社会交往网络等对人的发展具有显著正向作用。不仅如此，社区建设还是社会文明建设的重要体现。

二、城市社区建设现状

截至2019年12月，全国共有38734个乡级区划，包括8516个街道、20975个镇、8122个乡、966个民族乡、153个苏木、1个民族苏木、1个县辖区。这些街道办事处管理着众多的城市社区。根据民政部的消息，全国共有10万个社区居委会，50万名社区居委会干部；全国城镇社区服务设施达18万个，社区卫生服务站2.5万个，社区便民利民服务网点45万个，全国社区建设呈现由点到面发展，由大城市到中小城市延伸，由东部发达地区向中、西部地区推进的良好态势，社区建设进入了整体推进、全面拓展的新阶段。

1999年，全国街道办事处数目为5904个，到2009年全国街道办事处的数目增长为6686个，2018年已经增长到8393个。具体情况如图8－1所示。

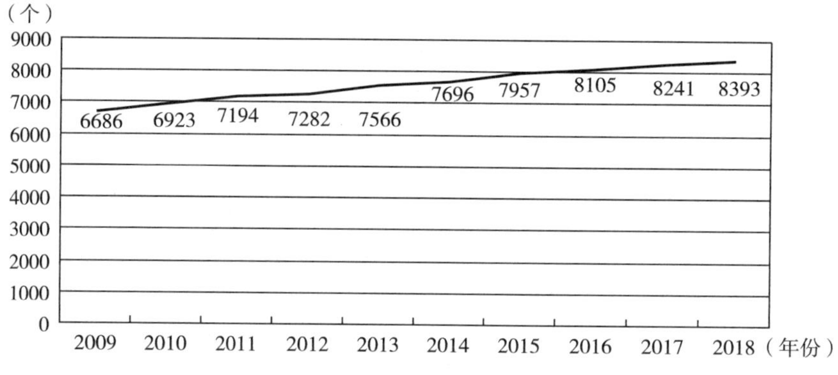

图8－1　2009～2018年街道办事处增长情况

资料来源：根据国家统计局网站数据整理绘制。

街道办事处的增长说明城市化进程及城市社区的迅速增加。根据社区居委会及村民居委会的数据显示：社区居委会2009年为84689个，2017年已经增长为106491个，共增加了21802个，而村民居委会2009年为599078个，2017年为554218个，近十年减少了44860个。具体数据如图8－2所示。

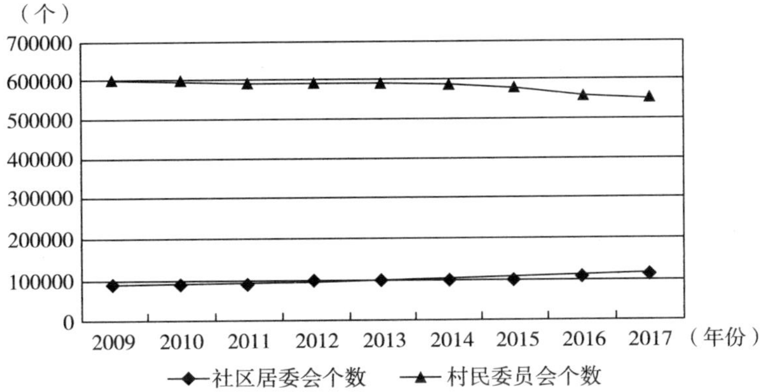

图 8－2 社区居委会及村民居委会情况

资料来源：根据国家统计局网站数据整理绘制。

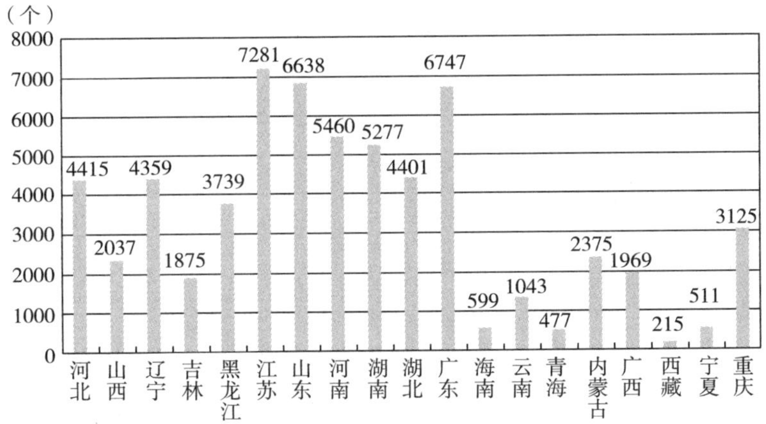

图 8－3 各省级行政区社区居委会情况

资料来源：根据国家统计局网站数据整理绘制。

三、城市社区建设存在的基本问题

（一）城市社区管理体制不健全

一是社区管理边界不清晰。当前，根据现实国情，中国城市区域实行的是“区＋街道＋社区”行政管理模式，这其实是一种基层管理的三级模式。这些区域相对能够实现严格的网格化管理。不过，一些还没有纳入城市社区管理的城中村实行的是村民委员会管理体制。这在一定程度上造成城市社区管理的边界冲突。此外，在管理组织方面，社区服务中心存在不平衡的问题，一些城市社区由于人口数量及区位等问题没有设立相关的管理组织。

二是城市社区管理法制化保障程度低。虽然20世纪80年代国家颁布了城市社区方面的法律，但法律、政策和资金的配套和协调程度一直较低。2018年12月29日，党的十三届全国人大常委会七次会议表决通过《关于修改城市居民委员会组织法的决定》，表明社区管理法制建设效率相对滞后，至少从立法进程看是如此。特别是，有些法律对居委会的服务内容等缺乏更加严格和清晰的规定，而在一定程度上强化行政管理和社会管理职能，在教育、文化和医疗等方面服务功能相对弱化。这和建设更加人性化和高质量服务的城市社区发展目标存在差距。

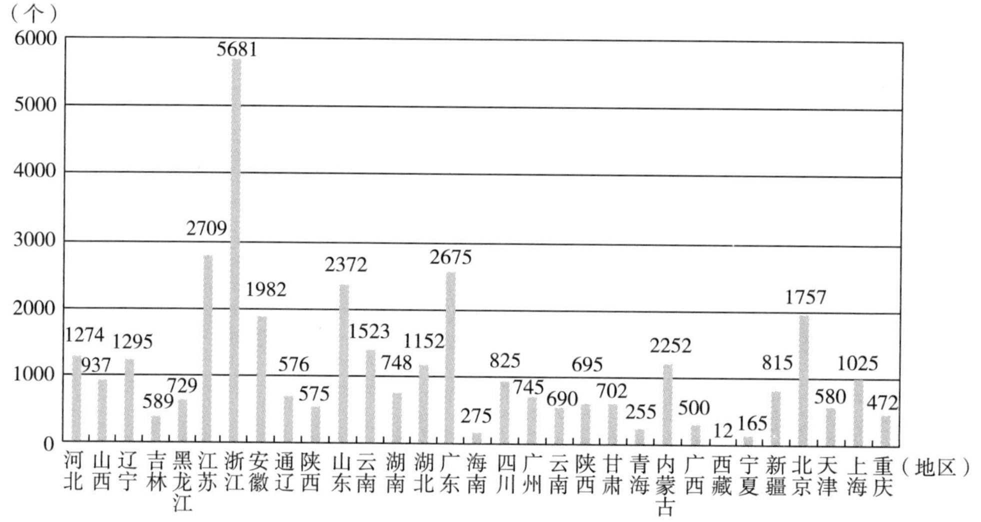

图8-4 各省社区卫生服务中心个数

资料来源：根据有关材料整理。

（二）城市社区服务定位不明确

城市社区当前更多是一种行政管理服务，主要是办理婚姻登记、养老、社保、户籍管理等事务。这些事务主要是日常管理事务，居民所需要的文化、教育和家庭护理等服务社区还不能有效提供。因此，社区服务存在一定程度的形式化问题，或者服务内容虚化等问题。以社区卫生服务为例，虽然社区卫生服务体系已经初具雏形，但运行质量较低，家庭医生制度等几乎没有建立起来。城市社区卫生服务机构数量少、服务质量低、服务档次低、服务面窄等问题没有显著改善。2003 年“非典”之后，中国强化了社区卫生服务建设，总体发展呈健康状态。目前，全国95%的地级以上城市，86%的市辖区和一批县级市开展了城市社区卫生服务，全国已设置社区卫生服务站 25505 个、社区卫生服务中心 9147 个，创建了 108 个全国社区卫生服务示范区。尽管如此，社区卫生服务中心的配有率仅为 30%。此外，学前教育、养老机构等存在社区和区域不平衡的问题。总之，城市社区自治组织存在管理强化服务相对弱化的现象。

表 8－1　2010～2017 年社区卫生服务中心及服务站数　　单位：个

年份	2010	2011	2012	2013	2014	2015	2016	2017
社区卫生服务中心个数	6903	7861	8182	8848	8669	8806	8918	9147
社区卫生服务站数	25836	24999	25380	25477	25569	25515	25409	25505

资料来源：根据国家统计局网站数据整理绘制。

（三）城市社区管理人员服务能力较低

由于社区干部不属于公务员和事业单位编制，以及待遇较低等原因，很多高端职业化人才不愿意在社区工作。这造成社区工作人员的专业化水平和专业化服务能力较低，特别是居民所需要的护理、保健、心理咨询等专业服务能力较低。而社区物业管理等由市场化主体完成，在一定程度上增加了居民的经济负担和生活成本。另外，社区管理人员的服务难以进行量化和精准评估，导致难以评估人力资源的实际价值，即服务质量和享受待遇之间存在差异。城市人力资源管理部门也由于体制等原因难以对社区工作者进行有关技能方面的培训，社区层面的人力资源开发存在年龄、学历和专业技能等方面的明显短板。这与公众期望的服务能力有差距。

（四）城乡社区事务财政资金使用效率较低

国家财政支出中的城乡社区事务支出包括城乡社区管理事务、城乡社区规划与管理、城乡社区公共设施、城乡社区住宅、城乡社区环境卫生、建设市场管理与监督、政府住房基金支出、土地有偿使用支出、城镇公用事业附加支出、其他城乡社区事务支出。

数据显示，国家财政支出中城乡社区事务支出持续增加，总数已经超过 2 万亿元，特别是地方政府财政社区事务支出增加显著。不过，这些支出中很多是人员支出及一般公共服务支出，用于民生领域的支出存在效率较低等问题。以北京东城区东花市街道办事处 2016 年数据为例，2016 年部门收入及支出总预算 73635199. 54 元，其中，财政拨款收入 73635199. 54 元。按支出功能分类包括：一般公共服务支出 19820408. 51 元，文化体育与传媒支出 798040. 57 元，社会保障和就业支出22785689.57元，医疗卫生与计划生育支出500000元，城乡社区支出29731060.89元。一般公共服务支出将近2000万元，所占比例较高。然而，这些支出还没有完整的评估报告，支出资金数量的快速增长和居民感受到的公共服务质量还存在一定差距。此外，一些社区建设项目还存在形式化问题和资金低效率使用问题，而居民所需要的社区绿化和景观建设等却难以获得有效进展，这对于社区人居环境质量提升等有一定不良影响。

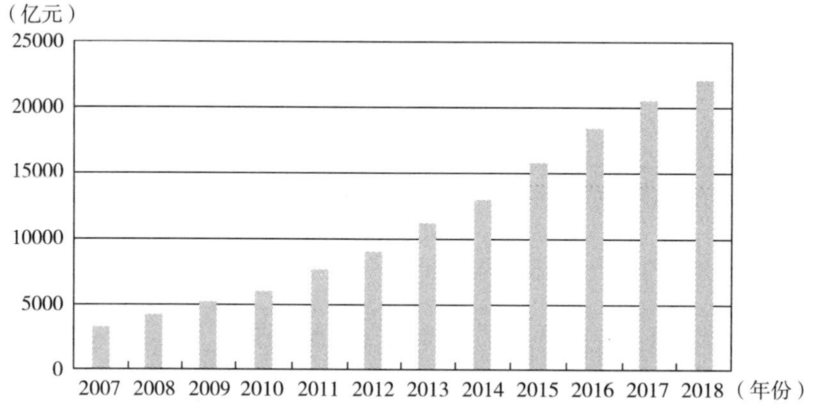

图8-5 国家财政城乡社区事务支出情况

资料来源：根据国家统计局网站公布数据整理绘制。

四、城市社区建设的制约因素①

（一）城市居民社区意识比较淡薄

社区是城市社会管理和社会生活的基本单元。但是，由于传统社会的宗族观念以及圈子文化等方面的影响，城市社区的公共平台地位难以确立。而社区意识既是居民的一种乡土情结的表达，也是构成社区的一个重要因素，更是完善我国城市社区自治的一个重要途径。如今，城市发生一个重要的现象就是大量的“单位人”转换为“社会人”，这有助于提高社区的社会化建设进程。然而“单位人”向“社会人”的转化并非易事，一方面，由于条块管理模式等原因，很多人和单位人习惯于听命上级或某些主管部门的指令来行事，因此难以真正参与社区事务；另一方面，虽然我国的法律规定城市社区建设为自治形式，但现实运行中居民难以真正成为社区的主人，而是被动接受服务，这种自上而下的管理方式

① 徐惠琴．城市社区发展目前存在的问题与解决之策［J］．改革与开放，2011（10）．

让居民觉得社区建设与自己关系不大，加上宣传发动不到位，工作方法过于简单、服务设施不足、提供的服务不多等，很多城市居民仅仅将社区看作居住地并难以形成真正的社区公共建设平台。特别是城市居民和乡村居民相比较，社区意识比较单薄，这与城市化进程较短等因素有关。

（二）政府公共投入相对不足

虽然社区事务支出呈现较快增长，但政府公共投入效率较低导致社区基础服务设施薄弱，专业化服务能力相对不足。此外，社区基础设施特别是服务用房严重不足，很多社区服务用房不能满足300平方米的标准化要求。城市基层管理的事务日益增多，但基层组织却没有相应的人、财、物等资源的管理权和调配权，“费随事转”的原则也并未落到实处，责重权轻，许多工作管不到位，只能疲于应付。社区服务工作的形式化和虚化难以适应社区居民日益增长的需要。例如，安徽合肥蜀山区五里墩街道每年由财政拨入的款项为300多万元，但每年实际支出为1000万元以上，社区无资金来源，所有费用由街道全额承担。这显示出街道和社区之间的责任、权力和人事方面的改革还比较滞后，财政资金的使用效率还存在提升空间。

（三）社区组织管理改革滞后

总体来看，城市社区管理改革滞后于经济发展。社区服务能力较低的原因和改革进程缓慢有关系。

一是街道办事处和社区之间的权责界定不清晰。街道办事处是政府行政管理机构，社区管理组织是服务组织，但目前社区层面存在强化行政管理的倾向，导致管理层级增加且运行效率较低等问题。二是社区自治存在诸多制约因素。社区自治最主要的是重大事项决策权的相对独立，特别是社区建设资金支配权的相对独立，但财政部门控制了社区建设资金，从而让社区管理组织难以真正有效使用社区建设资金，而被一些项目管理单位支配。三是社区组织人事制度改革滞后。很多社区组织并没有权力进行独立的人事安排，或者通过市场化竞聘来实现人力资源优化，而被动根据上级政府的人事安排来配备社区干部，导致人事方面的低效率乃至不规范运行。总之，改革进程的滞后对社区服务能力较低存在一定的因果关系。

第二节　城市社区的公共服务

社区公共服务对居民的日常生活有直接影响，对保障广大居民日常生活便利性和舒适性有重要作用，不仅直接影响人们的生活水平和生活方式，也是促进社会公平正义、实现基本公共服务均等化的重要渠道，在提升居民生活质量，增加居民幸福感方面有重要作用。广义社区服务包括体制内服务和体制外服务。体制内服务主要是一般公共管理服务，体制外服务主要是物业服务、生活服务、教育服务及社会服务等。和乡村社区相比较，城市社区给市民提供了更加多元的服务。

一、医疗卫生服务

社区医疗卫生服务有助于降低居民的健康风险，有助于保障和改善民生水平，既是实施健康中国战略的重要途径，也是实施预防保健、基本医疗、健康教育、疾病控制的基本保证。经过多年努力，我国城市社区卫生医疗服务网络已经初步建立。在建设城市社区卫生服务体系的过程中，主要通过两种方式：一是把基层的医疗服务机构进行改造升级，使其逐渐过渡成为社区卫生医疗服务；二是加强社区服务机构和大型医院的联系，使这些机构之间能够相互协作，共同完善双向转诊制度。我国的社区医疗服务功能也越来越多样化，社区医疗服务包括疾病预防、医疗救助、保健服务、康复活动、健康教育、计划生育技术服务，等等。2017 年，社区卫生服务站诊疗人次 1.6 亿次，社区卫生服务中心诊疗人次 6.07 亿次，社区卫生服务中心个数如图 8 -6 所示。

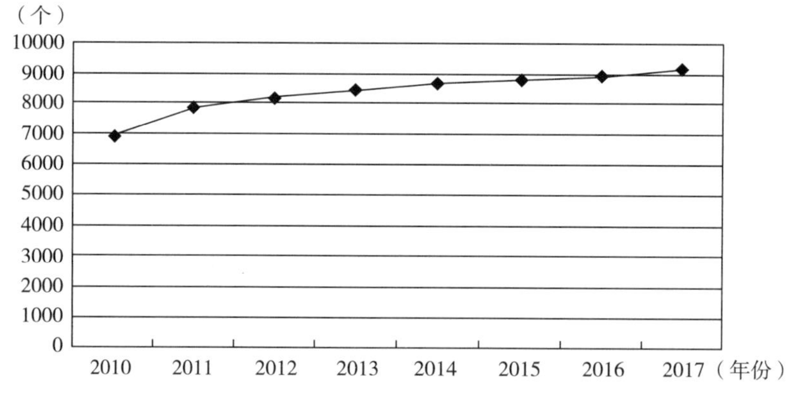

图 8 -6　2017 年社区卫生服务中心数

资料来源：根据国家统计局网站数据整理绘制。

二、教育服务

社区教育在中国城市社区仍然处于起步阶段，主要是城市化进程比较晚导致的。当前，社区教育主要是市场化主体在推进，居民通过购买市场主体提供的教育服务来提升子女教育水平。多数社区难以提供公益性教育服务，这与我国城市人口基数大有关系，也与社区服务能力整体较弱有关系。虽然社区教育在20世纪80年代就开始发展，但主要是义务教育方面的发展取得进展，学前教育发展还存在很大差距。总体来说，我国社区教育经过近40年的发展，已经成为我国学习型城市建设和公民终身教育的重要载体。

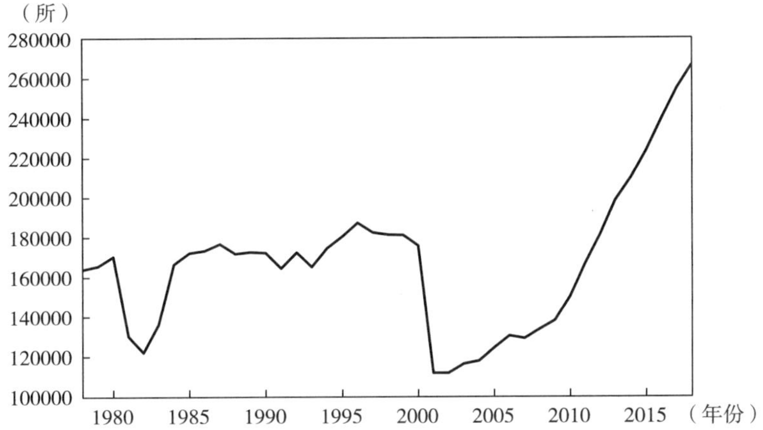

图8－7　学前教育学校数

资料来源：根据国家统计局网站数据整理绘制。

数据显示，以学前教育为例，21世纪以来学前教育机构数量迅速增长，这与城市化的扩张有一定关系，也与民办营利性教育机构的扩张有关系。但是，如果考虑到城乡差异以及城市人口分布的话，城市社区仍然存在学前教育机构数量不足的问题。表8－2的数据显示，特大城市尤其存在幼儿园等学前教育机构不足的问题，并且东部地区幼儿教育机构数量少于西部地区，如果考虑到外来人口的话，这个供给缺口很大。城市化进程的推进将会加剧这个局面。城市教育主管部门应该着力进一步优化学前教育机构在社区层面的配置和建设。

三、治安服务

社区公共安全主要是居民的人身安全和财产安全等。当前，多数社区安全主要是社区保安来进行日常维护，但也存在民警介入的情形。治安服务由包片民警、社区保安和社服联防员等构成，主要包括四个方面：维护社区治安管理秩序；做好各项日常业务工作，包括公共复杂场所（地区）管理、特种行业管理、危险物品管理、消防监督、道路交通管理等；预防、发现和控制违法犯罪活动预防、发现和控制违法犯罪活动；辅助公安机关查处治安案件、治安事故，处置治安事件查处治安案件、治安事故，处置治安事件。

表 8-2　主要城市幼儿园情况　　单位：所/万人

城市	幼儿园	城市	幼儿园	城市	幼儿园
北京	1.2	郑州	1.9	贵阳	2.3
天津	2	武汉	1.7	昆明	2.3
上海	1.1	长沙	2.5	广州	1.3
重庆	1.6	南昌	1.7	南宁	2.2
哈尔滨	1.4	合肥	1.4	海口	4.4
长春	2	福州		兰州	2.6
沈阳	1.9	杭州	1.2	西安	1.9
石家庄	1.7	南京	1.3	乌鲁木齐	1.9
太原	1.9	拉萨	4.3	西宁	2.7
呼和浩特	1.5	成都	1.7	银川	1.7
济南	2.3				

资料来源：根据有关材料整理计算。

四、物业管理服务

物业管理服务主要是通过市场化方式提供，主要包括以下五个方面：

一是综合管理服务。包括公共事物的处理、有关信息的传达以及受理住户的咨询、投诉等。二是小区设施管理和养护。包括配套设施、公用设施的日常管理与维护等。三是社区绿化养护服务。一些具备条件的小区能够进行绿化，有些小区需要进行绿化及景观建设，专业人员的绿化工程和绿化管理让小区更美观并提升居住舒适度。四是保洁服务。这主要是有关物业管理人员进行卫生清扫等工作，保持小区的干净整洁。五是协助维护公共秩序。例如，对进出小区车辆实施有效管理，保证车辆通行、停放有序。

2018 年 6 月，由中国指数研究院和中国房地产 TOP10 研究组主办的“2018 中国物业服务百强企业研究成果发布会”发布了中国物业服务百强名单，其中进入十强的物业管理公司为：万科物业、绿城物业、碧桂园物业、长城物业、保利物业、彩生活物业、恒大物业、金地物业、龙湖物业、金科物业。成立于 1990 年的万科物业，业务布局涵盖住宅物业、商写物业、开发商前介服务、社区资产服务、智能科技服务和社区生活服务六大业务板块。截至2018年1月底，万科物业已布局中国69个最具发展潜力的大中城市，合同项目共计2429个，其中住宅项目1833个，商写项目596个，合同面积突破4.6亿平方米，服务394万户家庭，超1174万人口，在职员工人数超6万名。① 随着城市化进程的推进，物业管理已经成为一个规模不断扩张的行业，从此可以看出物业管理服务行业发展的蓬勃趋势。

五、其他服务

社区的其他服务包含的内容比较广泛。这方面主要是市场化主体推动的结果。比如，一些社区服务企业或者类似服务行业企业开始为社区内居民和单位提供物流、送餐、存车、物业管理等后勤社会化服务，因为移动互联时代导致要素的优化配置，因此可以说是开辟了社区服务业发展的新领域。还有一些社区开展针对老人的护理培训，针对儿童的紧急救助，招募志愿者对空巢老人等特殊群体提供陪护服务。此外，很多社区为方便老年人生活，提高老年人生存质量联合起来开办各种类型的老年大学，开展老年健康文体活动，兴办社会福利机构，如福利院、老年公寓、老年保健、老年法律、老年婚介、老年心理及健康服务，但针对老人的服务和政府财力存在相关性，经济欠发达地区的服务略显不足。其中有一类服务是针对病危老人的安慰性质的服务，比如上海有些社区服务中心为病危的老人提供洗浴、安慰等服务。这些服务的价值逐渐被居民所接受和认识，也是让生命有尊严感的人性化服务。

第三节 强化城市社区服务能力的公共政策

一、财政政策

政府城乡社区事务支出，尽管数量方面一直保持稳定增长，但全国层面还缺乏严谨的评估报告。2018年，城乡社区事务支出22700.1亿元，比上年增长21.4%，占全国财政支出的6.7%，主要用于加强城乡社区规划与管理，城乡社区公共建设、维护与管理（包括城乡社区道路、桥涵、燃气、供暖、公共交通、道路照明），城乡社区环境卫生（包括城乡社区道路清扫、垃圾清运与处理、园林绿化），等等。经过多年建设和努力，城乡社区服务能力有所提升，但存在比

① 资料来源：东方财富网，http：//stock. eastmoney. com/news/1699，20180602882266388. html。

较显著的区域和城市差异。

在我国中部地区，安徽社区建设工作总体具有创新意识强、措施针对性强和服务改善强度大等特点。① 总体规模上看，安徽现有社区 2408 个，其中，区（县市）级社区服务中心 60 个，街道（镇）社区服务中心 383 个，区服务站 2301 个，服务设施 7000 多个，在社区服务方面已初具形态。在社区内部管理方面，政府充分赋予社区一定资金等方面的管理权限。安徽的社区都享有一定的自治权，既可以相对自主地决定服务内容，也可以对社区建设经费进行具体且合理的分配和使用。社区建设经费由安徽省财政厅统一纳入预算，再层层下拨到各地市，最终通过街道与该地社区进行资金使用项目等方面的对接，保证资金的有序供给。

根据安徽省政府 2010～2014 年的统计数据显示，虽然城乡社区事务支出增长率存在一定的波动，但就整体而言增长率基本都在 20 个百分点以上，分别为 46.5%、23%、21.8%、30.7%和 10.9%，充分说明安徽在城乡社区事务支出方面出现明显的上升态势。

表 8－3　2013 年安徽各地市城乡社区事务支出增长情况　单位：亿元，%

地市	全年财政收入（亿元）	全年财政支出（亿元）	城乡社区事务支出增长率（%）
芜湖	381.73	319.63	54.10
宿州	100.31	222.4	66.30
宣城	157.8	204.8	31.10
淮北	93	108.7	16.40
淮南	170.1	168.6	48.60
黄山	81	135.2	79.10
铜陵	130.1	100.6	14.90
合肥	768.27	630.89	15.30
滁州	178.88	250.13	22.70
阜阳	157.1	312.7	57.70
安庆	197	98.5	76.80
蚌埠	182.82	191.44	33.20

资料来源：各市 2013 年国民经济和社会发展统计公报。

① 纪天田，苏立宁．安徽省城市社区事务支出统计分析［J］．长春理工大学学报（社会科学版），2015，28（10）．

表 8-4 合肥本级城乡社区事务支出情况 单位：亿元，%

年份	公共财产收入	当年总支出	城乡社区事务支出	同比增长率	城乡社区事务支出占总支出比例
2009	229.24	155.68	46.29	11.42	29.73
2010	328.75	216.54	73.57	61.66	33.98
2011	400.62	265.87	65.07	-12.67	24.47
2012	417.99	326.66	80.5	23.71	24.64
2013	463.62	371.05	87.68	8.92	23.63

资料来源：2009~2013 年合肥市市本级财政决算报告。

表 8-5 合肥本级城乡社区事务支出细则 单位：万元

年份	城乡社区管理事务	城乡社区规划与管理	城乡社区公共设施	城乡社区环境卫生	其他城乡社区事务支出
2013	9323	5315	68964	22135	771104
2014	7585	5032	45225	20653	850506

资料来源：合肥市市级 2013~2014 年公共财政支出决算表。

城乡社区事务支出在一定程度上促进了社区服务的发展水平。根据历年相关数据与相关性分析显示，随着城乡社区事务支出逐年增加，安徽社区基础设施建设等方面成效显著，极大地推进了社区发展的进步。

首先，2007~2011 年，安徽社区卫生服务机构由 1571 个增长到 2170 个，合肥本级社区卫生服务机构由 172 个增长到 220 个，同时进一步健全了其功能范围，为广大社区居民提供了更多的公共卫生服务。

其次，安徽在 2013~2015 年，以社区为具体落实单位加快城乡养老服务体系的建设，新建、改扩建城市社区养老服务设施 2400 个，新建农村社区养老服务设施 5000 个，进一步扩大了社区养老的覆盖范围，切实保障社区养老工作的顺利进行。

二、税收政策

在我国现阶段社会基本矛盾及经济社会发展水平下，新型城市社区所能提供的公共服务，主要以基本公共服务为主，处于较低水平，非营利组织数量相对不足，因此在税收方面更需要国家政策的支持。在社区公共卫生服务、社区公共文化服务、社区老年服务、社区就业服务等方面，国家在税收方面都采取了一定的优惠政策。

（一）社区公共卫生服务税收政策

根据现行政策，社区公共卫生服务享有如下税收优惠：免征非营利性医疗机构自产自用制剂的增值税。对于将取得的收入直接用于改善医疗卫生条件的营利性医疗机构，自其取得执业登记之日起，对其自产自用的制剂三年内免征增值税。企业办的各类学校、医院、托儿所、幼儿园自用的房产，可以比照由国家财政部门拨付事业经费的单位自用的房产，免征房产税。

（二）社区公共文化服务税收政策

社区文化建设在社区公共服务体系中具有十分重要的作用。按营业税税法免征社区文化馆、图书馆、博物馆、文化中心举办文化活动的第一道门票收入的营业税，免征公共图书馆、文化馆、博物馆、文化中心的房产和土地的房产税和土地使用税。

（三）社区老年服务税收政策

社区老年服务的主要内容是举办养老、敬老、托老福利机构，设立老人购物中心和服务中心，开设老人餐桌和老人食堂，建立老年医疗保健机构，建立老年活动中心，设立老年婚介所，开办老年学校，设立老年人才市场，开展老人法律援助、庇护服务等。财政部 2019 年公告显示，社区老年服务涉及如下税收优惠：提供社区养老、托育、家政服务取得的收入，免征增值税。提供社区养老、托育、家政服务取得的收入，在计算应纳税所得额时，减按 90% 计入收入总额。城市房屋、土地用于提供社区养老、托育、家政服务的，免征契税。用于提供社区养老、托育、家政服务的房产、土地，免征不动产登记费、耕地开垦费、土地复垦费、土地闲置费；用于提供社区养老、托育、家政服务的建设项目，免征城市基础设施配套费；确因地质条件等原因无法修建防空地下室的，免征防空地下室易地建设费。

（四）社区就业服务税收政策

社区服务对于促进就业具有显著价值。根据最新政策，为社区提供养老、托育、家政等服务的机构自有或其通过承租、无偿使用等方式取得并用于提供社区养老、托育、家政服务的房产、土地，免征房产税、城镇土地使用税。

三、金融政策

金融支持社区发展在中国只有个别农村地区存在案例。实际上，政府可以探索和金融机构合作的形式来推进社区建设与发展。特别是那些居民具有一定支付意愿的社区建设项目，可以通过居民、政府和金融机构三方协议的形式进行，政府作为中间人在居民和金融机构方面起牵线搭桥的作用。例如在养老方面，2015 年 2 月，财政部等发布了《关于鼓励民间资本参与养老服务业发展的实施意见》

（民发〔2015〕33号），鼓励民间资本参与居家养老和社区养老服务；鼓励民间资本参与机构养老服务；支持民间资本参与养老产业的发展；2016年3月，中国人民银行等发布《关于金融支持养老服务业加快发展的指导意见》（银发〔2016〕65号），该规划目标到2025年，从金融组织体系、信贷产品、融资渠道、保险体系、金融服务等各个方面为养老服务提供金融支持；同年同月国家发改委发布的《关于2016年深化经济体制改革重点工作的意见》（国发〔2016〕21号）中提出：深化养老服务业综合改革试点，全面放开养老服务市场；鼓励民间资本，外商投资进入养老健康领域；推进个人税改递延型商业养老保险试点，出台加快发展现代化商业养老保险的若干意见。政府对准入标准的放宽，引导和促进了更多社会力量广泛参与社区养老服务。鼓励发展具备全托、日托、上门服务等综合功能的社区养老机构，在房租、用水用电价格上给予政策优惠。依托"互联网+"提供"点菜式"就近便捷养老服务，支持连锁化、综合化、品牌化运营。政府一系列的金融政策使养老资源供需矛盾缓解，让养老方式多样化，给百姓带来了一个实质性变化的表现。

四、土地政策

推动发展养老服务业的扶持政策中包括落实养老服务用地政策。各省辖市、县（市）年度用地计划要合理安排养老服务用地需求，并向社会公布。对新办的非营利性养老服务机构建设用地，符合国家划拨用地条件的，经有批准权的政府批准后，可采取划拨方式优先供地。对新办的营利性养老服务机构建设用地，明确用地性质，按照国家依法办理有偿用地手续的规定，优先保障供应。对企业、政府和事业单位腾退的用地、用房，适宜的要优先用于社区养老服务。在已建成小区中，优先支持已批已建用房兴办社区公共服务设施。鼓励企业、单位利用存量房产和建设用地兴办社区公共服务设施，可按规定办理自有用地建筑功能临时变更为社区公共服务设施用房手续。支持已建小区用房用于具有公益性质的农贸市场、标准化菜市场、社区菜店、农副产品平价商店和生鲜超市等，以及其他居民生活必备的便利店、早餐店、家政服务点、社区卫生服务站、医保定点药店、物流配送末端网点等政府鼓励类商贸流通基础设施的网点建设，采取租赁方式提供给经营者，等等。以上政策体现了国家在土地方面对社区服务用地的倾斜，这在一定程度上促进了社区服务的发展。

五、社会保障政策

因为经济社会发展水平以及制度、文化的差异，世界不同国家的社会保障政策体系在构成和具体执行上也不同。参考西方国家的实践经验和国际劳工组织关于社会保障体系框架的设计，结合基本国情以及社会保障的实际运作，我国社会保障政策体系主要包括：社会保险政策、社会救助政策、社会福利政策、社会优抚政策。

（一）社会保险政策

社会保险政策是建设福利国家的重要内容，对于因年老、疾病、伤残、生育、死亡、失业等风险事故或永久失去劳动能力，从而在收入发生中断、减少甚至丧失的民众具有重要价值。国家规定，以上居民仍能享有基本生活权利的社会保障政策。中国的社会保险实践是在国有企业改革等改革进程中探索建立的，主要是根据国家财力的增长对城镇下岗职工等群体实施失业等方面的保险，进而形成了覆盖全体成员的社会保险政策体系。不过，社会保险资金主要是通过用人单位、国家财政和个人缴纳三个部分组成，这对于一些企业来说加重了经济负担。在我国，社会保险政策包括生育社会保险、医疗社会保险、失业社会保险、工伤社会保险、养老社会保险五个部分。

（二）社会救助政策

社会救助政策是建设福利国家的重要政策构成，是国家和政府制定的，目的是为了保证公民最低生活水准的社会保障政策。国家和社会按照法定标准和法定程序，在公民因种种原因无法维持最低生活水平时，向其提供满足最低生活需求的社会援助（包括物质和金钱在内的经济援助以及劳务服务等）。中国主要是通过最低生活保障制度来提供社会救助，截至 2018 年，城市低保人口共 1008.03 万人，平均标准为 580 元/人，四川有 94.57 万人享受城市低保位列全国第一。社会救助是一种最低层次的社会保障，是对已经陷入贫困的社会成员提供最低标准的生活保障的有效手段。社会救助的实施，一方面是为了消灭社会的绝对贫困现象，在现代市场经济运行过程中体现公平原则；另一方面也使没有基本生活保障的社会成员的生存发展权利得到实现。当今的社会救助不同于过去的慈善事业和济贫活动，它是在扶贫、互助与自救相结合的基础上实施的。我国社会救助政策主要包括扶贫开发政策、最低生活保障政策、灾害救助政策、医疗救助政策、法律援助政策以及特殊人员救助政策等。

（三）社会福利政策

社会福利是更加广义的福利内容，福利政策是国家和政府制定的旨在提高国民生活质量的社会保障政策。福利制度属于较高层次的社会保障，其目的是促进整个社会成员的生活福利普遍增进。广义上讲，社会福利泛指国家和社会为改善国民的物质文化生活条件，而依法向国民提供的各种津贴补助、公共设施和社会服务。中国正在推进全民福利社会建设，并着力在福利标准化方面进行政策探索。[①] 不过，当前社会福利主要还是社会保险和社会救助，其他福利仅仅在对残疾人的补贴等方面。

在财力有限情境下，建设福利社会重要的一个方面是推进系统性改革。对城市来说，主要是对财政资金进行优化配置，特别是要提升财政资金使用方向和使用效率等方面的评估，并根据评估报告进行改革。当前，要着力对财政资金使用的耗损度进行测度，以便将耗损资金转移到提升社会福利的领域中。因此，以社区为基本单位开展福利水平建设的改革，是十分重要的现实问题。

六、其他政策

除以上政策外，对于改善人居环境，市民具有很高的期望。不过，这方面的支出没有直接的货币回报，因此，商业化投资比例较小，而公共投资也存在低效率的情况。尽管如此，城市管理者也应通过各种措施提高人居环境质量，其中，环境基础设施投资是重要的政策之一。根据目前中国社区建设现状，提出如下政策建议：

一是优化环境基础设施投资结构，提高环境基础设施投资质量。城市间以及城市内部存在人居环境的差异，因此环境基础设施投资应该促进形成相对均衡的人居环境质量。特别是城市内部的人居环境质量差异应该通过基础设施方面的投资加以改善。市政公用设施方面应该着力增加对社区环境改造的投资，包括道路、燃气、排水供水及综合管网建设等，逐步通过基础设施质量优化来提高人居环境质量。当前，特别要以推进老旧小区改造作为重要抓手从而提高城市人居环境质量。

二是优化社区内部环境要素，提高社区环境综合服务能力。城市人居环境建设的重点区域是社区。社区内部存在一些环境要素配置不合理等问题，这要对一些社区存在的环境问题进行治理。比如，可以对社区棋牌室进行改造，适度增加文化艺术活动场所来提高人居环境质量。

三是优化空间资源利用，提高人居环境质量。地下空间的利用可以给地表土地提供更多绿化和建设商业设施的机会，因此，优化区域空间资源开发能够提高人居环境质量。具备条件的社区应该适度开发地下空间资源，比如建设地下停车场，绿化地表空间，形成更高质量的人居环境结构。

四是分类规划建设，提高特殊群体社区环境质量。城市社区中有些社区具有特殊性，比如养老院、福利院以及其他社区，这些社区对人居环境质量有相对特殊的要求。又如，养老院的建设，应该通过隔音墙等设施，减少噪声污染，提高

---

① 张民省．社会保障学［M］．西安：西安人民出版社，2009.

人居环境质量。

五是在财政资金使用上，发挥财政资金提高人居环境质量的作用。财政资金在城市人居环境建设中具有重要支持作用。社区事务支出的财政资金，应该着力用于改善人居环境。目前，应着力将财政资金用在道路改造、绿地建设等方面，着力促进城市内部的人居环境质量均衡化。社区事务支出的资金使用绩效评估应该将社区人居环境质量作为考评内容。

六是系统推进管理改革，建设日常环境保护工作机制。社区人居环境的日常维护一般由物业公司实施。不过，在中国城市中存在一些现象，比如，在城市进行文明城市评选中，总会有社区工作人员到街道上捡垃圾等。虽然这种短期突击式的环境保护机制能够提高环境质量，但从日常环境保护工作长效机制来讲，其价值很小。对此，需要业主、物业公司和社区等进行契约合作，将责任、权力进行明晰的界定，进而给人居环境质量维护提供比较可靠的法律和制度支撑。

第九章　现代城市建设与运行的风险防控

第一节　城市运行的主要风险

一、城市运行风险内涵与分类

（一）城市运行风险的基本内涵

古希腊哲学家亚里士多德认为，人们一开始来到城市是为了追求安全感，但最终聚居于城市是为了幸福美好的生活。早期城市安全防卫是首要功能，而现代城市安全防卫功能下降，城市生态系统日渐复杂，但人居环境质量得到提高，人们的生活越来越美好。

城市让生活更美好。未来世界各国政府努力的重心，一定是建设与人民美好生活需要相匹配的城市，而这一切的基础就是安全，包括生态安全、财产安全、公共安全和经济安全等。不过，历史和现实的大量资料表明，城市中存在金融诈骗、经济犯罪和各类违法行为，以及其他自然灾害等，这些对居民安全和城市运行产生不良影响。城市运行中的风险防控就是从预见风险、找准风险、抵御风险到管控风险再到化解风险，从而最终到防范风险。城市运行的风险防控是城市管理必须面对的重要现实问题。

实际上，很多风险是人的心理和行为方面的风险。基础设施和治理机制虽然发挥着降低风险的作用，但作用仍然有限，并且这种作用在不同城市存在很大差异。学者们一般认为，城市运行风险（Risk）＝影响城市运行的危险要素（Hazards）×城市运行系统的脆弱性（Vulnerability）。影响城市运行的危险要素是指可能造成各类损失、对城市运行产生扰动的事件。这类事件主要来源于自然环境和人类行为。

（二）城市运行风险的分类

1. 城市的风险类型可以根据不同的依据有不同的划分

根据风险本身的特征和所影响的范围等，城市风险划分为总体性风险、多体性风险、单一性风险三类。

一是总体性风险。总体性风险是指风险承受者的总体性。比如传染性疾病风险，尽管该类风险有易感人群和易感职业，但总体来说，如果一个城市存在这种风险，那么这个城市包括城市人口、城市市民、城市财富、城市精神、城市形象、城市设施等都须承受这种风险。典型的就是武汉的新型冠状病毒疫情风险，这个事件在一定时期内对武汉市民和武汉城市形象有不良影响。

二是多体性风险。这类风险是城市在介于单体性风险和总体性风险之间的一种类型的风险。这种风险主要表现在影响人群的多面性、影响过程的多向性和造成后果的多样性。这种风险不是影响一个行业的人群和所有人群，而是影响多个人群。比如城市地面塌陷可能只影响地面上的建筑、人群以及交通、供水等相关部门和人群，而不会对整个城市都造成影响。相对来说，这类风险的防控较为容易。

三是单体性风险。这类风险指城市在发展过程中所面临的一种特定性风险，这种风险影响范围不广且影响程度不深、无论是连发性还是风险累积性，都是比较弱的一类风险，比如城市火灾、城市特定区域地面下陷等灾害风险。

2. 根据风险和危机的发生过程、性质和机理，国内外城市的风险和危机隐患划分

一是自然灾害。这类风险主要是水旱灾害、台风、冰雹、暴雪、高温、沙尘暴等气象灾害，地震、山体崩塌、滑坡、泥石流等地质灾害，森林火灾和重大生物灾害等。通常，这些灾害一般发生在农村或者原生态环境区域，但如果控制不当就会对城市形成威胁或影响。

二是事故灾难。这类风险主要指航空、铁路、公路、水运、轨道交通等重大交通运输事故，采矿业、建筑业、公共场所及机关、企事业单位发生的各类重大安全事故，造成重大影响和损失的供水供电供油和供气等城市生命线事故以及通讯、信息网络、特种设备等安全事故，核辐射事故，重大环境污染和生态破坏事故，等等。

三是突发公共卫生事件。这主要指突然发生造成或可能造成社会公共健康严重损害的重大传染病疫情、群体性不明原因疾病，重大食物和职业中毒、重大动物疫情，以及其他严重影响公众健康的事件。

四是突发社会安全事件。这主要指重大刑事案件、涉外突发事件、恐怖袭击事件以及规模较大的群体性突发事件。一些群体性事故引发严重的踩踏等导致的

死伤事件，需要引起高度重视。

五是经济危机和经济安全事件。这主要指由于产业衰退导致的资源、能源和生活必需品严重短缺、金融信用危机和其他严重经济失常、经济动荡等涉及经济安全的突发事件。经济危机对社会系统造成特别是对城市社会系统造成严重的影响，需要采取针对性措施应对。

二、自然环境类风险

来源于自然环境的危险因素有疫情、台风、海啸、龙卷风、地震、火山喷发、泥石流、洪涝、干旱、雪灾、海平面上升、极端气候，等等。这些事件往往具有不确定性、突发性和强烈的破坏性。并且，很多灾害通常不是单独出现，往往具有连锁效应，产生很多次生灾害并造成更大范围、更严重的影响和损失。纵观人类历史，这类危险会对城市和人民造成毁灭性打击和地区发展的深远影响。

（一）西方城市的典型灾害风险

1979 年 8 月 24 日下午，庞贝古城附近的维苏威火山突然爆发。火山爆发喷出的熔岩、凝成的石块和火山灰，把大地盖上了厚厚的一层。大雨引起山洪，山洪挟带着大量的石块和火山灰，形成了一股巨大的泥石流，从山上向下冲滚而来。瞬息之间，黑烟夹杂着滚烫的火山灰，铺天盖地降落到这座城市，空气中弥漫着令人窒息的硫黄味。很快，厚为五六米的火山灰将庞贝从地球上抹掉了。庞贝是一座繁华兴旺的城市，但这一切都仿佛被按下“暂停”按钮。

这些历史告诉人们，自然灾害可能在很短时间里将城市变成废墟。因此，当面对变化多端的大自然时，城市选址就要认真考察地质环境问题。

14 世纪四五十年代，整个欧洲迎来了历史上极为黑暗、极为悲惨的时期。1347 ~ 1353 年，席卷整个欧洲的被称为“黑死病”的鼠疫大瘟疫，夺走了 2500 万人的性命，占当时欧洲总人口的 1/3。这种病由一种被称为鼠疫杆菌的细菌所造成，这些细菌寄生于跳蚤上，并借由黑鼠等动物传播。欧洲由此大伤元气，大瘟疫引起了社会、经济和政治的大变动。

“黑死病”导致了严重的大饥荒，致使社会治安出现严重的问题，盗贼四起。当时又掀起了一波又一波迫害犹太人的浪潮，理由是犹太人到处流动传播瘟病并四处投毒。在美因茨，1.2 万犹太人被作为瘟疫的传播者而活活烧死，在斯特拉斯堡城内杀掉了 1.6 万犹太人。“黑死病”对欧洲文明发展方向也产生了重大影响，西方学者认为它已成为“中世纪中期与晚期的分水岭”“标志着中世纪的结束”。“黑死病”对中世纪欧洲社会的经济、政治、文化、宗教、科技等方面造成了剧烈的冲击，产生了巨大的影响。有许多学者把“黑死病”看作欧洲社会转型和发展的一个契机。经历了“黑死病”后，欧洲文明走上了另外一条不同的发展道路，更加光明的道路，原来看起来非常艰难的社会转型因为“黑死病”而突然变得顺畅了。因而它不仅推进了科学技术的发展，也促使天主教会的专制地位被打破，为文艺复兴、宗教改革乃至启蒙运动产生重要影响，从而改变了欧洲文明发展的方向。

（二）中国城市的典型自然灾害

1976 年 7 月 28 日，这一天对全中国来说都是一个沉重的日子、中国河北唐山丰南区一带突然发生里氏 7.8 级强烈地震。23 秒钟后，唐山被夷成废墟，682267 间民用建筑中有 656136 间倒塌和受到严重破坏，242769 人死亡，164851 人重伤，4204 个孩子成了孤儿，直接经济损失达 30 亿元以上。地震罹难场面惨烈程度实属世界罕见。

2008 年 5 月 12 日，四川省汶川地震的面波震级里氏震级达 8.0Ms、矩震级达 8.3MW，地震烈度达到 11 度。此次地震的地震波已确认共环绕了地球 6 圈。地震波及大半个中国及亚洲多个国家和地区，北至辽宁，东至上海，南至中国香港、中国澳门、泰国、越南，西至巴基斯坦均有震感。汶川地震严重破坏地区超过 10 万平方千米，其中，极重灾区共 10 个县（市），较重灾区共 41 个县（市），一般灾区共 186 个县（市）。截至 2008 年 9 月 18 日 12 时，汶川地震共造成 69227 人死亡，374643 人受伤，17923 人失踪。截至 2008 年 9 月 4 日，汶川地震造成的直接经济损失 8452 亿元。汶川地震是新中国成立以来破坏力最大的地震，也是唐山大地震后伤亡最严重的一次地震。

集中暴发于 2020 年 1 月的武汉新冠肺炎疫情，由于春节期间人口大流动，快速传播到全国各地，党和政府高度重视人民群众的生命健康安全，果断采取有效措施，短期内遏制了疫情进一步蔓延和集中大暴发的势头，取得举世瞩目抗疫防疫成效，但全国累计感染人数超过 8 万人，造成 4600 多人死亡，导致第一季度季度按可比价格计算，GDP 同比下降 6.8%，付出巨大经济代价。

由此可见，大范围的灾害对城市、国家的影响是深远的，它不仅威胁着人民的生命安全，还能影响国家的发展方向和进程。因为城市有大量的人口和要素集聚，因此要高度重视各类自然灾害导致的风险。

三、人为因素类风险

相对于自然环境中的危险因素，由人类行为引起的危险因素似乎更可控些，但这些风险离人们的日常生活更近，威胁或影响着城市安全和影响居民的生活品质。这类风险因素往往是来自各个国家地区之间的博弈。早期城市空间布局的不合理不科学，随着城市化进程的不断推进传统空间布局的调整跟不上快速城市化的步伐；快速城市化过程中设计不合理、建设质量不过关等新问题的积累；公共物品供给的规划和建设难以有效回应人口老龄化、经济结构调整造成的大幅失业等社会问题的要求；各种生产事故、产业结构问题、游行暴乱、恐怖袭击、不正确不健康文化的输入、交通保障问题、供给设施问题、人居环境问题以及医疗保障问题等，都是存在风险或者导致风险的领域。

（一）环境类风险

城市的快速发展，人为因素在起着越来越重的作用，产生了许多新的城市风险问题。例如城市建设与发展中的垃圾问题及其他环境问题。

目前，由人类生产生活所产生的垃圾正在迅速增加，垃圾的处置风险控制十分关键。2018 年，中国城市生活垃圾清运量达到 2. 2 亿多吨，生活垃圾呈现快速上升状态。官方没有公布建筑类固体垃圾数量，因为各个城市建设拆迁等因素，估计建筑类固体垃圾产生量也在迅速增加。这类垃圾的环境影响还没有完整的研究报告。不过，各类垃圾影响着城市生态，已经成为公共治理的重要问题。

在这里用废电池举例，研究表明，一节一号电池烂在地里，能使一平方米的土壤永久失去利用价值。一粒纽扣电池可使 600 吨水受到污染，相当于一个人一生的饮水量。中国电池 180 多亿只的年产量，占世界电池总产量的 30% 以上，年消费量达 70 亿 ~80 亿只，但回收率却不到 2% 。废旧电池已经成为威胁城市环境安全的重要因素。

因此，垃圾回收及处理成为当下各城市的重要任务。多年来，我国针对垃圾处理问题制定了相关政策。2019 年 7 月 1 日，《上海市生活垃圾管理条例》正式实施，上海正式步入立法强制垃圾分类的时代，成为中国首个通过人大立法方式强制垃圾分类的城市。为了将垃圾分类落到实处，上海市政府做了大量工作，仅配套文件就多达 18 个。文件分别由不同职能部门发布，包括《宾馆不主动提供一次性用品目录》《餐饮行业不主动提供一次性餐具用品目录》《公共机构限制使用一次性用品目录》《生活垃圾分类违法行为查处规定》等。除此之外，政府做了大量的宣传推广工作，共举办宣传活动 1. 4 万余场，发放宣传资料 1500 余万份，完成入户宣传 680 余万户。其实，在此之前中国已经有过不少城市推行垃圾分类，因为多是自愿倡导，结果并不令人满意。再加上配套的市政设施不完善，经常是扔时分几桶、运时一车装，大大影响市民参与的积极性。虽然出台了处罚措施，但上海面临的挑战依然艰巨。

（二）生产安全类风险

城市与工业和服务业生产活动密切相关，生产活动安全也关乎着城市安全。在各级生产安全事故中，备受关注的是特别重大生产安全事故，因为这一类事故造成的伤亡人数多、经济损失大、社会影响面广。

2015 年 8 月 12 日 23 时 30 分，位于中国天津市滨海新区天津港的瑞海公司危险品仓库发生火灾爆炸事故。本次事故中爆炸总能量约为450吨TNT当量，造成165人遇难，798人受伤，304幢建筑物、12428辆商品汽车、7533个集装箱受损，事故已核定的直接经济损失68.66亿元。调查组查明，瑞海公司危险品仓库运抵区南侧集装箱内的硝化棉由于湿润剂散失出现局部干燥，在高温（天气）等因素的作用下加速分解放热，积热自燃，引起相邻集装箱内的硝化棉和其他危险化学品长时间大面积燃烧，导致堆放于运抵区的硝酸铵等危险化学品发生爆炸。调查组认定，瑞海公司严重违反有关法律法规，是造成事故发生的主体责任单位。该公司无视安全生产主体责任，严重违反天津市城市总体规划和滨海新区控制性详细规划，违法建设危险货物堆场，违法经营、违规储存危险货物，安全管理极其混乱，安全隐患长期存在。

2019年3月21日，江苏响水天嘉宜化工发生重特大爆炸事故。2019年3月31日7时12分左右，位于昆山开发区雄鹰路66号的昆山汉鼎精密金属有限公司数控机床加工车间北墙外堆放镁合金废屑的集装箱发生爆燃事故，造成7人死亡、1人重伤、4人轻伤，直接经济损失4186万元。

造成城市生产安全事故的原因比较复杂，但项目安全评估缺失以及过程性控制机制不严格是发生事故的重要原因。此外，早期城市空间布局的不合理不科学，传统空间布局的调整跟不上快速城市化的步伐，这种形势使许多城市面临着更多潜在风险。当前，几乎每个城市都越发依赖某个单一的力量如电力和互联网，在现在自媒体发展极其迅速的影响下，这些传统意义上的风险便被加了“催化剂”一般，使局部的风险和错误造成更大范围的影响，且随着经济发展和科技进步开始出现新型风险。

专栏1：安全事故等级

根据《特种设备安全监察条例》及《生产安全事故报告和调查处理条例》规定，安全生产事故等级分别是：①特别重大事故，是指造成30人以上死亡，或者100人以上重伤（包括急性工业中毒，下同），或者1亿元以上直接经济损失的事故；②重大事故，是指造成10人以上30人以下死亡，或者50人以上100人以下重伤，或者5000万元以上1亿元以下直接经济损失的事故；③较大事故，是指造成3人以上10人以下死亡，或者10人以上50人以下重伤，或者1000万元以上5000万元以下直接经济损失的事故；④一般事故，是指造成3人以下死亡，或者10人以下重伤，或者1000万元以下直接经济损失的事故。

特种设备事故等级分别是：

有下列情形之一的，为特别重大事故：①特种设备事故造成30人以上死亡，或者100人以上重伤（包括急性工业中毒，下同），或者1亿元以上直接经济损失的；②600 兆瓦以上锅炉爆炸的；③压力容器、压力管道有毒介质泄漏，造成 15 万人以上转移的；④客运索道、大型游乐设施高空滞留 100 人以上并且时间在 48 小时以上的。

有下列情形之一的，为重大事故：①特种设备事故造成 10 人以上 30 人以下死亡，或者 50 人以上 100 人以下重伤，或者 5000 万元以上 1 亿元以下直接经济损失的；②600 兆瓦以上锅炉因安全故障中断运行 240 小时以上的；③压力容器、压力管道有毒介质泄漏，造成 5 万人以上 15 万人以下转移的；④客运索道、大型游乐设施高空滞留 100 人以上并且时间在 24 小时以上 48 小时以下的。

有下列情形之一的，为较大事故：①特种设备事故造成 3 人以上 10 人以下死亡，或者 10 人以上 50 人以下重伤，或者 1000 万元以上 5000 万元以下直接经济损失的；②锅炉、压力容器、压力管道爆炸的；③压力容器、压力管道有毒介质泄漏，造成 1 万人以上 5 万人以下转移的；④起重机械整体倾覆的；⑤客运索道、大型游乐设施高空滞留人员 12 小时以上的。

有下列情形之一的，为一般事故：①特种设备事故造成 3 人以下死亡，或者 10 人以下重伤，或者 1 万元以上 1000 万元以下直接经济损失的；②压力容器、压力管道有毒介质泄漏，造成 500 人以上 1 万人以下转移的；③电梯轿厢滞留人员 2 小时以上的；起重机械主要受力结构件折断或者起升机构坠落的；④客运索道高空滞留人员 3.5 小时以上 12 小时以下的；⑤大型游乐设施高空滞留人员 1 小时以上 12 小时以下的。

设备事故等级规定如下：

一般事故：设备修复费用 5000～10000 元；影响正常生产 2 小时；造成停电 0.5 小时。

重大事故：设备修复费用 10000 元以上；造成设备停产 8 小时；电力供应中断 1 小时；造成供气中断 8 小时。

特大事故：造成供气中断 24 小时；设备修复费用 50 万元以上；压力容器、燃气贮罐发生火灾或爆炸。

（三）公共安全类风险

公共安全类风险主要是由于消防隐患、集体活动、群众集会、恐怖袭击等引发的造成人身财产损失的事故。2001 年 9 月 11 日，美国纽约发生针对世界贸易中心的恐怖袭击就是典型的公共安全事件。事件造成的建筑等财产直接损失达 340 亿美元，人员伤亡造成的损失 110 亿美元，灾区现场清理和抢救费为 140 亿美元。美国股民开始恐慌性抛售股票，导致股市暴跌在事故发生后的一周内，道琼斯指数、纳斯达克指数和标普指数分别下降 14.3%、16.1% 和 11.6%，估计股票缩水1.4万亿美元。

2010年11月15日，上海发生了特别重大火灾事故。静安区胶州路728号一幢正进行外墙节能保温施工的高层公寓发生火灾，造成58人死亡、71人受伤，建筑物过火面积12000平方米，直接经济损失1.58亿元。

第二节　城市运行风险的防控体系与机制

对于一个城市来说，运行安全是一个城市、地区各项工作顺利开展的底线，城市安全运行作为公共安全中重要的内容，影响着城市健康、稳定发展以及关系着社会的和谐发展。然而，现代城市运行安全隐患无处不在。随着现代城市发展规模的增大，发展所带来的内在风险也与日俱增，治理难度也日益加大。而城市风险的突发性、不确定性以及破坏性，对城市的生存和发展构成了本质性威胁。因此，建立城市风险防控机制已成为现代城市进一步发展的关键任务。

一、城市运行风险防控的几个重要基础

（一）人的行为具有分化性且存在不确定性

人的行为的分化虽然不是所有风险产生的原因，但至少是一部分风险产生的原因。比如，犯罪行为学方面的经验事实显示出惯犯作案动机较高等特征。风险多种多样、千变万化，一般分为可控风险和不可控风险。顾名思义，可控风险主要指利用现实中客观条件、特别是现有科技水平和手段能够认识和驾驭的风险，包括社会科学视阈内的大多数社会性风险和部分自然界风险。这些风险的人为控制程度较高，通常损失能够降低到一定范围。不可控风险即那些超越人的认识水平、理论水平、科学技术水平、把握处理能力之外的风险，包括部分社会性风险和多数自然界风险。这些风险的人为控制程度较低，损失也存在很大不确定性。

根本而言，风险防控是压制风险的苗头和化解潜在危险的积聚集合、加重升级，使潜在风险不成为现实风险，确保不会引发现实危害或带来现实恶果。风险防控机制是指为防范和化解风险而以风险治理条件和治理能力为基础所建立、实施、维持和不断完善发展的治理性规范安排和基本做法。从风险管理科学上看，主要包括两个基本部分：一是可控风险防范机制，二是不可控风险防范机制。

（二）面对威胁和不安全情况人具有态度和行为方面的差异性

风险产生并造成损失的一个原因在于人面对已经产生的风险具有不同的态度和行为。一般来说，人们总是规避风险，这种规避在于仅仅关注事件对自己的影响程度，而一般不太关注对他人的影响程度。也就是说，在明知造成损失的风险

事故面前，人们会选择躲避或者类似的行为。这可能引发更加严重的风险事故。

更重要的是，尽管有些人会采取一定行为防控风险，但采取行为的程度和范围等存在差异。这可能是导致风险事故造成不同损失的原因之一。城市风险防控机制主要从可控风险防范机制和不可控风险防范机制两方面建立。可控风险防范机制是基于人的主观能动性可达风险防控边际而建立实施的一整套风险防控操作机制，具有严密、精致、有效的治理性能，基本能够确保有效防范和化解重大风险。城市可控风险防范机制主要是针对人为造成的城市风险。这类风险可以通过加强人们对城市风险的认识，制定相应的制度建立相应的机制以及监督检查体制从而实现防控。

不可控风险防范机制是基于人的主观能动性不可达、充其量仅能在基本被动的状态下发挥，最大限度抑制风险负能量或破坏性能量的极限型风险防控操作机制，在治理性能上存在一定的效能局限和效用短缺，在满足风险治理要求上一般均定位于人的主观能动性有效边际。城市不可控风险防控机制主要是针对一些自然因素造成的城市风险。这类风险对于人们来说是不可预测的并且危害力极强。针对这类不可控风险，应该增强防范意识，提高人们的警觉，从而降低这类风险的危害。

（三）人们通常难以准确估计和预测各类风险的发生及损失

尽管，我们已经建立了气象灾害等方面的预报系统，但是，大量事实显示，人们总是难以准确掌握自然环境风险的规律，特别是那些短期内造成严重损失的自然灾害。从这个意义上说，未来是难以预测的。面对难以预测的未来，人们的行为更呈现分化的特征，以及表现出对风险的漠视。更重要的是，即便采取必要的措施，实际上仍然不能全部挽回风险造成的损失，或者将风险控制到一定水平，比如，事件导致的死亡率等，就很难控制在一定水平。因此，在风险面前人类不能过度自信。

二、城市运行风险防控体系

城市风险防控是公共产品和公共服务，市场主体自然不愿意或者没有能力承担此责任。城市风险防控不仅包括自然灾害、社会稳定、金融等领域风险管控，更是指各级政府及有关主体从区域的角度，对辖区内各区域、各行业领域、各生产经营单位和其他法人单位的安全风险进行辨识、评估及分级管理控制全过程，而且应高度关注自然灾害引发生产安全事故的风险。城市风险防控应建立双重预防机制，即对易发生特大事故的行业和领域采取的安全风险分级管控和隐患排查治理工作机制。城市风险防控不仅是降低风险的发生概率，而且需要对事故等造成的损失进行控制。构建城市风险防控体系对于城市安全运行十分重要。这是基于我国城市发展进入新阶段、面临新情况、迎接新挑战应运而生的自然结果。

（一）指挥协调体系

例如我国城市的公共安全风险防控就应该从城市公共安全管理战略高度对风险控制进行统一谋划和系统化设计。受制于一直以来的习惯性思维影响，当前我国城市公共安全管理的重点还停留在发生事故的应急管理，导致对防控的重要性认识不足，仅将应急管理作为风险防控的一种手段，没有从城市公共安全管理战略高度对风险防控进行统一谋划和系统化设计。

诸多经验事实显示，建立风险防控的指挥协调体系对于正确实施防控十分重要。2018 年 4 月 16 日，国家应急管理部举行挂牌仪式，这是国家风险防控体系建设的重要进展。当前，很多城市建立了应急管理委员会等机构，对于防控风险具有显著价值。

（二）物质储备与配送体系

1998 年长江流域发生洪水，导致一些城市粮食供应不足，但是，当时作为粮食主产区的安徽和河南等省区能够调动的粮食数量非常有限，不能满足受灾地区的需求，因此很多粮食是从黑龙江等东北粮食主产区调动调剂的。显然，应对紧急事件需要充裕的物资储备，这说明了粮食等重要物资储备的重要性，特别是均衡性区域储备对于防控灾害等具有重大意义。国家层面，已经组建了粮食和物资储备局来进行应急物资的统一协调和调配。

专栏 2：粮食和物资储备局

粮食和物资储备局是国家发改委管理的单位，国家粮食和物资储备局设下列内设机构（副司局级）：

（1）办公室（外事司）。负责机关日常运转，承担安全、保密、信访、政务公开等工作。组织研究粮食和物资储备的重大问题，承担新闻宣传工作。开展粮食和物资储备对外交流合作，承担机关和直属单位的外事工作。

（2）粮食储备司。研究提出粮食购销政策和最低收购价原则的建议并组织实施，拟订粮食收购市场准入指导标准，研究提出中央储备粮棉糖收购、销售、进出口计划并组织实施，管理轮换计划。指导协调政策性粮食购销和地方储备粮管理，拟订全国粮食市场体系建设与发展规划并组织实施。归口管理全局统计工作，承担粮棉糖市场监测预警、统计工作。

（3）物资储备司。拟订战略物资储备政策和规章制度并组织实施，研究提出健全战略物资储备体系的建议，研究提出战略物资储备规划、计划的建议，组织实施战略物资储备的收储、轮换和日常管理。承担战略物资储备统计工作。

（4）能源储备司。拟订原油、成品油、天然气收储、轮换和日常管理的政策和规章制度并组织实施，落实有关动用计划和指令。承担相关储备统计工作。

（5）法规体改司。承担粮食流通和物资储备体制改革工作，组织起草粮食流通和物资储备管理的法律法规草案和规章，承担规范性文件合法性审查工作，承担行政复议、行政应诉等工作。

（6）规划建设司。研究提出国家储备总体发展规划和品种目录的建议，组织编制粮食流通、加工和物资储备基础设施建设规划，提出粮食流通和物资储备中央投资和财政性资金投资方向、规模以及安排的建议。按照规定权限组织有关项目的资金申请、项目审核并指导实施，承担粮食和物资储备信息化建设工作。

（7）财务审计司。拟订有关财务管理、资产管理、审计监督等制度、办法并组织实施，编制部门预决算，负责管理相关资金，承担内部审计工作，负责所属单位国有资产监督管理。

（8）安全仓储与科技司。承担所属物资储备单位安全储存和安全生产的监管，承担粮食流通、加工行业安全生产工作的监督管理。制定粮食和物资储备的仓储管理政策和制度并组织实施。制定中央救灾物资储备政策和制度，组织实施中央救灾物资的收储、轮换和日常管理。组织拟订粮食流通和物资储备有关标准、粮食质量标准，制定有关技术规范并监督执行，指导粮食流通和物资储备的科技创新、技术改造。

（9）执法督察局。拟订粮食和物资储备监督检查制度并组织实施，监督检查粮食和物资储备数量、质量和储存安全，以及有关法律法规、规章等制度和政策执行情况。对中央事权粮棉政策执行和中央储备粮棉管理情况实施依法监管和年度考核。建立健全储备责任追究机制，依法组织对重大案件查处和督察督办，组织指导粮食购销活动的监督检查。承担粮食安全省长责任制考核的具体工作。

除了粮食等物质保障，还有衣物、棉被、帐篷、布匹、能源等方面的储备也很关键，其中，能源储备已经有国家石油储备体系等，这为应对紧急状态提供了良好的能源保障。

（三）专业技术支持体系

在各类风险的防控中，专业技术力量的支持十分重要。比如，地震灾情的防控中，就需要专业救援技术人员进行支持。消防事故中，专业人员的操作能够降低事故损失并减轻对周边居民的不良影响。医疗卫生事件中，也需要专业人员的介入，从而提高救治效率。专业技术支持的重点在于如何快速地从周边地区调集力量集聚到灾害发生地进行有效的专业操作，形成协同性的工作机制十分重要。

（四）后勤服务保障体系

风险防控的后勤保障问题比较复杂。因为灾情和风险可能让原有的保障体系陷入瘫痪的状态，或者非正常运行的状态。这需要重新构建或者修复后勤服务保障体系。所谓后勤保障体系是指为风险控制的核心人员和专业力量提供辅助性服务的各类工作和业务，包括运输、安装、食宿等业务和服务。在紧急状态下，风险防控主体应该通过征用公共场馆等强制性方式提升后勤保障能力。

（五）主体责任监督体系

风险控制是集体行动，有关主体必须明确责任。实际上，风险中各类主体的行为具有复杂性，有些主体可能为了规避风险或者其他考量，在风险控制中采取不作为或者相对不作为等。而有些主体则可能会过度作为，导致没有必要的损失和牺牲等。由此需要一个监督体系对这些主体行为做出相对完整的评估。

当前，我国城市在发展过程中公共安全往往面临着诸多问题。一方面，有调查显示城市流动人口总数已突破2.44亿，流动人口犯罪占城市犯罪总数的55%以上。社区服刑人员超过70万，他们的重新犯罪率高达1.4%以上。人员核实管控困难给社会综合治理造成巨大压力。另一方面，在40年来城镇化高速发展的同时，大量的城市设施设备开始老化，40%以上社区物业设施安防工作不到位，大型建筑的安全事件时有发生，造成了城市安全的诸多隐患。此外，目前的群防群治及行政社会手段碎片化问题严重，重复管理与“信息孤岛”也给社会公共安全带来了挑战。

要提升城市治理与运行能力、打破城市发展困境，必须发现并解决这些问题。在新时代，安全管理思路已经由“强化安全生产管理和监督，有效遏制重特大安全事故，完善突发事件应急管理体制”向“健全公共安全体系，完善安全生产责任制，坚决遏制重特大安全事故，提升防灾减灾救灾能力”转变。

城市安全管理工作应从粗放型向集约型转变。以往在评价一个行业、一个地区的安全工作时，最直接的方式是听取该行业、该地区的事故情况汇报。如果说发生死亡事故的起数、造成死亡的人数同比处于下降的趋势，那么该行业、该地区安全管理工作有效。这种方式在此前事故多发、工作重点是亡羊补牢的时代背景下，有其客观合理性。但是，事故发生率低并不代表没有隐患。在新时代，安全管理工作评价应由考核事故发生量，转向评价安全风险防控做得好不好。而且事故发生后，由点及面分析导致事故产生的技术、运行体制、管理机制等因素，从而避免类似事故的再次发生。这个转变也是对于安全管理提出的新建议。

此外，城市安全管理工作应做到市民安全感的提高。在新时代，民众对安全风险防控提出了“精细化、全覆盖、无死角”的要求。一些城市在规划和管理过程中，往往忽视了一些细节，给市民带了各种不便。诸如窨井盖设置不合理，管理跟不上，不仅影响道路美观，“窨井盖吞人”事件也时有发生。这些小的细节，如果不加以重视和解决，就会成为影响民众安全感的大问题。

因此，解决城市安全风险防控问题的关键是构建城市安全生产的精准画像，开展城市生产安全事故灾难风险评估，建立完善覆盖城市生产、生活、运营等各方面，贯穿城市规划、建设、运行、发展等各环节的全方位、全过程的城市安全生产安全风险风机管控体系。

三、城市风险防控的工作机制

城市风险管理体系建设应从传统的政府一元主体主导的行政化风险管控体系转型升级为多元化、系统化的多元共治的城市风险管理体系。主要通过三个关键机制发挥作用。

第一，健全“三位一体”风险共治机制。充分发挥政府、市场、社会在城市风险管理中的优势，构建政府主导、市场主体、社会主动的城市风险长效管理机制，完善运行有序有效的应急联动机制。

第二，创新精细化风险防控机制。通过社会参与途径多元化，结合移动互联等技术背景，应对城市风险动态化带来的管制难点，整合各类信息资源，完善城市隐患风险数据库，编制城市安全风险清单；形成系统适用的“互联网 +”风险防控成套技术体系；提升各领域的安全标准，建立统一规范的风险防控标准体系。

第三，构建多方位的保障机制。观察当下城市运行发展的新形势、新情况、新特点，加强顶层设计和整体布局，提高政策法规的时效性和系统性，建立高效的反馈机制，及时制定和修改相关法律规章；引入第三方保险机制，促进保险公司主动介入投保方的风险管理当中去，防灾止损，控制风险，并通过保险费率浮动机制等市场化手段，倒逼企业和个人进行行业规范和行为约束，降低风险。

对于区社治办，应立足源头治理，坚持问题导向，切实做好突发事件防范与处置工作，不断提升应急联动水平；区安委办按照区委、区政府关于安全生产工作的总体部署，着力提升安全监管力度，强化责任落实，推动专项治理全面铺开，构建社会共治大格局。区政府各职能部门将认真研究，转变理念，扎实做好事先预防工作；改革创新，加强部门协同，优化城市运行安全的体制机制；充分利用现代化的信息技术手段，建立“城市大脑”，加强监控和预防；广泛发动社会参与，提高人民群众的安全素养。

为建成这样的城市风险防范机制，城市风险防控体系建设应以城市总体实现风险可防可控，确保所在城市的治安、消防、生产、交通、网络、食品、电梯、寄递等重点领域有序运行，不发生系统性、全局性的安全风险为目标。以坚持“全方位、全覆盖、全生命周期”为考虑问题的出发点，立足“全天候、系统性、现代化”城市运行安全保障，突出横向到底、纵向到边的“立体性、多维度、成闭环”的管控思维，构筑“事前科学防、事中有效控、事后及时救”的风险防控体系为指导思想。

第三节 建设防范化解风险的韧性城市

所谓“韧性”城市是指城市或城市系统能够化解和抵御外界的冲击，保持其主要特征和功能不受明显影响的能力。加强城市消防、防洪、防疫、排水防涝、抗震、人防等防灾减灾设施和救援救助能力建设，建设韧性城市，提高城乡综合防灾减灾能力，建设区域城市型防灾中心，确保城市生命线工程安全运转。城市运行风险不同于城市一般问题，具有突发性、危害的全面性以及难以预测等特征，对城市的生存和发展可能构成根本威胁。为了保持城市健康、良性、长期发展，应从思想上深化对城市风险的认识，从组织、技术等方面采取必要的应对。根据大量城市风险防控经验事实，要采取以下举措化解城市运行风险。

一、培育自觉的城市风险防控意识

风险意识是一种对潜在的不确定及风险充满警觉或注意的意识。对于城市管理者，各个行业管理者要专注于行业风险。比如，房地产行业管理部门应该培养楼盘开发的各类风险意识，对开发商等主体进行风险评估，特别是资金实力等方面的评估。金融行业要着力通过数据分析等评估项目资金风险和金融运行风险。针对相关领导和部门，要加强风险意识教育和风险管理理论的普及，使其工作思路从应急管理转向风险管理，工作重心从“以事件为中心”转向“以风险为中心”，从单纯“事后应急”转向“事前预警、事中防控”。

事实证明，很多严重风险可能是当事人或者主管者的不作为导致的，对此需要通过各种方式进行规制和管理。此外，风险管控要注意细节中隐含的风险信息，正如人的身体中局部的不适感隐含的疾病信息一样。要充分利用学习、家庭、社区等资源场所，加强社会风险管理责任的宣传和公众安全风险知识的科普，形成风险共识。有些领域的风险防控要充分发挥民众的积极作用，因此，城市管理者应该始终畅通和民众之间的联系。城市风险防控机构应该通过经常性演练等方式强化市民风险意识。

二、强化城市运行安全保障设施建设

一是各级政府要切实加强城市运行安全风险管控的组织和规划。政府应对管

理区域按照不同行业和领域确定风险防控等级，定期排查区域内安全风险点、危险源，落实管控措施，构建系统性、现代化的城市安全保障体系。二是切实推进安全发展城市建设。在市县两级开展城市安全风险综合评估，建立城市安全风险分布图。根据不同区域安全生产风险等级，加快开展公共安全视频监控点布点规划建设。三是提高基础设施安全配置标准，重点加强对城市高层建筑、大型综合体、隧道桥梁、管线管廊、轨道交通、燃气、电力设施及电梯、游乐设施等的检测维护。进一步推进基础设施互联互通，着力降低因为基础设施领域导致的各类风险隐患。四是完善大型群众性活动安全管理制度，做好重大活动安全风险评估和管控工作，加强人员密集场所安全监管。五是加强公安、民政、国土、住建、交通运输、水利、农业、安监、气象、地震等相关部门的协调联动，严防自然灾害引发事故。

三、搭建综合预警平台、健全综合管理平台

在风险评估系统的构建上，要素风险管理规划、识别、分析、应对、监测和控制的全生命周期的风险评估系统。行业资料和行业数据是表达风险的重要基础信息。在统一规范及标准基础上，加强各行业与政府间的安全数据库建设，整合各领域已建风险预警系统，构建覆盖全面、反应灵敏、能级较高的风险预警信息网络，形成城市运行风险预警指数实时发布机制。目前，各个城市这方面的建设比较滞后，很多部门通过设立办公室群发短信等形式提醒公众，这显然是一种非常低端的风险警示方式。

在风险综合预警平台基础上，强化城市管理各相关部门的风险管理职能，完善城市管理各部门内部运行的风险控制机制，建立跨行业、跨部门、跨职能的“互联网+”风险管理大平台，并以平台为核心引导相关职能部门和运营企业进行常态化风险管理工作。

专栏3：疫情预防和控制的等级管理

中国疾病控制中心和国家卫健委建立了防控疫情的各类技术平台。中国在经历2003年SARS疫情之后建立了中国传染病与突发公共卫生事件监测信息系统（简称网络直报系统），对各类传染性疾病展开监测，不明原因肺炎更是监测、报告的重点。这套庞大的信息系统在招投标时曾吸引IBM、甲骨文等国内外巨头参加投标。这套网络直报系统“横向到边、纵向到底”——横向覆盖全国，纵向“到乡镇卫生院的电脑里都可以看到这个网络系统”，只要发现传染性病例尤其是不明原因肺炎，医院都要直接在这套系统上报告病例，包括中国疾控中心在内的各级疾控部门都能第一时间了解情况。中国疾控中心更是有一组人专门监

测、每天写分析报告。并且，一旦发现不明肺炎在一个地方超过5例，就自动触发核查机制：由中国疾控中心派人去进行流行病学调查、病人的访视、采取样本。

四、加强现代城市风险管理的法治建设

法治是现代城市管理的必然选择。为了实现城市安全运行与有效控制，需要建立完善的法律制度，进而能够进一步规范城市安全运行过程中不同工作行为，提高风险防控工作的科学性。各个城市都应该积极推进城市安全运行的法制建设，营造良好的制度环境，实现有法可依，遵循法律规则。

加强风险管控的立法工作。建立综合防灾和统一应急救援的地方法规体系，将编制风险登记册、应急响应者必须相互合作等内容均以法律形式明确，并根据危机形势的发展不断修改完善。多年来，中央立法机关和地方立法机关陆续出台了涉及很多领域的风险防控法律文件。比如，甘肃省人大出台了《甘肃省鼠疫防控条例》等法律文件，这对于风险防控的法制化具有显著价值。不过，法律的生命力在于执行，在于用实际行动维护其尊严，要防止因为各级政府和部门的不作为导致法律文件成为一纸空文的情形。

五、建立城市运行安全管理跨部门协同机制

在当下新的行政体制创新环节中，需要牢牢抓住转变职能以及明确职责等方面。现代城市的复杂性决定了城市管理工作的复杂性，各部门无法单独解决问题，部门间必须进行有机合作，即“跨部门协同”，由于要素众多、信息繁杂、部门职责交叉等客观情况，城市管理中的跨部门协同难度较大、协同问题表现突出，具体表现为城市管理工作的无序和低效。

城市运行管理具有宏观、高层次、全局性、全面性、全方位等特点，并且需要综合合理规划。因此，促进各部门协同工作能降低因部门协调不当而造成的城市风险。在实际工作和实践中，存在以下协同机制的做法。

第一，联席会议制度。城市运行是一个动态的过程。对于城市运行过程中所蕴藏的风险，我们要采取科学的方法，科学地建立城市运行风险管理机制，要全天候、全时段、全过程地监测城市运行风险，对城市运行的重大风险进行及时有效的处置，使城市始终处于正常、稳定、可持续的良好运行态势。多年来的实践证明，党政联席会议是一项不错的制度安排，能够发挥党委统一领导及各部门协调的作用，对于分类风险防控具有显著作用。

第二，综合执法制度。综合执法，各地设立了综合执法局等单位，进行城市

管理工作。实践证明，综合执法在城市市容环境卫生风险、一些公共安全事故风险等方面发挥了很多作用。不过，综合执法需要体现法制文明，避免和一些主体发生严重冲突导致社会紧急事件。

第三，突击小分队机制。小分队是指专门针对某些领域的风险事件能够进行独立、专业、高效处理的组织。比如，对于流域面积广大的洪水等，需要解救被围困的人员时，就需要若干分散小分队来执行任务。这有利于提高救援效率。

第四，特别行动小组安排。为了有效降低一些领域的风险，组建特别小组十分必要。这些小组通常由各个专业领域的精干力量组成，能够高效迅速处置一些紧急事件，能够发挥降低风险控制成本的作用。

最后，需要说明的是，因为城市区域的严格管控，很多具有风险的生产行为转移到城市郊区或者乡村地区，这又为监管带来诸多困难。因此，建立城乡一体化的安全运行网络十分必要。

第十章　现代城市建设与运行管理的公共政策

现行城市建设、运营管理政策实际上已经形成了一个内容丰富的政策体系，但是，由于部门管理的分割性及信息不对称等原因，这些政策在内容方面存在一些矛盾之处，在执行中也存在诸多机制性和技术性困难。现代城市建设与运行管理政策，是对环境、经济、文化和社会发展等方面的综合管理，需要根据情况发展变化持续优化，以降低城市运行风险，实现区域经济社会高质量发展。

第一节　土地政策

土地资源既是城市最具价值的资源之一，也是重要的战略资源。土地供应和价格等还关系到房价等重大民生问题，正确贯彻国家土地资源管理政策是城市建设和运营管理的重要内容，是政府必须应对和解决的现实问题。

一、现行土地政策基本情况

城市是如何供应土地的？因为按照现行法律，城市土地一般为国有土地，这是政府控制土地供应的法律依据。实际上，城市土地扩张是政府推动的结果，是集体行动的结果。一是对老旧城区的改造过程中供应土地；二是通过征地实现城市扩张；三是通过出让老旧厂房等方式供应土地。土地供应方式主要是协议出让方式和招标、拍卖、挂牌出让方式。

土地征收、拆迁及补偿政策是土地政策的重要内容。各个城市扩张过程中，主要是征收农民的农田来实现土地资源储备，因此，对农民的安置、补偿等问题就是关系到农民切身利益的问题。

对于国有土地征收的政策，主要是根据《国有土地上房屋征收与补偿条例》等政策文件执行。根据政策规定，县级政府有征地权力，并需要按照征地面积等进行相应的风险评估等工作。比如该条例规定：市、县级人民政府做出房屋征收决定前，应按照有关规定进行社会稳定风险评估；房屋征收决定涉及被征收人数量较多的，应经政府常务会议讨论决定。做出房屋征收决定前，征收补偿费用应足额到位、专户存储、专款专用。

如图 10-1 所示，多年来，中国城市征用土地面积均在 1000 平方千米以上，这实际上等于每年都在增加一个特大城市的面积，这是很显著的城市化扩张现象。这种扩张的背后是政府通过行政权力征用土地的低成本方式，也是中国城市化进程和其他国家城市化的不同特点。

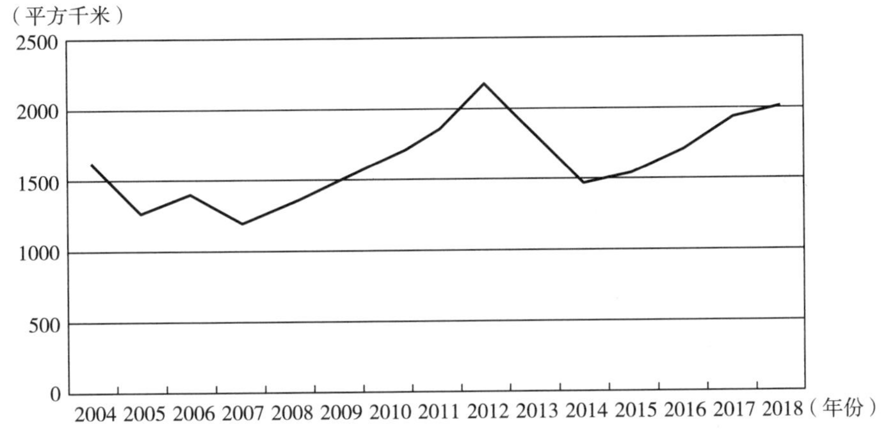

图 10-1 土地征用面积变化情况

资料来源：根据国家统计局网站数据整理绘制。

二、城市土地资源管理的导向

第一，粗放式扩张向内部优化利用方向发展。当前，很多城市的扩张过程已经达到一定阶段，在人口相对饱和等情形下，城市应该着力从内部挖掘土地资源价值，走土地集约型、紧凑型发展道路。这就需要控制城市的过度扩张，从内部优化方面提升城市土地价值，降低城市扩张的各类风险。在土地资源利用方面，要着力调整工业和公共服务设施用地等结构比例，降低土地低效率利用带来的价值损失。

第二，探索降低土地财政依赖的发展模式。当前，城市建设与发展对土地出让金等收入的依赖程度较高，并导致很多城市发展持续性依赖土地财政。这些土地被用来开发房地产等项目，直接增加了房地产供给，一定程度上有助于改善居民住房。但是，也导致金融资本和房地产业资本的融合，积累了经济运行的系统性风险。

第三，实施更加精细化土地资源管理。特别是公共机构和公共服务设施用地面积过大的问题在很多城市存在，需要通过更加严格的土地政策来促进土地资源优化利用。此外，城市还应该通过老旧小区改造等来促进土地资源优化利用。

专栏1：开发商拿地需要哪些手续？

我们平常买房子的时候，都会关注开发商的资质等问题。实际上，更为重要的问题为开发项目是否具有完整的行政审批手续。地产商开发楼盘，需要很多行政许可才能顺利实施。通常所说的《土地使用证》《建设用地规划许可证》《建设工程规划许可证》《建筑工程施工许可证》《商品房预售许可证》等，都是楼盘开发必须通过的行政许可。不可否认，这些行政许可在一定程度上规范了房地产开发的行为，降低了诸多市场风险，但也存在手续烦琐增加企业负担的问题。行政管理中一个令人忧虑的情形就是增加管理手续但真正的风险来临时管理部门束手无策。这是公共管理中的一个重要问题。

三、优化土地资源开发的公共政策

当前，很多城市仍然在外部扩张方面发展，即采取的模式是将乡村地区的土地征用，转化为城市建设用地，从而保障财政收入的增长和城市化进程的推进。与此同时，很多城市也在挖掘内部资源潜力，提高土地资源的产出。由于区域经济发展的差异，很多西部城市在土地方面采取了优惠的政策，比如无常划拨等形式来吸引投资。这是土地政策的区域性差异。

不过，此过程中也需要注意一些问题，比如，城市内部的优化可能带来一些不良外部性，很多城市郊区成为垃圾填埋、污水处理、废品收购、农贸市场等产业的集聚区，造成城乡接合部的环境质量降低，这是将一些产业迁移到城市外部的结果。因此，城市土地资源优化还需要统筹乡村地区的发展，实施一种更加广泛的空间优化。对于造成乡村地区土地占用以及环境污染的，要采取经济、法律等方式予以补偿。

第二节　财政政策

一、城市建设的财政政策

财政收入是城市建设的主要资金来源之一。在财政政策方面，经济实力强的城市具有财力来增加城市建设的投入，而财政实力较弱的地级市和县城则相对紧张。在现有财政支出中，很多支出涉及城市建设与发展，比如，城乡社区事务支出等。不过，这些支出中很多用于人员工资等支出，直接作用于城市建设与发展的支出较少。

表 10 -1　地方财政支出中涉及城市建设领域的支出项目

项目	具体内容
住房保障支出	包括保障性安居工程支出、住房改革支出（住房公积金、提租补贴、购房补贴）、城乡社区住宅（如公有住房建设和维修改造支出）
国土资源气象等事务支出	专门反映政府用于国土资源、海洋、测绘、地震、气象等公益服务事业方面的支出
资源勘探电力信息等事务支出	资源勘探开发、制造业、建筑业、工业和信息产业监管等事务支出
交通运输支出	沿海、内河、远洋和汽车运输企业经营旅客、货物运输业务所发生的各项费用支出
城乡社区事务支出	包括城乡社区管理事务支出、城乡社区规划与管理支出、城乡社区公共设施支出、城乡社区住宅支出、城乡社区环境卫生支出、建设市场管理与监督支出等
节能环保支出	环境保护事务管理、环境监测与监察、污染防治、自然生态保护、天然林保护等事务支出
医疗卫生支出	具体包括医疗卫生管理事务支出、公立医院、基层医疗卫生机构支出、公共卫生、医疗保障、中医药、食品和药品监督管理等
社会保障与就业支出	人力资源与社会保障管理事务、民政管理事务、补充全国社会保障基金、行政事业单位离退休等事务支出
文化体育与传媒支出	文化和旅游、文物、体育、新闻出版电影、广播电视、其他文化体育与传媒支出
科学技术支出	科学技术管理事务、基础研究、应用研究、技术研究与开发、科技条件与服务、社会科学、科学技术普及、科技交流与合作、科技重大项目等方面的支出
教育支出	教育行政管理、学前教育、小学教育、初中教育、普通高中教育、普通高等教育、初等职业教育、中专教育、技校教育、职业高中教育、高等职业教育、广播电视教育、留学生教育、特殊教育、干部教育等教育方面的支出
公共安全支出	包括武装警察、公安、国家安全、检察、法院、司法、监狱、劳教、国家保密、其他公共安全支出
一般公共服务支出	保障机关事业单位正常运转，支持各机关单位履行职能，保障各机关部门的项目支出需要，以及支持地方落实自主择业军转干部退役金等

资料来源：根据国家财政支出有关材料整理。

二、城市维护建设资金

根据现行政策规定，城市维护建设资金指的是：专门用于城市公共基础设施和公用事业的维护建设，促进城市经济发展、优化城市居民生活环境的财政专项资金。根据财政部1989年发布的《城市维护建设资金预算管理办法》，城市维护建设资金构成主要是：列入财政预算支出的专项拨款；按国家规定征收的城市维护建设税；按国家规定征收的城市公用事业附加；国有土地使用权有偿使用收入；按国家规定收取的市政公用设施有偿使用费；按国家规定征收的超标排污费和城市水资源费；城建借款、城建周转金；法律、法规、规章允许各级人民政府筹集的其他用于城市维护建设的资金。

三、城市建设的财政政策改革

财政的基本职能之一是为群众创造福利，促进社会经济公平正义。优化财政支出、提高公共财政保障能力、建设一个惠及全民的高福利国家，既是中国一直奋斗的目标，也是广大民众的期盼。当前，必须持续推进城市建设领域的财政改革。其中，主要的问题是城市建设领域可能存在比较严重的资金耗散等问题。因此，未来要着力在以下方面推进财政政策改革。

（一）优化财政支出结构，降低城市运行成本

优化财政支出主要是着力在民生领域增加支出，在公共服务方面加强化支出，降低和减少财政资金使用耗散和低效率等情况。此外，要着力破除城市维护等领域的区域垄断，通过竞争性机制引导有关主体介入城市维护和建设领域，从而降低城市运行成本。

（二）强化财政支持项目评估，提高城市建设水平

项目是城市建设的基本管理和执行单元。一些项目虽然发挥了提升城市品位等方面的作用，但也存在资金耗散等问题。财政领域的项目资金需要进行严格审计及专业评估，以便为降低资金耗散提供决策依据。对一些没有实际价值的项目，要坚决予以取缔。对于在项目经费中出现严重违法的，要依法问责和审查。

（三）提高支出保障民生能力，提升市民一般福利

财政支出应该有助于缩小城市居民的公共福利差距，提升居民在各个方面的福利水平。特别是这些支出应该增加直接支付给市民的比例，让市民在经济活动中有更多自由支配权。

第三节　金融政策

金融系统掌控着巨大的资金，这是各类经济主体需要以及经济系统运行的重要资源。然而，金融系统配置资本的目标仍然是追求利润，金融机构不是慈善机构，风险控制及稳定性收益是其进行任何活动的重要考量。各地城市在建设与发展中需要金融系统的支持，特别是那些产业比较分化以及具有一定规模的城市，对金融资本的需求更加显著。因此，金融行业和实体经济需要紧密地结合起来，才能在城市发展中真正发挥作用。

一、金融支持城市发展的必要性

一是优化城市经济结构的需要。城市中很多行业要实现转型或者发展质量提升，就需要技术等支持，而技术的引进等需要资金支持。特别是，政府环境要求提高的情况下，一些企业要实现污染物排放量降低，就需要资金团来改进生产技术，实现污染物排放量的控制。

二是提升城市竞争力的需要。城市要交通、通信、供电供水等生产生活基础设施的改善，实现生活质量、生态质量、文化品质的提升，就离不开大量资金的投入，离不开金融的持续支持。

三是保障城市建设重点项目进行的需要。一些城市规划的重点项目，在企业自有资本和政府财政资金不足的情形下，需要金融资本的支持。当前，很多城市进行的 PPP 项目就是借助一些金融机构的支持而进行。

专栏 2：河南的百城提质工程

河南是以中小城市为主的城镇结构体系，县域面积占全省面积的 90%，人口约占 80%，经济总量占全省经济总量的一半以上。但是，中小城市基础设施和公共服务滞后一直是制约河南经济发展的重大现实问题。2016 年，河南启动了百城提质工程。河南提出的目标是：通过 3～5 年努力，全省县级城市基础设施和公共服务设施水平明显提升，城市管理水平、人居环境明显改善，资源集约利用效率明显提高，城镇特色更加鲜明，综合承载能力显著提高，城镇吸纳力、辐射力明显增强，新型城镇化健康发展，一批县级城市达到全国一流水平。

为此，要通过各种方式筹集资金支持城市建设。河南采取了融资模式创新、提高财政性资金支出等方式保障百城提质工程的顺利推进。工程实施以来，河南建成了一批重点标志工程，城市服务能力和城市品位得到显著改善。

以驻马店为例，驻马店作为水资源大市，全市有大小水库186座、大小河流100多条，水资源储量64亿立方米，建设城市水系更有条件、更有优势。按照“山水入河、引水入城”的思路，巧做“水文章”、改善“水生态”，着力构建练江河、小清河、开源河和骏马河水体循环生态水系格局。实施了薄山水库和板桥水库引水、城市生态配水和生态水系连通工程，对市中心城区6条河流进行集中治理，新建3个水生态公园，新增绿化面积900万平方米，城市绿化率达36.7%，人均公园绿地面积达11.5平方米，实现了“让森林走进城市、让城市拥抱森林”。

二、金融支持城市发展的一般模式

一是创新信贷方式，支持城市实体经济。比如，辽源市棉情袜业有限公司等得到中国建设银行的支持，实现了融资从而扩展了产业规模。由于单个企业担保能力有限，企业之间采取联保形式获得贷款支持，从而为产业扩张创造了条件。

二是配合国家战略，支持城市基础设施建设。比如，根据《中国农业银行城市基础设施贷款管理办法》，中国农业银行积极参与雄安新区、粤港澳大湾区、海南自由贸易区（港）、“一带一路”区域城市重大基础设施建设项目。对直辖市、省会城市、计划单列市、地方一般公共财政预算收入100亿元以上的地级市及全国经济百强县，具有持续经营性现金流或稳定盈利模式且有充足财政资金支持的国家级、省级重点项目予以重点关注。同时，在不增加地方政府隐性债务规模的前提下，按照风险可控、商业可持续的原则，加大对资本金到位、运作规范的必要在建项目和补短板重大项目的支持力度。

三是灵活安排资金，投入重点项目建设。供水和污水处理、城市供热、城市供气、市政公共设施、城市环境卫生设施、城市地下管廊等方面，都需要金融资本的介入。

从数据中可以看到，全社会融资规模呈现迅速增长态势，并且增长率也是上升的，在一定程度上表明包括城市建设与发展在内的经济项目对资金的需求增长。

三、金融支持城市发展案例

多年来，各地政府和金融机构合作，在推进城市建设方面发挥了很大作用。在中央政府部门和金融机构层面，也实现了很多战略性合作。比如，住房与城乡建设部与国家开发银行、中国农业发展银行和中国建设银行等金融机构陆续发布了《关于推进开发性金融支持海绵城市建设的通知》（建城〔2015〕208号）、

《关于推进政策性金融支持海绵城市建设的通知》（建城〔2015〕240号）、《关于推进商业金融支持小城镇建设的通知》等文件，以城市黑臭水体整治、城市排水防涝、雨水资源化利用为突破口，以城市供排水设施、再生水与污泥资源化利用、绿色蓄排与净化利用设施、水体治理与生态修复、海绵型建筑与小区、海绵型道路与广场、海绵型公园与绿地等为建设重点，全面提升海绵城市建设水平。

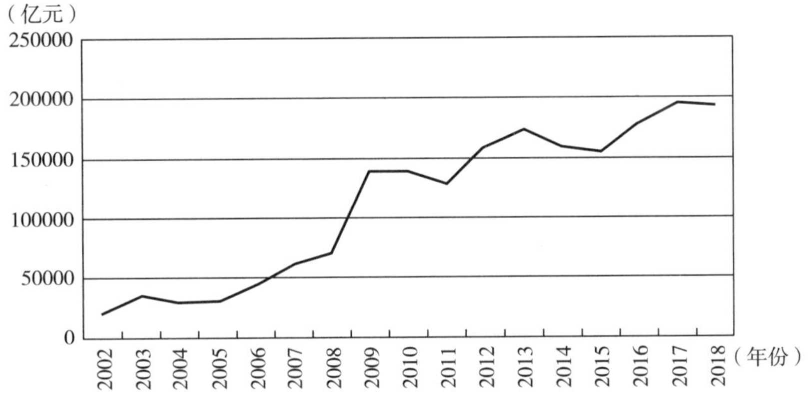

图10-2　全社会融资规模增长情况

资料来源：根据国家统计局网站数据整理后置。

第四节　税收政策

税收政策对增加财政收入并强化城市建设具有正向作用。实际上，在现行税收体系设计中存在有关城市建设的税种，比如，城市维护与建设税等。经济新常态背景下，要维持城市经济发展还需要落实好国家减税降费的政策，增强城市可持续发展动力。

一、涉及城市建设的税收

涉及城市建设与发展的主要税种是城市维护与建设税。数据显示，中国城市维护与建设税征收额接近5000亿元，这些税收和城镇土地使用税、土地增值税等构成城市维护与建设费用的主要来源。并且，城市维护与建设税的增长速度较快，这可能与经济总体环境以及城市化进程等有关系。

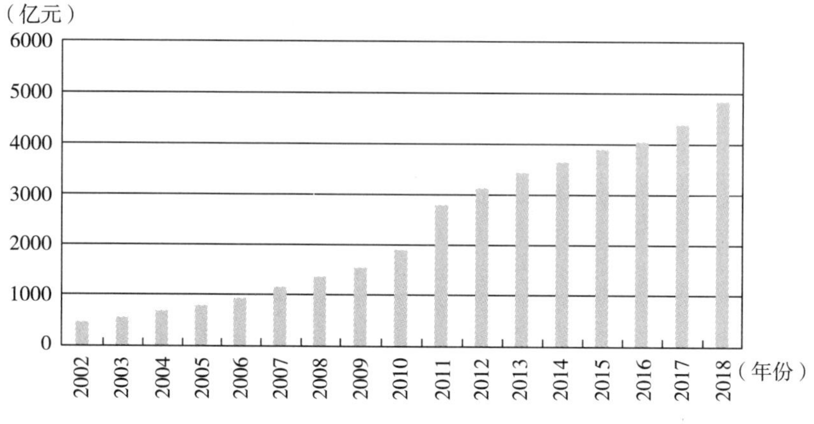

图 10－3　城市维护建设税增长情况

资料来源：根据国家统计局网站数据整理绘制。

二、税收优惠政策对城市建设的影响

税收政策对城市建设的影响比较复杂。一般来说，城市增加税收或者稳定税收对于城市建设具有正向作用。但是，税收也会受到一些风险事件的影响。在一些重大事件冲击下，国家对一些主体采取税收优惠，这自然能降低税收收入，对城市维护和建设产生一定不良影响。不过，各个城市存在很大差异，一些小城市可能对一些税收收入的减少比较敏感，乃至这些减免对财政收入和支出等造成一定影响。

三、税收政策的若干趋势分析

税收政策的不确定在于国家经济遭受外部性冲击的影响。如果发生严重疫情等外部冲击事件，国家为恢复经济活动规模等，在税收方面会采取一些减免措施。这会导致财政收入减少并影响一些公共项目建设。

地方政府为了增加税收会通过招商等方式增加税源。但为了让企业稳定发展，在前期会采取减免税政策，如果政府要持续推进免税减税等政策，那么就需要配套改革来保障这些政策具有良好的效果。一些小城市为了稳定税源，给企业进行税收优惠，从而压缩了城市建设方面的一些支出。不过，如果考虑这些行为在解决就业等方面的价值，实际上更多是“放水养鱼”的形式，这对促进地方经济发展具有长期效应。

第五节　社会保障政策

社会保障是重大民生问题。总体上，城市的社会保障水平高于农村地区，但是，随着城市化进程的推进，城市人口持续增加，城市社保将会面临很大压力，特别是社保资金持续增值等方面的压力。这需要根据国家财政收入等进行优化配置，降低城市社会保障的风险。

一、养老保障政策

日益严重的人口老龄化，给养老保障政策带来巨大压力，特别是社保资金发放压力不断增加。从养老保险参保人数看，城镇职工参保已经超过3亿人。总体来看，养老保障基金运行比较稳定，但是随着老龄化程度的加剧，可能需要更加有力的财力保障。

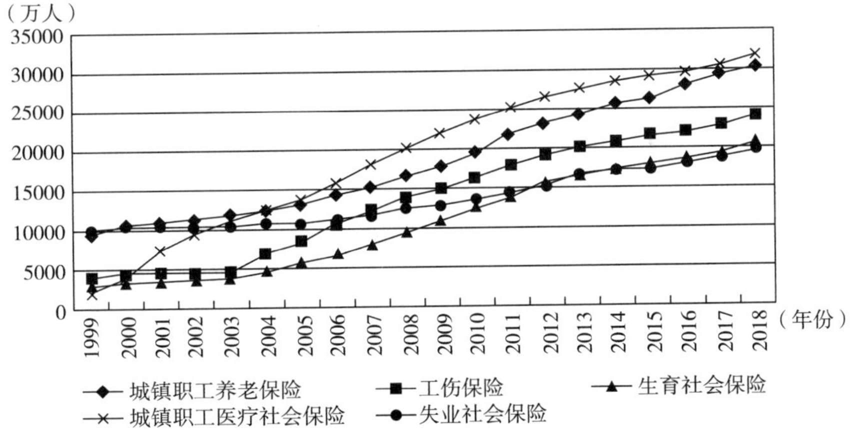

图10－4　城镇职工参加社会保障人数情况

资料来源：根据相关统计数据整理绘制。

政府已经通过划拨国有资产等形式强化养老保障基金。需要注意的是，一些重大风险可能导致养老基金的风险，这需要整体优化财政等政策，着力保障养老基金安全。

二、医疗保险政策

城镇职工医疗保险的现状是：城镇职工参保人数上升迅速，这说明我国建立医疗保险制度的公共行动富有效率。数据显示，城镇基本医疗参保人数已经接近14亿。这是非常庞大的体量，也体现出政府构建全民保障体系的决心。

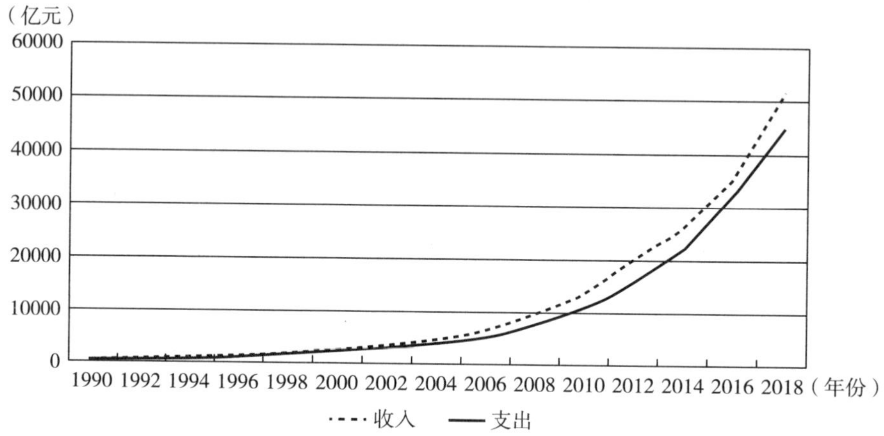

图10－5　城镇职工养老保险基金收入支出情况

资料来源：根据国家统计局网站数据整理后置。

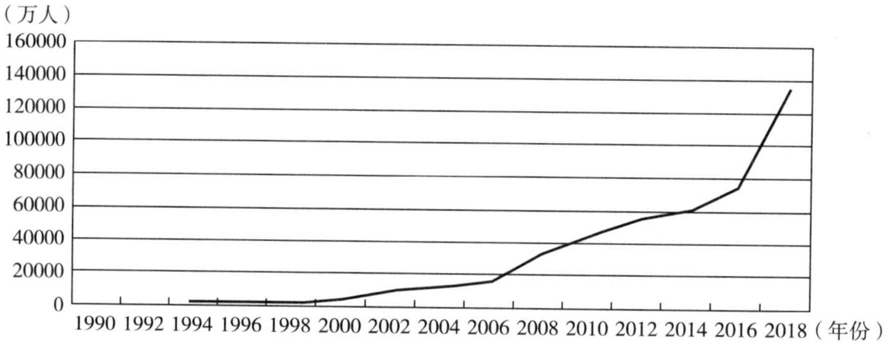

图10－6　城镇基本医疗保险年末参保人数

资料来源：根据国家统计局网站数据整理绘制。

三、失业保险政策

失业在一些城市已经成为一个重要的民生问题。数据显示，我国将近2亿人参加了失业保险，每年200多万人领取失业保险金。

失业保险金制度作为社会保障制度的一部分，在减轻失业者生活负担方面发挥了很大作用。失业保险基金结余也是结余量较大的社会保障基金之一，对于整体优化社会保障基金的结构具有积极效应。

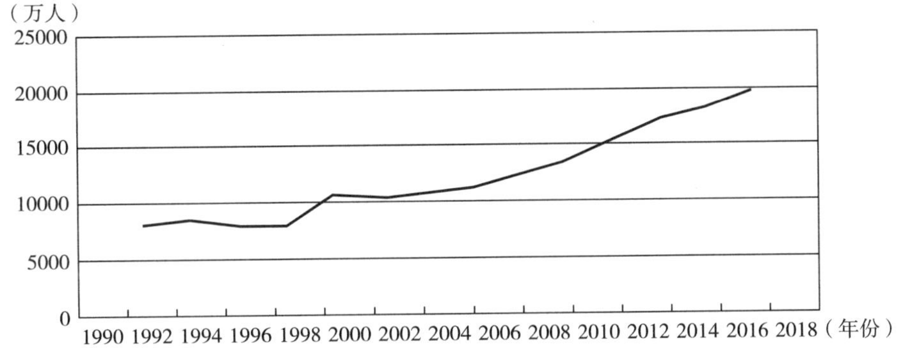

图 10－7　参加失业保险人数

资料来源：根据国家统计局网站公布数据整理绘制。

四、其他保障

除了以上保险，还有工伤保险及生育保险等。但是，这些保险费用一部分是企业缴纳的，这给企业造成一定负担，有些企业为了减轻缴纳保险的负担，采取延长试用期等方式来降低成本。大量在城市务工的农民工没有任何保险，或者保险不齐全，导致一些工伤事故等存在法律执行方面的风险。我国还需要不断地探索与研究来解决这些问题。

在2000年，我国成立了全国社保基金理事会。全国社保基金理事会负责基本养老保险基金、基本医疗保险基金、工伤保险基金、失业保险基金和生育保险基金等方面的补充、调剂等工作，是保持社保资金安全及增值的重要机构。从各个国家的实践来看，对于社保资金基本采取专门机构管理、谨慎投资的管理模式。这些投资主要是股票市场、债券市场、其他产业方面的投资。

第六节　居民生活服务业公共政策

一、居民生活服务业的内涵及价值

（一）居民生活服务业的内涵

居民日常生活服务是重要的服务行业，对于提升居民生活质量和幸福感等有显著作用。一般来说，居民日常生活服务业主要指家政服务、托儿所服务、洗染服务、理发和美容保健服务、托老服务、摄影扩印服务和其他居民生活服务。其他服务又包括修理和维修服务（包括机械、家电和日用品等）、清洁服务（包括建筑物清洁和其他清洁服务）等。

随着城市结构和经济复杂化，居民生活服务还包括了更为广泛的内容，比如，个性化产品定制、体验式消费服务等。特别是随着城市居民收入的增加，一些居民开始购买具有身心保健价值的服务，如瑜伽、国学培训等，生活服务存在更加追求精神生活质量的发展趋势。这都是很有价值的服务行业，应该采取一定范围的政策予以支持和鼓励。

（二）居民生活服务业的价值

总体来说，高效率、高质量的生活服务能够提高居民生活的便利性，从而降低生活成本并提升生活质量，或者说相对通过较低成本来提升生活质量，有利于居民从事更加专业化工作或获得休闲机会，从而提高收入增长及生活的幸福感。此外，生活服务业的发展能够吸引更多居民入住城市，也容易导致其他生产和生活要素的集聚，并且能够解决一些农民的就业问题，从而发挥一种产业规模化优势，强化城市整体服务行业的竞争力。

二、居民生活服务业的现状

根据统计结果，“十二五”期间，居民生活服务业增长率超过 GDP 增长率，显示出该行业的强劲增长势头，表明居民对生活服务的需求旺盛。根据有关资料，该行业主要呈现如下发展状态。

一是消费增长速度快。多年来，特大城市居民服务业增长迅速，中小城市服务业也有较快增长。根据有关数据，行业产值已经超过 5 万亿元。随着城市化进程的加快，还有更多主体进入该行业，从而为持续增长提供动力。

二是结构多元化程度高。居民生活服务包括日常护理、家电维修等传统服务内容，也拓展了网络化服务、信息化服务等新的服务内容。

三是技术化服务水平显著提升。由于互联网等技术的发展，居民生活服务增加了很多技术性服务内容，比如，家电清洗的自动化服务、衣物清洗的自动化服务等。此外，还有一些物流企业开通了无人机派送服务等新的内容，这都是技术化服务逐渐拓展的标志。

三、居民生活服务业存在的问题

一是行业投资比例较低。如下列数据所显示的，虽然开放以来居民生活服务业固定资产投资增长速度较快，但占全社会固定资产投资比例较低，仅为 2.5%

左右，其中主要是政府公共投资不足，这可能是导致一些城市居民生活成本较高的一个原因。

图 10－8 居民服务及其他服务业固定资产投资占全社会固定资产投资比例

二是社区层面服务相对欠缺。很多城市存在居民生活服务布局优化程度不高的问题，主要是社区内部服务能力较低。现行社区管理模式主要是强化管理而轻视服务，导致一些基本服务不能满足或者成本较高。比如，一些城市幼儿园服务存在布局不合理问题，幼儿教育的日常成本较高；一些城市的养老服务布局不合理，社区养老和家庭养老之间的衔接不紧密；等等。很多社区没有公共文化服务设施，儿童等群体文化教育服务不足。

三是部分服务行业垄断程度较高。比如，很多城市存在零售行业的严重垄断现象：一些超市形成了对零售行业的垄断，导致居民承受较高的生活成本；一些行业通过行业协会等形式进行规范，但在一定程度上强化了垄断程度；一些行业甚至存在行业协会和政府管理部门隐性合谋来强化垄断的问题。

四是一些生活服务质量较低。一些城市因为商业用地挤占教育用地等原因，幼儿教育服务用地面积较少，缺乏运动及艺术活动场所；一些餐饮服务存在食品质量问题，比如，将腐烂变质的食品进行销售等；一些行业存在通过办理会员卡等形式变相索取高价等问题。

五是一些服务行业有不良外部性影响。一些居民服务行业具有环境等方面的不良外部性，比如美容美发行业排放的污水可能对环境造成一定影响；一些餐饮企业的餐厨垃圾处置和管理不完善，可能存在被非法利用的风险。

四、提升城市居民生活服务的公共政策建议

居民日常生活服务具有偏好的多元性和行为方面的复杂性，不可能整齐划一地行动，不可能有完全统一的偏好，因此，制定有关政策需要充分尊重这个基本事实，根据城市人口结构等进行优化设计，制定切实可行的财政、金融和税收等政策措施。

（一）持续提高居民生活服务业的投资

国家有关部门和地方城市政府应该着力根据城市发展实际情况，进一步提高生活服务行业的固定资产投资及其他投资。特别是除了政府作为主体的投资之外，政府应鼓励有关市场主体进行生活服务行业投资，并通过税费减免等措施进行激励。财政资金中的城乡社区事务支出中应适度安排居民生活服务业资金，提高行业发展的财政扶持力度。

（二）优化居民生活服务业空间布局

积极探索居民服务行业的优化发展，着力完善和优化以社区为基本单位的居民生活服务业空间布局。政府应将居民服务业纳入国土空间优化开发整体范围，鼓励开发商在社区建设居民生活服务设施，并根据实际情况进行税收等方面的激励。对民营企业进行居民生活服务投资的，应该鼓励并在土地、电力、燃气等基础资源和基础设施方面进行政策优惠。

（三）着力推进居民服务行业的标准化建设

虽然居民服务行业已经纳入国民经济行业分类标准，但具体行业和具体服务的标准建设程度较低。为保障居民消费权益等，有关主体应该着力推进服务行业标准化建设，以便对居民服务行业的质量评估、价格水平等做出判断和规制。此外，督察及审计部门等应该根据有关标准对行业服务做出科学评估，以便为改善行业服务提出对策建议。

（四）促进居民生活服务行业相对公平发展

城市有关管理机构应根据实际情况，对形成严重垄断的居民服务行业进行规制。当前，特别是要对超市零售、家政服务等形成严重垄断的行业进行规制，对此可采用多种方式，主要是通过多元主体相对竞争实现相对公平。国家有关部门应该对行业公平发展做出评估，并对存在严重垄断的城市建立监督和问责机制。

（五）降低居民生活服务业的不良外部性

对居民生活服务业造成严重的环境、生态和文化等方面不良外部性的，应该采取必要措施进行管理。比如，对餐厨垃圾应该进行全过程风险控制，以便将其再利用控制在一定范围；建筑垃圾要进行流程化管理，避免造成次生环境风险。有关研究机构要强化对服务行业不良外部性的评估，为政府决策提供相对科学的依据。

第十一章 未来城市展望

目前，我国城镇化发展正由中期快速成长向后期减速推进转变、由低质粗放向高质量发展迈进，处于诺瑟姆（Ray M. Northam）S 曲线的缓坡阶段。2019 年我国城市化率达到 60.60%，城镇常住人口已达到 8.5 亿人，超过农村的人口（5.5 亿人），进入城市主导经济社会高质量发展的新时代。在以 AI 技术为代表的新一轮信息技术和产业革命推动下，要站位高质量发展来展望城市未来，应该着力推进智慧城市、文化城市、海绵城市、韧性城市、宜居城市建设，打造有活力、有温度、有文化、有品位、生态宜居的现代美丽城市。这里仅从智慧城市、人居环境、文化景观建设等方面探讨我国城市高质量发展的差距及应对措施。

第一节 智慧城市建设

一、智慧城市的内涵

当前我国城市发展面临着来自环境、经济和社会等多方面的问题，其主要原因是城市发展理念滞后，城市可持续发展自我调节能力较弱。因此，我国未来城市发展必须利用现代信息技术强化要素调控和风险防控，降低城市运行的不良外部性影响。2008 年金融危机后，美国国际商用机械公司（International Business Machines Corporation）在《智慧地球：下一代领导人议程》主题报告中首次提出“智慧地球”理念，旨在将新一代信息通信技术充分运用在地球可持续发展中。智慧城市的概念起源于“智慧地球”，发展智慧城市被认为有助于促进城市经济、社会、环境与资源的可持续发展。目前，有关机构和学者对智慧城市还没有统一的定义（见表 11－1），但是学者们对这一理念的理解已经基本达成了一致。

根据以上定义，智慧城市是以技术化手段为支撑，以制度化建设为保障、以低成本运行为目标的系统性城市更新过程，从而将传统城市发展模式转化为现代城市发展模式，逐步降低城市运行的各类风险，即实现“经济—社会—生态”的全面可持续发展，以满足居民生活的安全感和幸福感。其核心内容是对城市运行中的公共管理、产业发展和社会活动等实施更加精细化治理，从而让城市成为民众生存与发展的良好公共空间。下面主要从智慧政府、智慧社区、智慧商业和智慧环保四个方面讨论我国智慧城市建设。

表 11－1　部分国家/地区对智慧城市的定义

国家/地区	定义
欧洲	智慧城市是一个集中高科技的先进城市；在城市中，信息通信技术联系人、信息和城市的各部分，以创造一个可持续的绿色的有竞争力和创新的、高生活质量的城市
	判定一个城市是否智慧取决于在人力资源软环境、传统（交通）现代（信息通信技术）交流基础设施投资能够加速可持续的经济增长、提升生活质量促进资源的智能管理、并推动参与性城市管治
	智慧城市是一个集聚高学历知识型工作创新活动的城市
美国	智慧城市通过将传感及信息传播技术运用到城市基础设施中，从而优化电力、交通以及其他运输的运行，从面提升每个人的生活质量
	智慧城市是指面对已有全球、环境、经济和社会发展趋势带来的挑战，建设一个健康和快乐的社区
新加坡	智慧城市是指在一个社区、城市、区域或国家尺度下应用信息通信技术做出实时的分析，促进经济的可持续发展
中国	智慧城市的建设是一个持续更新、可升级的发展过程和手段；不仅仅是部门和领域信息化的深入，而是依托和借助信息化，促使城市社会、经济、环境、空间及管治全方面、多尺度地互联、互通与互动
巴西	智慧城市的建设就是通过更加智能和协同的方式利用各种技术和资源来发展一个集中、宜居和可持续发展的城市中

资料来源：根据公开文献内容整理。

二、智慧政府

党的十九大报告中首次提出“智慧社会”的概念，明确提出要建设智慧社会。智慧社会建设亟待加速智慧政府建设，以做出示范表率。2010 年的《建智慧城市先建“智慧政府”》一文首次给出“何为智慧政府”的解答，认为“智慧政府是电子政务发展到一定程度以后的高级阶段，是电子政务效率最大化，是政府从服务性走向智慧型的必然产物，也是智慧城市可持续发展的核心推动力”。①

① 建智慧城市先建“智慧政府”［J］．领导决策信息，2011（16）：8－9.

可以说，智慧政府是电子政府的派生概念，也是电子政府的发展方向和目标追求。

建设智慧政府在很大程度上是电子政府建设，主要是利用物联网、云计算、移动互联网、人工智能、数据挖掘、知识管理等技术进行政府运作更新，实现公共管理技术和智能化。目前来说，我国政府电子政务主要通过政府手机端应用、政府微博、政府网站、政府微信公众号、支付宝或微信城市服务运作，其中2017年支付宝或微信城市服务占比更是高达44.0%（见图11－1）。

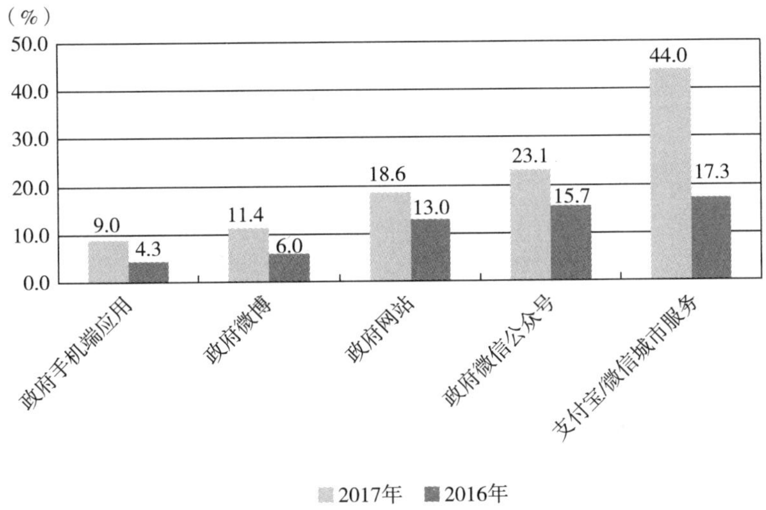

图11－1　2016～2017年电子政务用户使用率对比

资料来源：根据中国产业信息网公布数据绘制。

智慧政府建立在广泛应用智能技术、深入开发大数据资源的基础之上，以人文关怀为追求，以公众需求为导向，以“以人为本”为核心，以信息技术为支撑，在使政府具备高度智能的同时，也具有更多智慧，以显著提升政府治理能力，使政府成为超越公众期望的更好的服务型政府。具体来说，智慧政府的特征现在以下四个方面。

（一）智能办公

目前，智能办公系统由于更多使用移动互联网等手段，正在将传统办公自动化系统改造成为智能办公系统，正朝着自动化、人工化的方向发展。在大数据技术的应用下，智能办公系统较强的记忆功能和数据挖掘能力能够实现办公过程自动优化。更重要的是，公务人员可以根据系统了解更多信息，并直接和服务对象进行个性化接触，从而降低服务中的各类信息错配问题。以智能办公系统为主体的智慧政府办公系统，区别于传统政府办公模式的程序复杂、效率低下等特点，具有很大的优越性，不仅能够提升政府的整体服务水平，还将获得民众对政府部门的高度认可与大力支持。

（二）智能服务

在服务型政府背景下，民众的个性化需求不断提升。因此，从政府部门的角度，必须根据工作实际，加快完善政府行政方式的创新，有效提高政府工作效率。与此同时，智能化公务系统可以通过大数据算法，能够自动感知、预测民众所需的服务，从而为民众提供个性化、完善化的服务。目前，智慧政府系统建设已经在公共交通服务网络、政务办公系统以及公共卫生系统等方面有了广泛的应用。比如，交通方面智能系统根据市民出行规律能够提供充裕选择方案并进行优化等。

（三）智能决策

与传统政府运行形态相比，智慧政府在很大程度上能够做到信息资源共享以及知识的灵活创新，在网络平台互动界面基础上，提高民众在政府政务方面参与的积极性，进而相对有效监督政府部门提高政府运行效率，从而让政府决策朝着精细化、人性化、科学化和民主化的方向发展。精细化决策，就是要求政府在决策中，坚持科学性和民主性的统一；科学化决策，即要求政府在决策过程中实现最大化收益；对于民主化决策，主要指政府决策要在充分尊重民众意愿的基础上开展有效决策。智慧政府背景下的政府决策，通过对社会发展的大数据分析，特别是对社情民意数据的精准分析，能够有效地发现社会建设中存在的主要问题，找到民众的关切点，从而极大地提升政府部门的办事效率。

（四）智能监管

智慧技术对政府监管领域是一场广泛的革命。物联网技术的发展增强了不同事物之间的联系，也极大地扩大了虚拟网络与现实世界之间的联系。从本质上讲，在物联网的技术支持下，智能化的监管系统可以对监管对象进行更加自动化的全过程管理，对突发性事件进行自动报警、自动处置等。目前，人们已经实现了通过将传感器融入公路、铁路、电网、管道等建筑物体中，从而有效传递各种道路安全信息。通过传感器得出的数据分析，一旦发现建筑设施出现异常，就会触发报警装置。这时，有关检测部门可以根据传感器实时传递出来的数据，对出现问题的原因进行分析，并采取相应的解决措施，从而有效将风险损失降到最低水平。同时，在大数据的作用下，还可以对数据进行存储和分析处理，在云计算技术等最新互联网技术的应用下，对数据进行深入挖掘，最终全面深入了解事物的运行状态，进一步提高政府的监管水平。

三、智慧社区

2014年，国家发展改革委等部门明确提出了基层智慧服务的建设任务，包括实施社区服务信息惠民行动计划等。要求创新基层社会管理方式、增强社区信息化建设。智慧社区涉及多部门、多行业、多应用的整合。要充分利用物联网、云计算、移动互联网等先进技术融合各类应用系统和平台，发挥ICT（信息通信技术）产业发达、电信业务及信息化基础设施优良等优势，实现远程医疗、智能家居、路网监控、居家养老、智能安防等业务，为社区居民提供一个安全、舒适、便利的现代化智慧化生活环境，从而形成基于信息化、智能化社会管理与服务的一种新的管理形态的社区。

作为长江三角洲核心城市，上海智慧社区建设领跑全国。智慧社区平台已经覆盖了上海大部分市辖区以及崇明县，当今有很多全新的信息生活方式已经被很多上海市民率先使用了，比如：按动遥控器就能通过智能电视远程挂号，不再受排队之苦；通过智能手机，能够轻松查询小区停车位情况和物业公告信息。上海电信正全力打造沪上“智慧社区”多屏合一的综合信息开放平台。在“智慧社区”手机客户端的未来规划中，还将重点打造健康、教育两大板块，引入贴近民生的信息源及应用。上海市政府正积极实行市民电子健康档案的打造，先行落地的青浦区居民们已可以从“智慧社区”的“健康档案”上查看自己的就医及病史情况。下面，我们着重讨论智慧社区的教育和医疗。

（一）智慧教育

智慧教育主要体现在在线教育。计算机网络技术的发展带来了网络教育的兴起与发展，作为一种新型的教育方式，教育部部长陈宝生表示，新一代信息技术的发展为中国教育带来了新的发展契机，在线教育将是未来社会教育的发展方向。对此，中国制定了《教育信息化十年发展规划（2011—2020年）》和《教育信息化2.0行动计划》，以教育信息化支撑和引领教育现代化。

在过去的十几年里，我国诸多机构推广并应用了在线教育，如网易公开课、新东方在线、腾讯课堂、沪江网校和慕课网等，在线教育在我国得到了蓬勃的发展。无论是早期教育、课外辅导、少儿英语，还是职业教育、出国留学、应试教育……在信息化时代迎来了爆发式发展趋势。2019年第一季度中小学互联网教育行业活跃用户规模甚至达到了19014.7万人，儿童互联网教育行业活跃用户规模也达到了8784万人（见图11-2）。近些年随着国家互联网提速和覆盖面积的扩大，在线教育优势越来越凸显出来，它可以突破传统教学在时间和空间上的限制，一定程度上提升了学习效率；因地域等方面造成的教育资源不平等分配的问题在线教育也起到了一定缓解作用，使教育资源共享化，降低了学习的门槛。

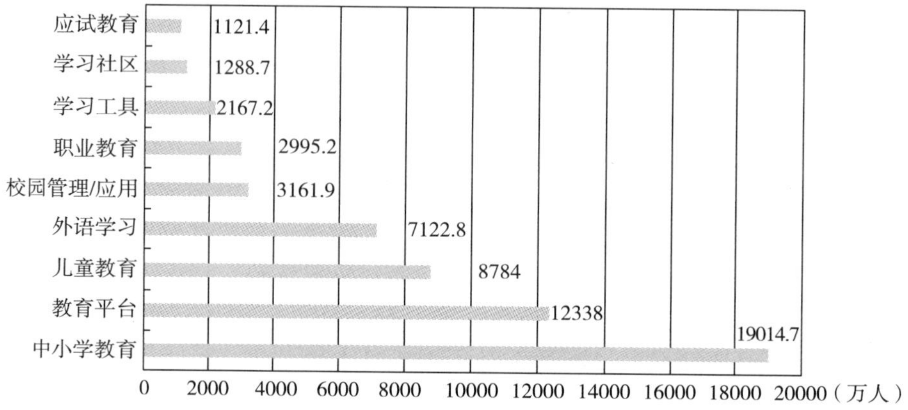

图 11－2　2019 年第一季度互联网教育行业各领域活跃用户人数

资料来源：根据 Analysys 易观监测数据平台公布数据绘制。

调查数据显示，2019 年有 31% 的家长更加偏好线上教育方式，比 2017 年翻了一番，且三线、四线城市家长对线上教育偏好高于一线、二线城市。这可能是家长对教育资源分配不均衡做出的反应。虽然我国在线教育市场将不断扩大，其发展前景也日趋广阔，然而在线教育还面临着许多的问题，在硬件和软件两方面得到了具体的体现。

在硬件方面，在线教学基础设施普遍不完善，甚至有些地区根本没有，这种现象在教育资源匮乏的地区尤为严重。例如对于欠发达地区，尽管通了网络，但通常情况下计算机的普及率非常低，网络传输速度也较慢，就算勉强开展在线教学，其教学过程中的信息传输质量与稳定性也得不到相应保证，使在线教学在推进教育均衡或高等教育发展的作用受到限制。在软件方面，界面友好型的软件和课件服务还存在差距，软件系统和课件等如何实现在传统内容上的提升还存在差距。另外，在我国在线教育中还存在师资队伍质量参差不齐，教学质量监控体系还不完善等问题。

（二）智慧医疗

国内公共医疗管理系统不完善；不同地区医疗水平差异明显，东部医院以及基层医疗机构数量明显高于中西部（见图 11－3）；医疗成本相对较高、渠道相对较少、覆盖面相对较低等问题困扰着大众民生。

大医院和社区医院之间的服务存在显著差异和不均衡性，病人就诊手续烦琐等问题大部分是由于医疗信息不畅，医疗资源两极化，医疗监督机制不全等原因导致的。所以，需要建立一套智慧的医疗信息网络平台体系，使患者用较短的等疗时间、支付基本的医疗费用，就可以享受安全、便利、优质的诊疗服务。从根本上解决“看病难、看病贵”等问题，实实在在地实现“人人健康，健康人人”。

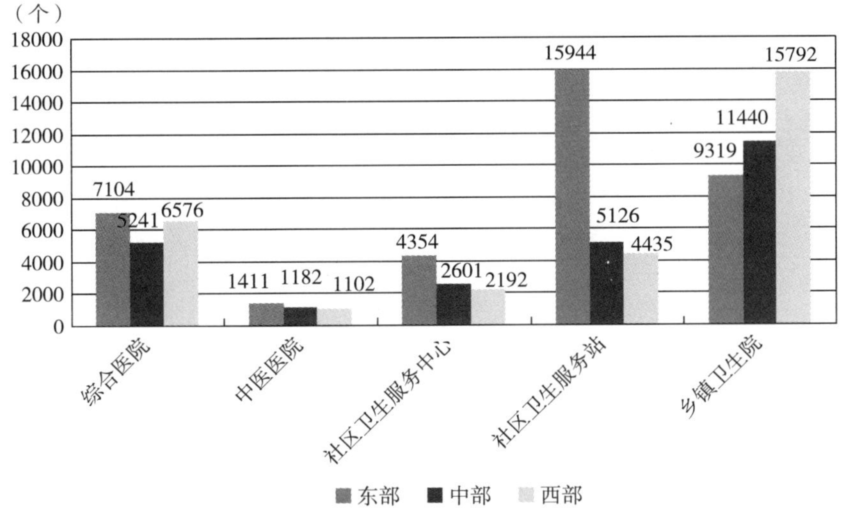

图 11－3　2016 年我国东部、中部、西部部分医疗机构数量

资料来源：根据《中国卫生健康统计年鉴》数据整理和绘制。

《医疗卫生服务体系规划纲要（2015—2020 年）》提出，将推动云计算、物联网、移动互联网、大数据分析等信息化技术的快速发展，为优化医疗卫生业务流程、提高服务效率提供条件，促进医疗卫生服务模式和管理模式的深刻转变，智慧医疗应运而生。我国智慧医疗行业投资规模逐年增加，2018 年已经达到了 706 亿元，预计 2020 年可以达到 1049 亿元（见图 11－4）。

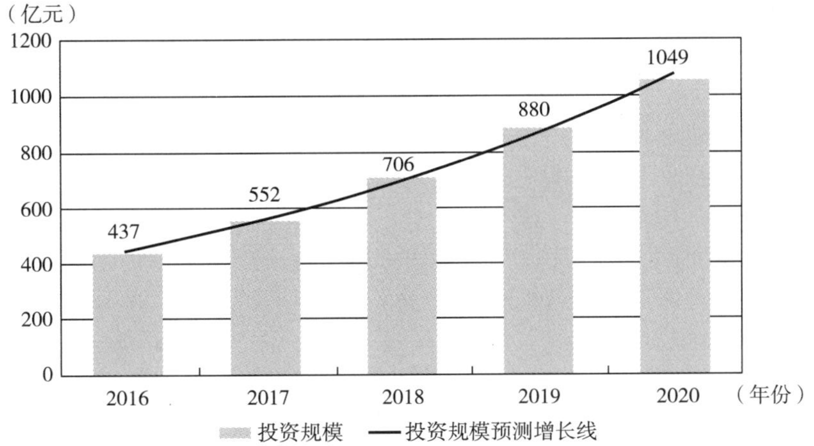

图 11－4　2016～2020 年我国智慧医疗行业投资规模统计情况及预测

资料来源：根据中国产业信息网公布数据绘制。

智慧医疗是将信息技术融入医疗服务各个环节，打造健康档案区域医疗信息平台，通过使用物联网技术手段，实现患者与医务人员、医疗机构、医疗设备之间的互动，逐步达到资源共享、优化配置及提高诊疗效率。我国智慧医疗建设处于发展过程中，前进性与曲折性相统一，目前建设中主要存在以下三个问题。

第一，亟待解决的是智慧医疗信息系统的安全问题。智慧医疗对于公民健康信息的收集贯穿整个生命发展周期。目前，我国人口健康信息的公布及使用缺乏规范管理，公民健康信息的隐私保护工作存在漏洞。健康数据不仅在医院内部网络流传，还可直接链接到公共网络，因此数据一定程度上存在被泄露与篡改的问题。缺乏相应的信息安全标准保障，已经成为智慧医疗发展的主要障碍之一。

第二，医疗卫生信息资源没有做到充分共享。各医疗机构通过自身的信息系统收集数据，各医疗设备公司分别开发自己的软件系统，各数据库之间的共享亦存在较多问题。数据之间不能流通交互，人口的健康信息难以整合。由于行业、区域、技术等限制，信息的共享范围较小，信息的深度对接较难实现，比如公共卫生、医疗服务、医药企业、医疗卫生研究机构等部门，对于健康数据的需求较大，但数据的查看、应用权限未合理赋予，难以有效利用信息资源。总之，医疗卫生信息对促进智慧医疗的作用还没有充分体现。

第三，智慧医疗建设仍需加强人、财、物的保障。医疗信息化的建设、升级、维护成本高昂，占用了大量的资金。智慧医疗涉及的信息技术类项目繁多，各技术的应用标准也有差异，技术的可靠性与科学性受到质疑，缺乏统一的技术标准。医疗信息化的发展离不开技术人才队伍，由于缺乏相应的规范化培训，医学高校的人才培养与社会需要之间仍有较大差距。

四、智慧商业

商业领域的智能化始终要比其他领域更加迅速，这是市场主体利益驱动和竞争的结果。所谓智慧商业的实质是：利用信息手段跟传统商业的结合，即“互联网+商业”创新人类商业模式及管理手段，提高社会经济活动整体效能。

智慧商业对人们的生产生活方式产生了巨大影响，体会最明显的就是电子商务和网络零售，现在发展到无人店铺、跨境电商，还有共享经济。2013 年，我国电子商务交易额为 10.2 万亿元，到 2018 年增长到了 31.63 万亿元，增长率高达 210%（见图 11-5），B2C（Business to Customer）、B2B（Bssiness to Business）、O2O（Online to Offline）、C2C（Custmer to Customer）电子商务模式交易规模成倍增长，中小企业电子商务应用规模迅速扩大，电子商务已经广泛渗透到国民经济各个领域，成为拉动经济增长的新功能。

图 11-5 2013~2018 年我国电子商务交易额增长趋势

资料来源：根据前瞻产业研究院公布数据绘制。

智慧商业的蓬勃发展主要在于技术的进步解放了商业发展空间的限制、智慧审计，将商业带入大数据时代、智慧物流为商业完善了供应链、智慧支付为商业带来了新的支付方式四个方面。

（一）技术进步带来智慧商业无限的发展空间

当前，互联网与无线射频识别（RFID）、电子数据交换（EDI）、全球定位系统（GPS）等技术的结合，具有很强的要素整合和连通能力，以及促进要素流动性的能力。因此，大量商业行为的跨区域、跨行业发展成为可能，要素组合和更新的方式也发生根本性变化。当前，城乡居民熟知并广泛应用手机支付、购物应用（APP）、近距离通信技术（NFC）等商业技术。

（二）智慧审计带来智慧商业信息的数字化

云计算的理念是将分散的资源整合起来，让每一个成员共同分享。智慧审计这一新的组织管理模式，就是这一全新理念所催生的。“云审计”是基于云计算所搭建的一个会计信息处理平台，通过促进平台上信息的交流与共享，从而实现各类审计信息的数字化，以及审计资源的充分优化利用。数据已经成为一种重要的战略资源，数据中包含的信息将被进行更多商业化价值开发，掌握和分析数据对于商业项目运行及风险控制十分重要。移动互联时代，大数据与移动终端、云计算的结合而形成云审计，商家可以更好地了解消费等趋势变化以及商业项目的风险程度。

（三）智慧物流带来智慧商业物流的自动化

智慧物流的概念是由“智慧供应链”延伸出来，指的是将互联网、物联网与传感网整合起来，通过动态、科学、全面的信息管理，实现物流的自动化、可视化、网络化、智能化，从而提高生产力水平和资源利用率，创造更加丰富的社会价值。

近些年，我国快递业务增长迅速，2018 年快递业务量已经达到了 507.1 亿件（见图 11－6）。在电子商务物流发展过程中，中国企业渐形成了三种主要的配送形式。①外包模式：大部分中小型电子商务企业没有力量自建物流渠道，均取这种物流操作模式。淘宝网上的卖家大都采取这种模式。②自建模式：当前较大的电子商务销售企业基本上都采取自建模式进行物流运作，以凡客诚品、京东商城为典型代表。③混合模式：此模式是自建模式与外包模式的融合，现已经成为大中型电子商务企业的主流模式，诸如当当网、麦考林等之前完全将物流服务外包的电子商务企业都逐步改成为混合模式。目前，智慧物流的应用在电子商务中的发展仍处在初级发展阶段，例如京东公司正在测试无人机送货、机器人管理仓储，同时通过对用户数据的分析来预测其购买行为，尽可能提前发出包裹，以最大限度缩短物流时间。

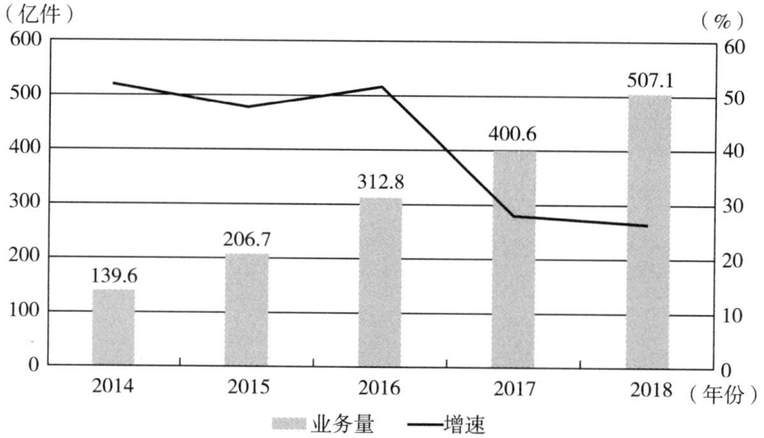

图 11－6　2014～2018 年我国快递服务业业务量增长趋势

资料来源：根据国家邮政局网站公布数据绘制。

（四）智慧支付是智慧商业的主要支付方式

智慧支付的实质，是以移动终端（通常是手机）为载体，利用信息传递技术及互联网通信技术，实现一个更加便捷、简单、安全、即时、智能的支付流程。目前，依托于强大的网络环境及电商用户平台，支付宝与微信支付拥有庞大客户群，通过个人移动终端的切入，大力拓展智慧支付的手机移动支付应用，相继推出的支付方式令人眼花缭乱，如支付宝推出的二维码、声波和扫脸支付，财付通将与微信捆绑，通过微信的摇一摇、二维码扫描功能实现 O2O 线上支付与线下商务的融合。根据《数字中国建设发展报告（2018 年）》显示的，2018 年我国电子商务交易额为 31.63 万亿元，占 GDP 比重达 34.8%，网络零售额超 9 万亿元，网络支付用户规模达 6 亿。国际数据公司（IDC）的报告预测今后几年全球移动支付业务将持续增长。

五、智慧环保

在温室气体的排放量上，中国是排量最大的国家，中国的城市化和工业化进程对气候变化存在不良影响。这不仅影响世界发展进程，而且会影响中国自身。为此，中国高度重视环境保护和生态文明建设。党的十八大报告中正式把生态文明建设纳入“五位一体”（经济建设、政治建设、文化建设、社会建设、生态文明建设）中国特色社会主义事业总体布局，要求把生态文明建设放在突出位置。党的十九大报告提出，建设生态文明是中华民族永续发展的千年大计。当前，我国城市污染问题有所改善，但总体态势依然严峻，严重制约着我国生态文明建设。例如 2017 年，四川广元西湾水厂水源地水质铊浓度超标 4.6 倍。一些城市出现自来水水质异常以及企业职工血镉超标等严重事件。此外，沙尘暴天气、光化学烟雾污染和雾霾天气等在城市时有发生，PM2.5 问题已成为加剧大气环境问题的温床，直接导致了我国特大城市空气质量下降，降低了居民的幸福感，并对人体健康构成威胁，城市环境治理问题亟须解决。

智慧城市的发展和各种“互联网 +”技术的广泛普及给城市环境治理带来新的机遇，智慧环保对于提升城市治水平和生态环境改善具有显著的效能潜力，以智慧环保促进城市生态环境改善实现绿色可持续发展是解决城市环境问题的新趋势。与此同时，我国智慧环保行业也在蓬勃发展，2010 年我国智慧环保行业市场规模为 127 亿元，2018 年已经达到 521 亿元，较 2017 年增长了 8.29%（见图 11 –7）。

智慧环保是指在传统城市环境治理模式的基础上，将互联互通、协调一致的理念与以物联网平台和“互联网 +”技术为代表的智慧化手段相结合，通过提升城市环境监测自动化水平和检测效率，利用信息平台与智能系统优化城市环境，改变城市环境污染整治模式。

智慧环保的技术基础是数字环保。与传统模式下的城市环境治理相比，智慧环保引入了数字化的实时环境监测监控设备以及借助网络将实时数据进行上传、互通共享，有效实现了目标地域环境监测全天候的无人值守，这是智慧环保的基础。一方面，有效减少了环保部门人工监测所需要的人力资源成本；另一方面，

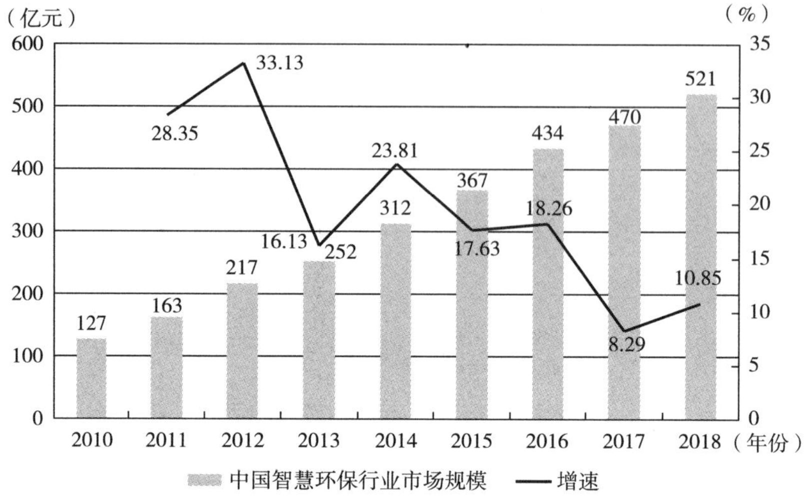

图 11－7　2010～2018 年我国智慧环保行业增长趋势

资料来源：根据前瞻产业研究院网站公布数据绘制。

在很大程度上对潜在的违规排污企业起到相应的震慑和警醒效果，预防了各类可能的环境过载情况。

智慧环保的重要特征是治理模式和手段的智慧化。在数字环保的基础上，以数据传输为基础，通过收集和整理城市中分布众多的环境传感器数据，应用“互联网＋”技术对环保数据进行统筹分析，利用云计算和大数据的信息处理优势，实现人工智能辅助环境管理、调整城市环境治理模式，由计算机辅助应对各种环境问题，从而实现数字环保向智慧环保的转变。

从理念上对智慧环保工作给予充分的重视是开展智慧环保工作的前提需要。互联网信息技术将原本条块互不归属的各类环境问题、相关监管部门和不同地域有机地整合在一起，实现信息协调与联动，这要求各级环保部门能够真正地贯彻互联互通和协调一致这一智慧环保核心理念。在先进硬件和智慧化软件的帮助下，实现城市环境治理的一体化。只有用协调一体的思维应对和处置各种城市环境问题，才能从本质上实现城市环境治理模式的变革。

智慧环保的实现，可以提升城市环境的效能，能够改变传统以人工监测和管控为主的城市环境治理模式，加强环境治理力度，有效改善城市环境质量，严格管控环境污染和资源浪费，提升城市整体环境能效。在总结智慧环保应用的经验和教训的基础上，推广智慧化城市治理有效的范式和可行的路径，为全面实现智慧化城市治理提供良好的技术基础和社会基础。

然而，当前智慧环保对多数城市来说还停留在构想阶段，通过实施系统化环境治理来降低城市化对气候变化不良影响方面还没有显著的评估资料。各个城市需要通过智慧技术降低碳排放来控制城市热岛效应，并着力降低对全球气候变化的影响。

第二节 人居环境建设

人居环境是一种时空存在形式，这种时空形式是人类与其生存环境进行相互作用的，是整合居住、医疗、教育及交通等功能构成的生存与发展的活动空间，它是在自然环境基础上构建的人工环境，是围绕人这个主体而存在的一定空间内构成主体生存和发展条件的各种物质性和非物质性要素的总和。众所周知，由于人居环境涉及内容的多层次性和广泛性，深入研究人居环境区域差异已成为建筑学、规划学、地理学等学科所关注的热点问题。我国城市人居环境建设整体水平偏低，各城市之间人居环境建设水平差别较大，其中，大城市好于小城市，东部地区城市明显好于中西部地区城市。

一、城市人居环境问题概述

我国城市化速度过快、人口密度过大，导致人均住房面积不足、城市就业困难、公共基础服务设施超负荷运转、社区绿化面积不足等一系列问题，伴随着社会贫富差距不断扩大、劣质工程建筑、土地使用问题、城市交通拥堵现象、供水排水设施不全或不符合标准等问题都严重影响我国城市人居环境，城市人居环境建设亟须改善。

城市人居环境真实地反映了城市化发展的利与弊、功与过，城市人居环境的改变都是由于城市发展所引起的，为了解决城市发展过程中带来的城市人居环境的一系列问题，提高城市人居环境品质，我们必须看到城市发展与城市可持续发展、城市化发展之间的紧密联系。城市人居环境的品质提高，就是达到人居环境可持续发展的标准，所以，建设和发展城市的必然要求是城市人居环境可持续发展。

以下我们主要讨论现代城市人居环境建设亟须解决的三个问题，即城市人均住房面积问题、城市社区绿化问题和高质量人居环境的主要内容问题，在此基础上进一步讨论人居环境可持续发展的应对策略。

二、城市人均住房面积问题

住房是人居环境的核心构成要件，是居民生活和发展的基本保障。多年来，通过住房及房地产改革等措施，中国城市居民人居环境发生显著改善，主要成就是人均居住面积显著提高。从全国城镇住房供应量来看，2000 年商品住宅竣工面积仅为 1.89 亿平方米，2008 年为 4.88 亿平方米，2018 年达到 6.6 亿平方米；从城镇人均住宅建筑面积来看，1978 年仅 6.7 平方米，2018 年达到了 38 平方米，城镇人均住房面积已经有了较大的改善（见图 11－8）。

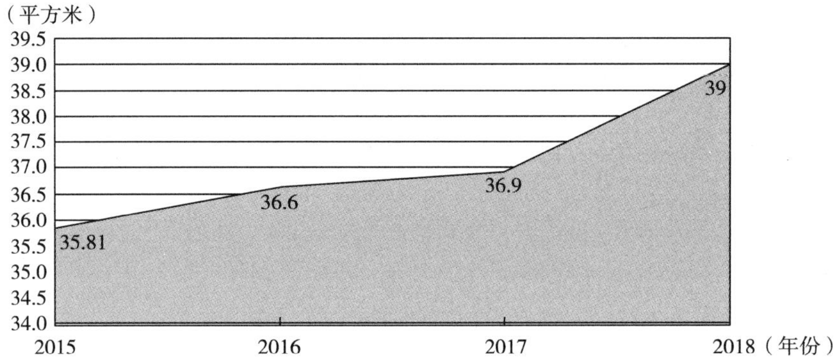

图 11－8　2015～2018 年全国城镇人均住宅面积

资料来源：根据中华人民共和国住房和城乡建设部网站公布数据绘制。

但是，由于房地产行业的特殊发展，造成一些比较显著的问题，比如，保障性住房（包括廉租住房、经济适用房、政策性租赁住房等）比例较低，住宅技术化程度较低以及能源消耗程度较高等。特别是很多城市居民承受着较高的房价，在改善人居环境的同时，也造成经济负担较重等。造成目前中国城镇住房困境的原因主要为以下三个方面。

（一）炒房现象泛滥

炒房是导致房价抬升和房价风险的重要原因。市场化模式下商品住房的居住属性被压制，投资属性被过度放大。2011 年，我国房地产销售额为 5.86 万亿元，2018 年增加到 15.00 万亿元，7 年间增加了 156.0%（见图 11－9）。住房商品化以各种方式激发了市场的需求，并刺激了大量的投资。但各种原因下，房地产行业存在过度投资和过度金融化的倾向，即房产承认投资工具而弱化了居住功能，这是产业资本运行的一个重要现象，对城乡居民生活质量产生很大影响。对此，中央明确“房住不炒”的定位，着力通过系统性政策来降低房地产行业风险。

当前，一些城市由于调控措施得力，居民购房经济负担有所下降，但整体上还存在大量库存，需要采取有力措施进行消化。

图 11－9　2011～2018 年全国房地产市场销售统计额

资料来源：根据中华人民共和国国家统计局网站公布数据绘制。

（二）住房供应结构不合理

虽然中央政府 2007 年以来高度重视住房保障体系建设，党的十九大报告也明确强调了住房的多渠道保障和多主体供应，但品种单一、结构不合理仍是当下要面对的问题，特别是城市低收入群体的住房保障程度较低。城市棚户区还有大量人口难以实现居住环境改善。据有关统计，“十一五”期间，全国 1140 万户城镇低收入家庭和 360 万户中等偏下收入家庭住房困难问题得到解决。“十二五”期间，全国共建设 3600 万套保障性住房。不过，这和城市居民对保障性住房需求相比较，仍然存在数量较低的问题。

（三）住房资源分配不均

体制内住房和体制外住房资源存在很大不均衡性，体制内住房资源的低效率使用比较严重。这可能加剧了市场化住房的价格上升问题。一些城市出现严重的房地产配置的极化现象，即少数家庭拥有很大比例住房的情况，一定程度上推高了社会贫富差距。

综上可以看出，不管是市场化主体主导还是政府主导，都会造成房地产行业的低效率运行的情形，但市场化进程总体上有助于提升居民居住环境。政府和市场的边界虽然相对清晰，但政府在保障低收入群体方面需要持续提升政策协同性，并对政策实施效果进行评估。更重要的是，政府需要对房地产行业进行全面干预并采取措施控制房地产行业的过度金融化。

三、高质量人居环境的主要内容

城市发展过程在很大程度上是人居环境改善过程。受限于城市经济发展程度及公共财力不足等原因，要实现令所有人满意的人居环境建设目标是困难的，理性的选择就是在现有基础上不断改善和优化。一般性的人居环境主要指住房、社区治理及其他公共服务，而高质量的人居环境还需要在社区绿化及景观、文化环境和居民终身发展条件等方面进行规划和建设，特别是要通过各类技术性措施提升人居环境的便利感和体验感。城市治理和城市建设应该积极适应民众对高质量人居环境的需求和期望。

（一）社区绿化及景观建设

作为整个城市环境的关键构成部分，城市社区环境随着我国城市化水平的提高，社区已成为城市房地产开发的主要形式之一。可以说，社区绿化既是城市建设的重要组成部分，也是城市人居环境形象的窗口。近几年来，各地政府对城区绿化建设与管理工作的重视程度明显提高，把创建“国家园林城市”作为当前城建工作的主要目标之一，城区园林绿化的总量和档次不断攀升，单位和居民的绿化意识也不断提高。

直接影响城市的生态环境质量的是社区的生态环境，或者说在一定程度上影响着城市生态环境质量。无论是城市规划，还是城市基础设施建设等方面，社区的生态环境直接影响城市对外形象，影响城市的性质、产业布局及经济、文化和社会发展。所以，社区的生态环境建设是城市可持续发展的一项战略任务。目前，植物绿化被作为改善城市社区生态环境不可缺少的重要方式。近几年，我国城市绿地面积增长迅速（见图 11－10）。植物能吸收有害气体、净化空气、阻滞灰土、减弱噪声，给人们带来愉悦感、镇静感和安全感。我国度量城市绿地建设水平的重要指标是“建成区绿地率”和“人均公园绿地面积”，分别是能够表达城市绿地空间规模与建成区空间规模、公园绿地空间规模与城市人口规模是否配套的重要指标。

近年来，我国在社区绿地建设方面取得了可喜的成绩，但也存在一定的问题，主要体现在三个方面。

第一，社区绿化实施主体不明确，缺乏整体规划。我国社区绿化主要由房地产开发商和政府相关部门两者主导。政府主要负责公共绿地的开发，往往不触及社区内部绿地的建设规划；开发商在社区开发过程中，只考虑所建项目内的绿地建设规划，无法与其他社区和城市公共绿地建设形成有效的规划对接，造成我国

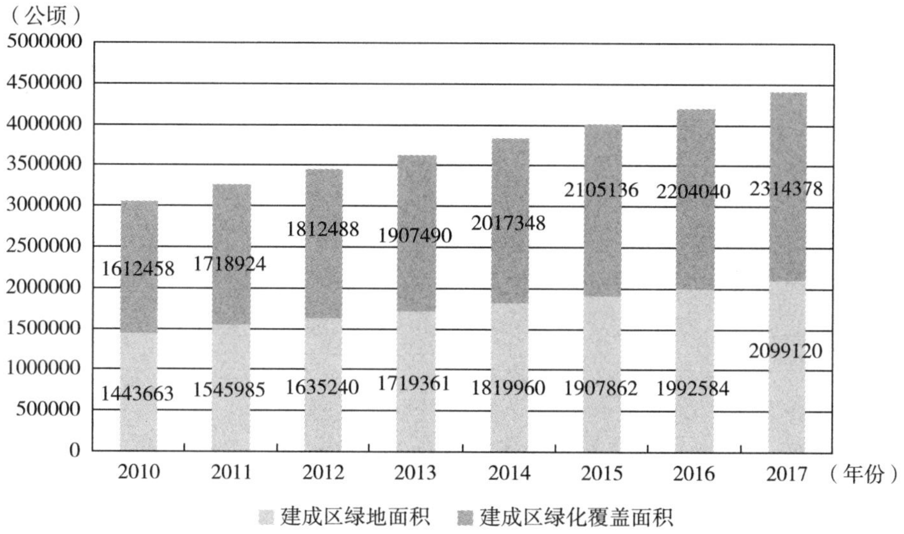

图 11－10　2010～2017 年我国城市建成区绿地面积和绿化覆盖面积

资料来源：根据《中国城市建设统计年鉴》数据整理绘制。

城市社区绿化状况凌乱，无法整合，形成了现在散而乱的格局。同时，在用地上造成了很大的浪费，绿化自然性、随意性较强，缺乏好的景观效果缺乏整体规划的情况。

第二，建设施工随机性强，缺乏远见。由于对社区绿化缺乏刚性管理，在社区内外经常可以看到在已建成的绿地上进行开挖施工的现象，诸如铺设地下管线、建公交站台、设置亭棚广告等，直接影响苗木的成活和绿化的效果。这种边建绿、边损绿、毁绿的现象之所以屡屡发生，其根本原因是不注重施工程序，没有坚持“先地下、后地上”的施工原则的结果。除了这些，在大部分绿化建设中，没有进行综合配套建设，特别是供水设施、管理用房、护栏保护设施等配套不到位，给绿化养护管理工作带来重重困难，甚至有的地方被人为严重破坏，导致绿化成果难以有效发挥作用。

第三，居民环保意识不强。城市居民是生活垃圾的主要产生者和环境保护的受益者，应该积极地成为环境保护的推动者。社区是新形势下城市管理体制改革的产物，社区是个体居民的环境总和。尽管我国经济处于高速发展期，循环经济的切实有效性也越来越被关注，针对社区居民环保意识的提升，但在宣传力度上依旧很弱，社区虽有些执行措施，相对比较单一。跟高速发展的经济比较，对资源过度消耗的观念却没有成比例减弱，部分小区里垃圾乱堆乱放及随意排放污水的状况没有得到改善。很少有证据表明，城市社区居民环保意识有显著改善，在具体行动方面的证据则更少。

社区绿化工作是一项系统工程、社会工程，仅靠职能部门难以真正提高社区绿化水平，它不仅需要社会联动，齐抓共建、共管，更需要党委、政府的重视与支持。

第一，加强社区绿化工作组织领导队伍。要改善城市社区绿化情况，实现创建“国家园林城市”的奋斗目标，党委、政府须高度重视，进一步加强对社区绿化工作组织领导力度，并将其纳入重要议事日程。成立由党、政主要领导负责，相关单位负责人参与的创建领导小组，确保创建工作有计划、有步骤、有落实、有督办，促使其不断向纵深推进。

第二，加大社区绿化资金投入。城市社区绿化就投资主体而言可分为政府建绿和社会建绿。2017 年我国人均绿地面积仅为 14.01 平方米，且近几年人均公园绿地面积增长缓慢（见图 11 - 11），政府建绿首先要加大新建社区绿化资金的投入力度，其次要提高养护资金的投入。养护经费不到位，必然使社区绿化植物养护工作难以正常开展，最终使这一社会公共产品的功能不能较好发挥。通过制定相应的法律规制，并由相关部门和行业管理进行控制，确保其质量合格是完成绿化任务的关键。

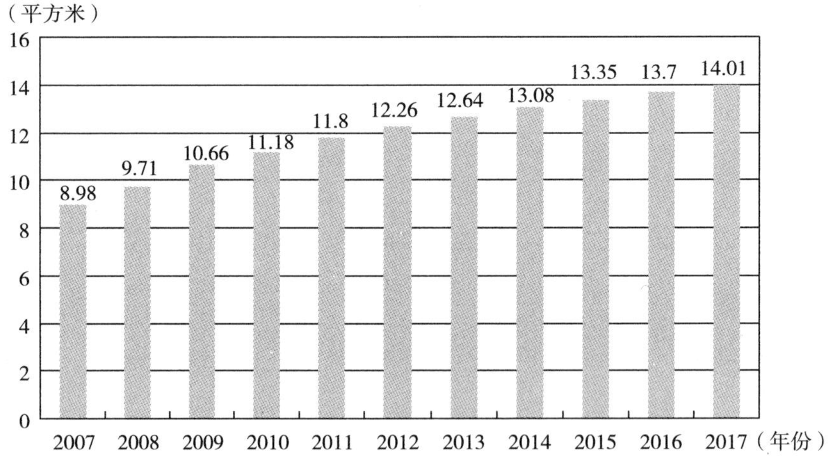

图 11 - 11 2007 ~ 2017 年我国城人均公园绿地面积

资料来源：根据《中国城市建设统计年鉴》数据整理绘制。

第三，创新社区绿化环保教育。多年来，环境保护教育虽然在一定程度上发挥了改善环境的作用，但具体效应仍然存在一些问题。其中，主要的问题是环保教育的形式化和机械化问题。一些教育不能对市民和有关主体的行为发生实质性影响；一些环保教育因为没有评估机制难以发挥改善环境的作用，特别是对那些严重影响环境质量的环保教育由于缺乏刚性措施难以实现预期目标或者隐含较大风险。

第四，完善社区绿化工程建设。社区绿化是一个复杂的问题，房地产行业的市场化一定程度上激发了开发商的绿化和景观建设意识。但是，由于城市主要重视公共绿地扩张而相对轻视社区绿化，以及城市扩张造成实际绿化的减少等，社区绿化工程实际上在改善人居环境质量方面存在一些问题。对此，一是优化利用财政资金，特别是城乡社区事务资金，提高绿化资金比例，提高绿化水平；二是建立社区绿化相关标准，通过刚性制度建设强化社区绿化水平；三是切实发挥业主委员会的作用，通过业主委员会的集体决策来对绿化事务进行整体规划；四是政府应该鼓励居民自发对社区绿化做出贡献，并着力纳入个人贡献评估系统等。

第五，强化社区绿化管理。城市环境卫生管理体系中应该包含社区绿化管理。一是改革管理体制，建立城市环卫部门和街道、社区的合作机制，对社区绿化的责任等进行界定。二是通过技术实施信息化管理。对社区内部的树木、草坪等进行量化管理，并纳入城市绿化和市容数据库。三是对社区绿化进行法制化管理。在房屋建设等方面造成绿化面积或者林木减少的，要根据情况进行采取补救等措施，保障社区绿化面积等整体平衡。

（二）社区文化环境建设

让社区更具有文化氛围和文化意境，是高质量人居环境的重要内容。多年来，有关开发主体在社区文化建设方面采取了一些积极措施，一些社区具有较好的文化环境。不过，很多社区的文化服务仍然停留在信息公告栏和宣传材料张贴等简单发展阶段，文化设施质量不高，文化对居民的教化和幸福感等方面的作用还很有限。更主要的问题是，一些社区的公共空间没有得到良好的利用，缺乏图书室等基本文化活动场所，社区文化和教育服务特别是对幼儿的教育服务衔接不紧密，与老人等群体的实际需求结合不紧密。

此外，由于缺乏相关文化服务设施，以及开展文化活动的必要场所等，社区环境给人一种单调化的印象，以及由于缺乏文化设施和文化服务，很多居民难以在休闲时间获得有价值的休闲，这是导致人居环境质量不能满足居民体验感的一个重要方面。不过，和农村居民相比较，城市居民更多偏好相对封闭性私人空间，因此，开放式文化服务设施未必能发挥应有的作用，对此应该有一个合理的预期。理性的选择就是具备条件的社区应该适度提供给老人等特殊群体的文化活动场所和设施，并着力提供必要的服务。

（三）居民终身发展服务

居民终身服务包括日常生活服务、保健服务、医疗服务和老人等特殊群体护理服务等。多年来，城市治理主体主要是通过志愿者提供这方面的服务，但整体上总量不足，服务质量有待提高。其中，主要的是缺乏社区自我服务机制建设，即调动社区内部相互合作和帮扶机制来提供居民终身发展服务方面存在很多问题。比如，一些城市规划的家庭医生服务，因为政策和机制等问题长期不能落实。此外，少年儿童等需要的各类艺术教育和技能体验等服务比较缺乏，这些对终身发展有一定影响。其中，社区层面重管理轻服务是重要的原因，以及社区事务财政资金使用没有向终身服务等方面倾斜也是重要原因。因此，市民只有选择市场主体提供这些服务，这加剧了民众的生活成本并导致一些公共资源的耗散。

总之，居民终身发展服务是福利社会的重要内容，城市治理主体应该着力改善资源配置和社区治理机制，让更多终身发展服务惠及民众，从而实现人居环境质量提升。

（四）出行及交通服务问题

改革开放以来，中国城市道路建设迅速增加，并形成了复杂的交通网络体系。从全国道路长度来看，1978 年全国道路长度仅为 26944 千米，2008 年为 258740 千米，2017 年达到 397830 千米，40 年间增长了近 14 倍（见图 11－12）。

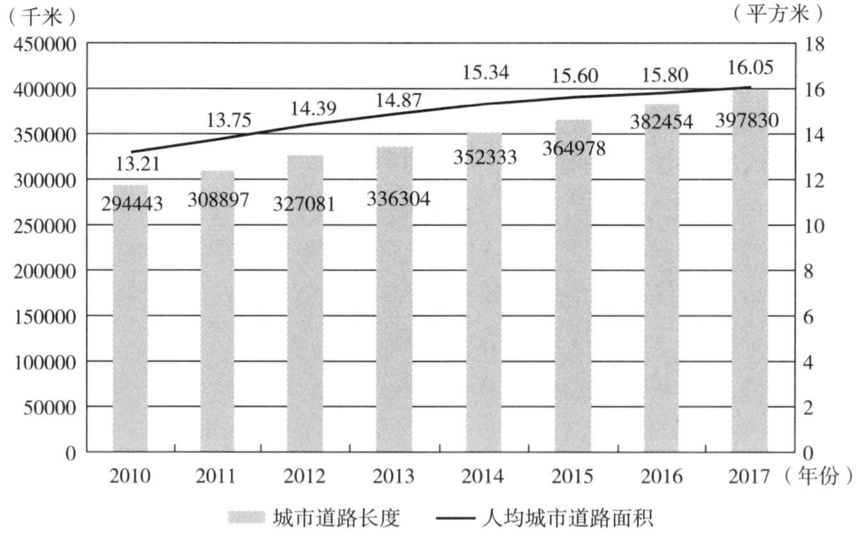

图 11－12　2010～2017 年我国道路建设情况

资料来源：根据《中国城市建设统计年鉴》中数据绘制。

从全国建成轨道交通线路长度来看，1978 年仅为 23 千米，而 2018 年达到了 4594.26 千米，40 年间增长了 198.7 倍（见图 11－13）。但我国人口基数巨大，人均城市道路面积到 2017 年也只有 16.05 平方米，城市交通系统压力仍较大。

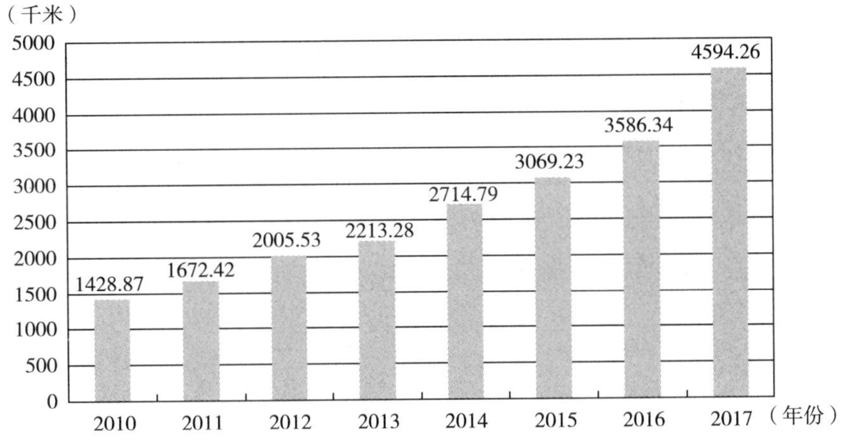

图 11－13　2010～2017 年我国建成轨道交通路线长度

资料来源：根据《中国城市建设统计年鉴》中数据绘制。

随着城市化进程的推进及城乡要素组合的变化，城市扩张总是突破城市总体规划的限制规模，这在很大程度上给城市交通系统带来巨大压力；城市人口密度与小汽车保有量之间呈现双增长态势；城市公共交通服务能力和竞争力不足，难以对私家汽车等形成替代性作用；自行车、电动车等绿色出行方式发展有限且存在体制性成本。拥堵已成为“大城市病”的主要特征之一。交通拥堵是拥堵的主要表见形式。

交通服务在各个城市呈现差异化状态，但也有很多共性特征：

一是交通拥堵限制要素流动性。大城市出现中度拥堵和严重拥堵的概率增加，且拥堵呈常态化并逐步由中心城区蔓延至市区外围，因此物流和人流等受到流动性方面的严重影响。二是通勤时间主要干路严重拥堵。这个主要是早晚高峰期时段出现拥堵，并容易造成交通事故。这也增加了城市交通调节的压力。三是部分路网节点的局部拥堵。布局拥堵主要是旅游景区、节庆活动等造成的拥堵，随着城市结构复杂性增加，这种拥堵的比例也在增加。有些城市甚至构成区域性交通拥堵，影响整个路网功能效率的发挥。四是交通秩序混乱造成道路通行能力下降。这主要是小城市因为交通线路规划等方面存在问题，以及交通指挥服务能力较低，因此，难以对交通秩序进行系统性调整，从而导致道路通行能力下降。

在拥堵与缓堵的过程中，中国大城市正在逐渐实施的方法理念包括：交通与城市协调发展、优先发展公共交通、实施交通需求管理措施、积极倡导绿色出行等。

一是城市建筑建设与城市交通发展需要统一规划。长久以来，中国城市建设与城市交通发展间存在不协调、不一致的脱节问题。由于工业分布、商业圈和交通用地等规划存在错位，难以实现有机统一，交通方式衔接存在不够紧密等问题，导致城市交通服务成本高，市民出行成本高。

二是以公交优先保障居民基本出行需求。公交优先发展是国家对城市交通的战略定位和总体判断。但是，这个战略并没有在城市运行中得到具体落实。由于政府财力等方面的限制，公交系统在服务能力方面存在差异，政府需要在资金投入、路权分配、土地利用以及财税政策等各个领域加大对城市公共交通建设的倾斜力度。

三是倡导绿色出行的关键需要保障绿色出行环境。绿色出行作为低碳交通最显著的标志，近年来受到中国各大城市的日益关注（见图 11 - 14），在一定程度上推动了绿色出行体系的建设。但是，绿色出行只是在宣传等层面进行，实质上的激励措施等还没有完善，特别是保障绿色出行的线路等还没有系统化完善，这在一定程度上导致交通结构恶化。

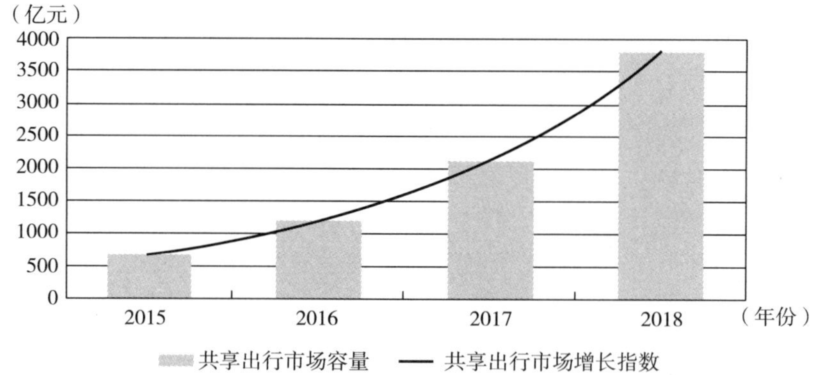

图 11 - 14　2015 ~ 2018 年中国共享汽车出行市场容量

资料来源：根据《2018 年中国汽车共享出行市场分析预测报告》中数据绘制。

要解决这一难题，为绿色出行营造良好的环境是关键。很多城市已经实施了限行、错峰、分流等措施，截至 2018 年底，河南限行的地区几乎涵盖了全省（见表 11 - 2）。更加重要的是，城市应该对绿色出行进行机制方面的精确化设计，利用社区和个人数据信息系统，对绿色出行进行一定奖励，这样能够逐步提高绿色出行比例从而缓解交通压力。

表 11-2 2018 年河南限行情况统计

市县	限行规则
郑州	单双号限行
新郑	单双号限行
登封	单双号限行
荥阳	单双号限行
新密	单双号限行
中牟	单双号限行
上街区	单双号限行
巩义	单双号限行
航空港区	单双号限行
开封	单双号限行
洛阳	单双号限行
平顶山	周一限行 1 和 6，周二限行 2 和 7，周三限行 3 和 8，周四限行 4 和 9，周五限行 5 和 0
安阳	单双号限行
鹤壁	单双号限行
浚县	单双号限行
淇县	单双号限行
新乡	单双号限行
长垣县	周一限行 1 和 6，周二限行 2 和 7，周三限行 3 和 8，周四限行 4 和 9，周五限行 5 和 0
焦作	周一限行 1 和 6，周二限行 2 和 7，周三限行 3 和 8，周四限行 4 和 9，周五限行 5 和 0
濮阳	单双号限行
清丰县	单双号限行
南乐县	单双号限行
范县	单双号限行
台前县	周一限行 1 和 6，周二限行 2 和 7，周三限行 3 和 8，周四限行 4 和 9，周五限行 5 和 0
许昌	单双号限行
漯河	周一限行 1 和 6，周二限行 2 和 7，周三限行 3 和 8，周四限行 4 和 9，周五限行 5 和 0
三门峡	周一限行 1 和 6，周二限行 2 和 7，周三限行 3 和 8，周四限行 4 和 9，周五限行 5 和 0
驻马店	单双号限行

续表

市县	限行规则
遂平县	单双号限行
南阳	周一限行1和6，周二限行2和7，周三限行3和8，周四限行4和9，周五限行5和0

资料来源：根据公开数据整理制作。

四、人居环境可持续发展应对策略

我国城市人居环境可持续发展要围绕树立可持续发展观、注重保护城市原生环境、调整和完善城市的规划与结构以及完善基础设施建设等方面展开。

（一）树立可持续发展观

城市人居环境可持续发展作为一项需要持续不断的工程，需要城市中的每一位市民持久的努力与奉献。政府应支持市民参与到城市发展建设中，让市民能切身体会到城市环境改善带来的好处，从而形成环境友好型的生活方式。树立可持续发展观，贯彻科学发展观，即市民应该以科学的方式减少消耗，同时不影响生活水平的提高、社会的持续发展，彻底贯彻以节约的方式利用资源，将节约置于第一位，把保护与开发相结合，真正实现对任何资源不做无谓的消耗。还要根据不同城市的具体情况建立符合本城市的资源、环境、开发、消费一体的系统结构。

（二）注重保护城市原生环境

城市原生环境就是城市开发过程中极少或未曾受到人为干扰的环境地段。目前我国绝大多数城市中原生环境已经十分稀少，大部分原生环境由于城市的不断扩张和改造已经被破坏，比如过分开采地下矿产已经造成呼伦贝尔草原部分地块下陷，过分追求经济发展而引进的厂商将处理不达标的废水排城市河流和湖泊造成城市水污染，因此城市原生环境安全也应受到决策者的高度重视，保证环境对于城市安全不构成威胁。各类生产生活垃圾、工业污染物对于城市的环境安全可能造成的威胁，还有一些可能发生的自然灾害，如洪水、地震、泥石流等都是城市建设中不可忽视的因素。树立城市环境安全意识、注重保护城市原生环境是保证城市人居环境可持续发展的必要因素。

（三）调整完善城市规划与结构

城市的系统特性是复杂的，这决定了城市规划是动态的，即随城市发展与运行状况长期调整、不断修订，持续改进和完善的复杂的连续决策过程。建设城市人居环境，必须以可持续发展为前提，将社会、经济与环境相互协调发展，改进城市规划和结构。运用科学的方法将城市人居环境进行功能分区，合理预留出未来城市发展的可能空间，来保障城市良好的发展。合理规划调整城市结构，完善城市的自我净化功能，提高环境容量，不断为城市居民创造更适宜居住生活的环境。

（四）完善基础设施建设

所谓城市基础设施是指为保证城市居民生产生活正常运转的物质设施建设的总称。在不破坏城市生态环境的条件下，我们应合理安排土地资源，充分重视城市基础设施六大系统的建设（见图 11－15）。

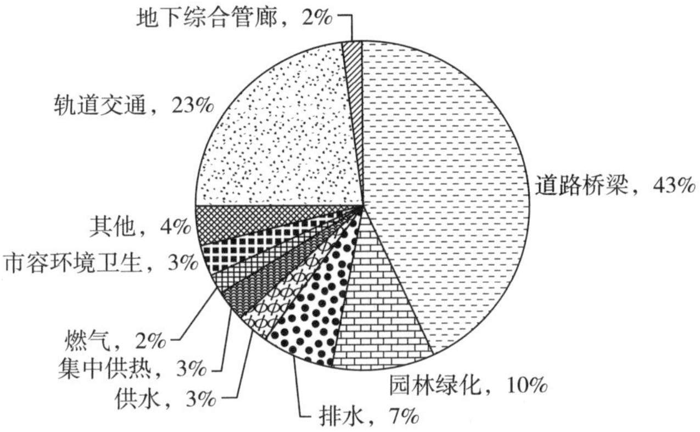

图 11－15　2016 年分行业城市公用设施固定资产投资比重

资料来源：根据《中国城市建设统计年鉴》中数据绘制。

现代化能源系统：包括电力的生产及输变电设施建设，人工煤气的生产及煤气、天然气、石油液化气的供应设施，热源生产及供应设施。

现代化给排水系统：包括水资源的开发、利用和管理设施，自来水的生产和供应设施，污水排放、处理和下水道设施。

现代化交通运输系统：包括城市内部交通设施和城市对外交通设施。城市内部交通设施有道路、电车、汽车、轨道交通、出租车、公用货运汽车、货物流通区、交通管理等设施。

现代化通信系统：包括邮政设施、电讯设施、信息基站设施等。

现代化环境绿化系统：包括环境卫生、园林绿化、环境保护等设施。

现代化防灾系统：包括防火、防洪、防地面下沉、防风、防雪及防地震设施。

对于城市中的基础设施、公共事业等可以合理科学地引进外来投资，规划建设适宜的城市绿地，市中的污水处理和垃圾处理的各个工作系统应在规划中注重选址，充分考虑河水流向、城市风向等诸多方面，采用最佳的处理方法，平衡污水垃圾处理与生态发展的关系，改善城市生态环境，建设现代化的城市交通网，加快与其他城市的沟通交流及合作，强化城市中心的作用，达到促进和完善人居环境的目的。

第三节　文化景观建设

文化景观主要是人类通过创造性的生产生活改造自然，在此过程中产生反映区域独特的文化内涵，特别是出于社会、文化、宗教上的要求，在美学、艺术、历史文化方面具有独特价值，并受环境影响与环境共同构成的独特景观。文化景观具有地域性、文化性、时代性和思想性，聚落是其地域性特点最主要的体现之一，而城市是聚落的高级形态，所以诸多经验和事实表明，城市比乡村地区拥有更多的文化景观。文化景观有自然天成的部分，但更多的是刻意设计和人为规划的结果，而这都需要大量的人力资源和财政支持，城市则能最大限度地满足这些需求，且城市通过大规模的文化景观建设也可以增强城市的软实力。

一、城市文化的含义

城市软实力的重要基础之一就是具有独特的城市文化景观，城市文化外显为城市形象，对于提升城市品质和增加城市附加值具有不可替代的作用。对于一个城市来说，城市形象的内核就是城市文化，所以城市的精神面貌在很大程度上取决于城市的文化景观，可以说，城市文化塑造了整个城市的气质。要准确理解城市文化景观首先要理解城市文化的含义。

城市文化是在城市中发生、发育和发展的产物，体现在很多方面，如城市历史、社会价值观、社会习俗、生产方式、宗教信仰、建筑风格、娱乐方式等，是人类对于城市发展的理想追求和不断实践的结晶成果，是人们能够感受、感知、感悟得到的东西。一般来说，城市文化主要由文化符号、文化景观、文化行为和文化交易等构成，这些不同类别的文化发挥着不同的作用。包括文字、图画等在内的文化符号，被不同主体以各种方式展现，但很多符号发挥信息传达的作用，有些文化符号具有一定教化作用。文化景观是很多文化符号的集合体，能够满足教育、游览和娱乐等方面的功能，因此，建设文化景观成为很多城市的重要选择。文化行为则根据城市经济、历史等方面的差异，存在很大不同。一般来说，大城市和历史文化名城有更多文化行为，而工业城市和新型城市则文化行为较少。文化交易指文化产品和服务方面的交易，这更多是一种市场行为，而不是纯粹的文化行为。

城市文化对于城市发展具有多方面的含义，概括起来主要体现在以下几个方面。

第一，城市文化是城市自然和社会过程的凝结形态。城市发展过程是自然过程和社会过程的融合，而更多是一个社会过程。这个过程中留下的文化符号、文化景观以及一些重要文化产品交易等都是社会过程的体现，是人的精神活动和创造性活动的体现。因此，在一定程度上可以通过城市文化反推城市自然和文化发展状态，即反推城市社会过程。这在一定意义上对于总结城市治理效率以及各类文化事业发展具有重要价值。

第二，城市文化能够体现城市的外在形象。文化符号和文化景观等都是一种形象展示，是精神内涵的外在化表现。一般的游客和民众通过文化符号等判断城市文化产业发展情况，以及判断城市的精神内涵。更主要的是，很多城市文化能够体现城市的文化发展历史，对于人们认知城市的发展脉络有很大价值。此外，城市文化也能够体现市民的精神生活和精神风貌等，以及在一定程度上体现市民的文化涵养等。因此，研究和总结城市文化的形象化对于城市外在形象树立十分重要。

第三，城市文化是城市创造力的体现。城市文化发展程度体现了市民的创造力，这是人力资源开发力度的重要体现。没有良好文化传统的城市，以及没有一定文化发展规模的城市，市民往往缺乏在文化领域的创造力。具有显著文化传统的城市，市民往往具有较强的创造力，这就是文化熏陶和文化环境影响的结果。总之，可以通过文化产业发展或者文化产品创造来判断一个城市的人力资本价值，或者人力资本的创造能力。

第四，城市文化是城市发展中的非物质财富和重要遗产。在评估城市发展实力中，文化资产是重要的资产构成，很多文化资产具有显著的遗赠价值。如果一个城市发展过程中没有什么留给后代的非物质财富和遗产，那么，就会让后代难以从先辈的经历和工作中获得有价值的东西，乃至造成城市文化生活的单调化。这不利于城市长期的持续发展，不利于城市的影响力拓展。因此，城市治理中应该高度重视城市非物质财富和文化遗产保护工作。

城市的文化景观在很大程度上决定了城市的知名度和美誉度。例如，开封的清明上河园、洛阳的龙门石窟、北京的故宫、西安的大雁塔等，这些建筑物的价值早已超越其物质形态，成为这些城市独有的文化内涵，是城市活的灵魂。对人类来说，尽管物质形态的城市在不断更新，但其根本的灵魂在于历史文化传统与现实人文、地理环境，其既表现为历史文化的传承与更新，又表现为当代文化的不断融入与吸收。在当今城市现代化建设中，如何继承和发扬城市的文化，如何打造新时代的城市文化景观是极为迫切和必要的。

二、文化景观建设现状

新中国成立后，尤其是中国自改革开放以来，中国的城市化水平、城市的现代化建设水平和城市的规模都得到了大幅的提升。与此同时，我们也应该清楚地看到中国城市建设中缺少具有自己特色文化内涵的城市文化景观的建设，城市文化景观建设应该得到同等重视。城市的文化景观是随着城市的发展不断传承和创新的，包括历史的传统文化形成的以及新近的特色文化。例如，到过上海的人都被浦东新区的东方明珠的宏伟与绮丽所吸引；到过苏州东方之门的人都会对其传统与现代相得益彰的设计印象深刻；到过西安的人都会对传统古朴的明城墙和时尚前卫的长安门的传统与现代交相辉映的巨大城市而印象深刻……

下面我们主要从文物古迹类文化景观、宗教类文化景、现代建筑类文化景观和其他类文化景观四个方面介绍我国城市景观建设现状。

（一）文物古迹类文化景观

文物古迹类文化景观内涵广阔，例如历史遗址、文化遗址、古墓遗址、古建筑、古石窟、古石刻和其他古代社会、经济、文化、科学、军事活动遗物、遗迹、遗址和相关纪念物。例如，南京的阅江楼，北京的天坛，西安的兵马俑，甘肃的敦煌莫高窟石刻，信阳的文庙等，这些历史遗迹象征着我们的民族精神，无不为闻名中外的游览胜地，是历史的传承与沉淀，也是祖先为我们留下的珍贵人文景观。在城市建设中，如何赋予文物古迹类文化景观新的生命，使其融入城市生活是现在文物古迹类文化景观建设的重点。

在南京，威严肃穆的古城墙穿越千年再一次融入了城市居民的生活。南京有很多古城墙，如东水关城墙、汉中门城墙、中华门城墙等是毫无疑问的城市特色历史文化遗迹，它们虽然失去了原有的防御功能，但其记录了南京千年的兴衰，蕴含着无可取代的深厚的历史文化底蕴，是一代又一代南京市民的共同记忆与城市情感依托。古城墙的改造遵循了城墙本身的结构特点，因地制宜，巧妙地改造，使其成为市民游憩、休闲的绝佳场所。例如部分东水关城墙顶部改造成儿童沙坑，成为孩子们游乐的好去处。

南昌将城市的历史文化用现代雕塑复活。南昌苏圃路与中山路交界处有一个面积极小的街角花园，在花园中心有一座子羽的雕像，雕刻的是春秋时的人物子羽，雕塑下有相关历史背景介绍。据记载子羽是孔子的弟子，其典故出自《史记·仲尼弟子列传》，子羽因体态和相貌较为丑陋而被孔子认为资质低下，但他从师孔子学习后，谨记孔子教诲，专注于修身实践，处事从来光明正大，不打邪念；后来子羽游学到长江流域，落脚于现在的南昌境内，并开始传经颂道，教化民众，前后跟随他的弟子多达300余人，其声誉也得到了社会认可，各诸侯国都争相传诵他的名字。孔子听说这件事之后感慨："以貌取人，失之子羽。"子羽雕塑作为城市文化景观的成功之处，就在于其充分挖掘了南昌城的历史，找到了子羽这个文化意象，丰富了城市文化。

（二）宗教类文化景观

在我国有很强的文化包容性，佛教的寺庙、道教的道观、基督教的教堂和伊斯兰教的清真寺广泛分布在全国各地，塑造了我国独特的宗教类文化景观。寺庙作为宗教文化景观的代表，大大小小的寺庙分布在全国各地，如河南洛阳的白马寺、嵩山的少林寺、开封的大相国寺和新乡的定国寺等。就汉传佛寺建筑来看，以我国143座汉传佛寺建筑群分析，可以发现城市佛寺数量占比高达44.06%（见图11-16），可见寺庙也是城市文化景观不可缺少的一部分。

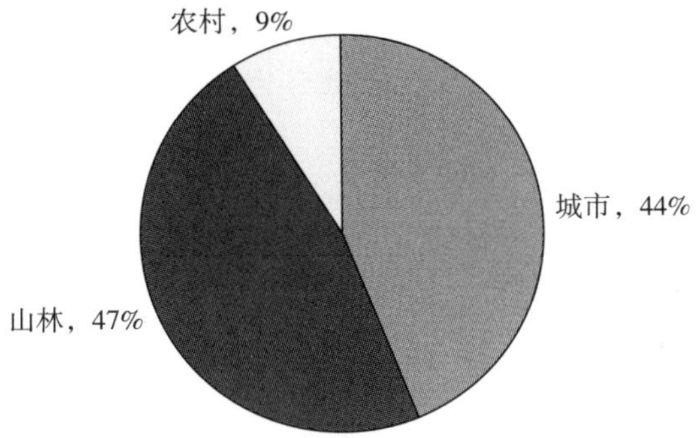

图11-16 143座汉传国家重点佛寺分布区域统计

资料来源：由公开数据整理分析绘制。

寺庙包含的佛学禅宗思想，作为附加在自然景观上的人类宗教文明活动形态的关联性宗教文化景观，体现了"宗教文化—时间空间"的内在关联属性。其园林环境的营造将山水、植物、建筑等景观要素与人文、历史、宗教等文化要素有机整合，烘托出"境生于象外"的园林意境，其造园手法对"外师造化，中得心源""芥子纳须弥"等中国传统造园思想的融会贯通，最终目的都是直接或间接服务于宗教活动。随着城市化的进程，本位于青山碧岭的寺庙也逐渐被城市吸收，如何融入现代化的城市成为现在宗教类文化建设必须考虑的地方。

开封大相国寺位于开封市自由路西段，其建筑顶盖琉璃瓦件，翼角皆悬持铃铎，殿宇巍峨，霜锺远振，集传统寺庙建筑之精华。大相国寺积极融入开封，为开封旅游城市的建设做出了自己的贡献。“2018 中国开封清明文化节活动”在八朝古都开封隆重举行，作为此次文化节的重要组成部分——大相国寺梵乐演出，一直受到社会各界的关注。开封大相国寺演奏的《盛世佛缘》《菩提树》《千年风雅》《白马驮经》《锁南枝》等一组组精彩的演出，让八方来客感受大相国寺梵乐的无穷魅力，也为游客对开封的印象增添了浓墨重彩的一笔。

（三）现代建筑类文化景观

可以说建筑是城市的骨骼，几乎城市居民所有的生产生活活动都在建筑中进行，如医院、学校、居民楼、商业大厦、博物馆、体育馆、歌剧院等都是城市不可或缺的建筑。目前中国在城市建筑设计建设中以实用为主，艺术性较差，但也有部分兼具实用性和艺术性的现代建筑，如淮南钢琴屋、湖州喜来登酒店、抚顺生命之环、北京银河 SOHO、抚顺生命之环等。如何给予现代建筑以文化景观的属性是现代城市建设设计时亟须加强的部分。

博物馆是现代建筑类文化景观的体现，近些年群众对博物馆的参观热情不断增长，位于北京的中国国家博物馆在 2018 年观影人数突破了 860 万人次（见图 11－17）。

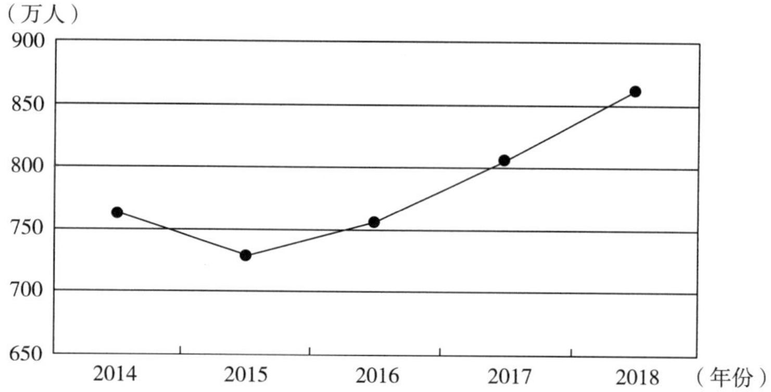

图 11－17　2014～2018 年中国国家博物馆观众参观人数

资料来源：根据中国国家博物馆公开数据整理绘制。

目前我国共有博物馆 5354 个，数量前三的省份分别是山东 541 个、浙江 382 个、河南 339 个（见表 11－3）。其中苏州博物馆的设计是现代建筑类文化景观营造途径很好的诠释。独具苏州文化特色的苏州博物馆由贝聿铭设计，充分体现“中而新，苏而新”，追求和谐的尺度，“不高不大不突出”，融传统园林建筑特色与现代建筑艺术为一体。贝聿铭深入分析了苏州水文情况、历史文化典故以及拙政园、忠王府的历史沿革，甚至东北街上每一棵树木先生都仔细考察，最终才使苏州博物馆在外观设计上具有强烈的地域特色。

表 11-3　2018 年全国博物馆分区域数量统计 TOP 21

排名	省份	博物馆数量（个）
1	山东	541
2	浙江	382
3	河南	339
4	陕西	297
5	江苏	295
6	广东	281
7	四川	242
8	安徽	241
9	甘肃	223
10	湖北	215
11	黑龙江	202
12	内蒙古	173
13	北京	161
14	山西	150
15	湖南	149
16	江西	146
17	云南	138
18	河北	134
19	福建	131
20	上海	129
21	辽宁	105

资料来源：根据国家文物局公开数据整理绘制。

（四）其他类文化景观

除了历史文化遗迹和经典建筑之外，城市景观也还体现在其他方面。城市特色街景同样是重要的城市文化景观，蕴含着城市的文化。在此之外，一些雕塑和工业设计也具有城市文化景观的性质。

杭州钱江新城市民中心东北小广场上有一座主题为“妈妈的手”的景观雕

塑。该雕塑是为了纪念杭州市民菊萍在一个2岁女童从10楼坠落时，奋不顾身冲去用双手接住孩子的伟大善举。这一彰显人性大爱的有力托举，不仅给坠楼女童带来生的希望，也激发了全社会的向善力量。“妈妈的手”雕塑所展现的文化元素，正是从杭州市民善良、大爱的精神面貌中提取出来的。毫无疑问，这座雕塑是成功的文化景观，不仅有强烈的杭州特色，并且为杭州这座古老优雅的城市创造了现代的新内核。

三、城市文化景观建设出现的问题及原因

（一）城市文化景观建设出现的问题

就目前中国城市建问题而言，城市文化景观特别是新文化景观建设远远落后于城市“摊大饼”式的迅速扩张局面。本该受到保护和传承的旧文化景观，在城市扩展的滚滚洪流中却难以立锥，悄无声息地在所谓的城市的革新与升级中被遗弃，如福建的平潭石头房、陕北的地坑院、闽南的红砖古厝、湘西的吊脚楼等，还有一些很有地域建筑特色的中小城市或小县城也难逃厄运，如今，大同小异甚至毫无二致的钢筋混凝土堆砌成的现代化建筑密集林立，失去了城市的内涵和灵魂。可以说，在中国城市化建设大潮中，绝大部分城市新文化景观建设都是随大溜儿，一味地追求标准化和利益最大化，千城一面现象的出现是必然结果，中国深厚的文化底蕴在城市建设中并没有得到传承和发扬，这应该说是一件让人深感遗憾的事情。如果说这是现代化的要求，那反观现代化的起点，欧洲的不少城市曾遭受过两次世界大战炮火的摧残却风采依旧，如法国的巴黎、马赛、波尔多，德国的柏林、慕尼黑、法兰克以及荷兰的阿姆斯特丹和西班牙的巴塞罗那等，置身于这些城市之中就能感受到它带来的深厚文化底蕴，这些无不归功于保存完善的传统建筑。在中国，越来越多的著名城市文化景观成为“现代化”的牺牲品，只能在老一辈的述说中想象它曾经的辉煌，已经成为下一代终的记忆空白，导致城市文化的断层。

（二）城市文化景观建设问题产生的原因

中国的经济经过改革开放的迅速发展至今，经济建设已经取得了丰硕成果，而文化建设特别是城市的文化景观建设显然没有跟上经济建设的步伐，其是多种原因综合导致的，非短期内可以改变，下面简单分析三点重要原因。

第一，快速城市化背景下文化景观建设远远落后于城市快速扩张。在当今快速的城市化与现代化背景下，城市建筑材料（装配式建筑）、交通工具、人居标准、施工方式，乃至城市设计思想和规划布局等均出现标准化趋势，加之城市存在贪大求快政绩诉求和外部城市相互竞争压力的双重驱使，城市建设必然出现攀比、模仿、克隆和移植的快速扩张局面，致使城市文化发展处于被动局面，文化

景观建设滞后、趋同现象越来越严重，城市呈现千篇一律、千城一面的景象。城市在快速城市建设和发展过程中遭遇“文化特色”危机。自己城市的自然性、历史性、社会性、地方性等特点和个性特色被淡化甚至具有丧失的危险。如何在城市化急速推进和扩张的时代，保护传统文化景观、营造多元开放的现代城市文化景观、提升大众对文化景观的感知能力，成为现代城市景观建设中的重要问题。

第二，城市文化景观规划缺乏整理统筹。当今城市需要多部门统筹协调，文化景观更需整体规划才能取得良好效果。现今城市经常出现不和谐的景象，如杂乱无章的城市景塑和壁画，文化产业园的建设选择在城市中本来需要进行生态保护、休养生息的地块，并盲目推行，超大超宽的广告牌胡乱矗立在繁杂的街道中、沿街的商家店铺夜间总是闪烁着凌乱而刺目的霓虹灯招牌。当然，部分地区的城市景观建设是比较出众的，例如成都高新区的商业街区，其在设计初期就要求商铺招牌的颜色、尺寸、材料等方面统筹规划，既整体美观大方又具有成都的特色，同时还节省了部分开支。随着中国社会经济的发展和城市建设的加快，各种各样新的文化景观仍会层出不穷，相关部门应该具有前瞻性和统筹性的规划，这样才能改变城市文化景观建设乱象，提高城市文化景观品质。

第三，对城市发展建设的科学规律和艺术规律重视不够。城市建设理念在不断的发展更新中，人们的思想意识受外界大环境影响也在不断发生着改变，前些年，标新立异、“高大洋”风格的形象工程是城市文化景观建设所热衷的，建筑的功能性，与环境的协调性和可持续性发展性却成了可有可无的东西，直接导致了部分景观建筑生命周期短，景观垃圾泛滥。四川省成都市的民俗公园位于二环路人南立交桥下，由于人南立交桥的交通位置缺乏考虑，导致公园处在一个人来人往、车辆川流不息，甚至光线都不充足的地段，尽管那里有特色的成都民俗文化雕塑、壁画等景观，但没人愿意在那样的位置停留，最终导致了景观荒废，商铺萧条的结局。

四、文化景观建设展望

文化与景观不可割裂看待，而是在一个反馈环中共生共荣，文化不仅通过景观来外显，而且还深刻影响着景观的内涵。要走出当前城市文化景观建设困境，必须走城市文化复兴之路，首先要挖掘与保护传统的城市文化精华，保护好我国本色的城市历史文明成果，这是城市文化复兴的雄厚基础和丰富资源。

具体而言，一是保护和传承珍贵的历史文化遗产，其是一个城市的荣耀，烙印着历史的记忆，要留住记忆留住根和文脉；二是保护好城市个性特色——城市自己的自然性、历史性、民族性、地方性、社会性、时代性的文化特征，这是这座城市有别于其他城市的重要标志和独特魅力之所在；三是保护好城市的风物、风情和风貌，包括非物质文化遗产，它们往往体现城市传统的生活方式和民生追求、人文精神以及审美取向，表达着城市的感情色彩；四是保护好生态环境——自然山水景观、风景名胜、园林绿化等自然环境和社会生态环境，这是城市文化发祥和发展的根和魂，它们是城市文化发育的襁褓。

通过城市文化发展，意在把我国的古代文明、近代文明和现代文明有机地结合起来，以弘扬中华民族的文化为红线，吸收一切好的、有用的符合我国人民价值观念的东西，充实我们的城市文化宝库，这样才能在城市化快速推进的时代中，建设出合格且具有美学、艺术和历史文化价值的新时代文化景观，以此创新和丰厚自己的城市文化生活，提升各自城市的文明水平，增强各个城市的竞争力、吸引力和文化魅力，屹立于世界城市文化之林。

在城市文化复兴的基础上，我们主要通过和谐人地关系、保护与重现历史文化遗迹、符号化文化元素这三个途径来营造现代城市文化景观。

（一）和谐人地关系以突破“千城一面”的困局

“千城一面”及现代城市景观趋同的现象原因之一，是人们不够关注自己当地的文化遗产。应从和谐的人地关系入手营造文化景观。探究合理城市的土地利用方式与自然禀赋的开发，从中寻找灵感，营造出具有鲜明地域特色与文化内涵的景观。每座城市的地理特征与自然资源都不相同，不同的山水特征孕育出不同性格的人民，也孕育了丰富多彩的生活方式与文化。这种文化景观的营造方式根植于城市地域文化，是城市特色的来源，是帮助城市景观突破“千城一面”困局的根本途径。俞孔坚指出：“特色来源于不同的土地和那方土地上不同的天空和自然过程，本质上讲，特色的建筑以及景观是人为了生活而对土地及其自然过程的适应方式，而且是此时此地的人在现有技术条件下的一种适应方式，这种方式一定是最经济的，或者就是最生态的。”

（二）保护与重生历史遗迹以记录城市历史

创造新景观不只是城市文化景观营造的唯一方式，因为创新的基础是传承。城市历史遗迹是城市历史文化的活化石。营造良好的城市文化氛围需要多方努力，保护再利用历史遗迹景观能够极大提高城市文化品位。例如西安的古城墙的保护开发工程，2004 年西安城墙作为古城复兴计划的载体，成为西安历史文化的一个核心板块，体现人文西安、古都西安特色的一个重要品牌和西安通往世界的一张特色名片，目前，沿城墙外侧已建成“环城公园”，成为城市居民晨练的绝佳活动场所。城市历史遗迹改造使其具有现代城市的生活功能后，原本年代久远而“高冷”的历史文化景观瞬间融入市民的日常生活中。因此，城市历史文化遗迹被赋予新的文化内涵是非常重要的，城市历史文化景观的营造应在这方面下功夫。

（三）将文化元素符号化以融入群众生活

文化是个抽象的概念，通过文化元素的符号化，展现在城市中，是文化景观营造的常用手法。城市中众多的文化景观小品与雕塑属于这种营造途径。用一些符号化的形态来留存历史的片段，提示过去年代曾经兴盛和辉煌的事物，在国内采用这种方式的现象已经非常普遍，在很多地方，不但没有达到再现历史的良好效果，反而成为伪文化。总之，既要感悟历史，发挥文化传承展示作用，需要从城市历史文化元素中提取精华；更要关注当下，展望未来。

参考文献

［1］朱建江．城市学概论［M］．上海：上海社会科学出版社，2018.

［2］李永东．城市学理论与实践［M］. 北京：社会科学文献出版社，2019.

［3］苏海龙．设计控制的理论与实践［M］. 北京：中国建筑工业出版社，2009.

［4］陆铭．大国大城［M］．上海：上海人民出版社，2016 年．

［5］陆铭．大城市郊区：都市圈建设的焦点［J］．中国投资（中英文），2019（19）：87 – 89.

［6］玛塔·岛乐 – 巴扎地，孔洞一．城乡融合的营造实验——德国国际建筑展图林根州“未来城市化乡村”项目［J］．国际城市规划，2020，35（5）：53 – 60.

［7］江海旭，张荣天．城镇化与商贸流通业协调发展研究——基于长三角三省一市的实证［J］．商业经济研究，2020（18）：9 – 12.

［8］李智礼，匡文慧，赵丹丹．京津冀城市群人口城镇化与土地利用耦合机理［J］．经济地理，2020，40（8）：67 – 75.

［9］安德烈·索伦森，金盼盼，张怀予，傅舒兰．城市化、制度变迁和制度化：复合关键节点的城市转型［J］．国际城市规划，2020，35（4）：17 – 24.

［10］吴健生，罗可雨，赵宇豪．深圳市近 20 年城市景观格局演变及其驱动因素［J］．地理研究，2020，39（8）：1725 – 1738.

［11］年猛．中国城乡关系演变历程、融合障碍与支持政策［J］．经济学家，2020（8）：70 – 79.

［12］冯奎，顾强．“十四五”时期城镇化改革的思考与建议［J］．区域经济评论，2020（4）：31 – 37.

［13］沈忻昕．城镇化进程中城乡基本公共服务政策存在的问题［J］．农业经济，2020（6）：29 – 32.

［14］崔耀平，刘玄，李东阳，邓晴心，徐佳宁，石欣瑜，秦耀辰．长三角地区城市化空间关联特征及内在机制［J］．地理学报，2020，75（6）：1301 – 1315.

［15］杜群阳，俞航东．中国多维城市空间结构与地区收入差距［J］．地理科学，2020，40（5）：720－729.

［16］戴为民，贺金梅．人口城市化质量综合评价及其政策指向研究——以安徽省为例［J］．城市发展研究，2020，27（5）：32－36.

［17］马慧强，廉倩文，韩增林，弓志刚，李哲．基本公共服务—城镇化—区域经济耦合协调发展时空演化［J］．经济地理，2020，40（5）：19－28.

［18］谢地，李梓旗．城镇化与乡村振兴并行背景下的城乡人口流动：理论、矛盾与出路［J］．经济体制改革，2020（3）：39－45.

［19］徐维祥，郑金辉，徐志雄，李露，刘程军．中国城乡一体化水平的时空特征与门槛效应［J］．长江流域资源与环境，2020，29（5）：1051－1063.

［20］张韦萍，石培基，赵武生，冯涛，付春雨．西北区域城镇化与资源环境承载力协调发展的时空特征——以兰西城市群为例［J］．生态学杂志，2020，39（7）：2337－2347.

［21］张海丰．农地产权制度变迁、工业化与城市化协同演化机制研究［J］．社会科学战线，2020（5）：68－74.

［22］徐海峰，王晓东．现代服务业是否有助于推动城镇化？——基于产城融合视角的 PVAR 模型分析［J］．中国管理科学，2020，28（4）：195－206.

［23］李世冉，邓宏兵，张康康．武汉都市圈城镇化与生态文明建设耦合度及其影响因素研究［J］．西部论坛，2020，30（3）：78－92.

［24］杜传忠，金华旺．城镇化与工业化耦合协同对区域自主创新能力的影响研究——基于空间溢出效应视角［J］．经济问题探索，2020（4）：85－97.

［25］高延雷，张正岩，王志刚．城镇化提高了农业机械化水平吗？——来自中国 31 个省（区、市）的面板证据［J］．经济经纬，2020，37（3）：37－44.

［26］孙斌栋．未来空间规划应进一步彰显科学理念［J］．人民论坛·学术前沿，2020（4）：81－88.

［27］王健，赵凯．中国城镇化、老龄化、城乡差距与经济发展研究——基于有调节的中介效应模型［J］．当代经济管理，2020，42（7）：49－58.

［28］谢晗进，刘满凤，江雯．我国环境经济集聚空间相关性和空间异质性分析——基于工业化与城镇化协调视角［J］．生态经济，2019，35（12）：102－111.

［29］黄耿志，张虹鸥，薛德升，姚华松．中国城镇非正规经济与城镇化发展的倒 U 型关系［J］．经济地理，2019，39（11）：76－83.

［30］王滨．城镇化高质量发展测度及其时空差异研究［J］．统计与决策，2019，35（22）：46－50.

[31] 柳建文. 新中国70年来我国城市发展观的三大转型 [J]. 甘肃社会科学, 2019 (6): 58-66.

[32] 乔伟峰, 吴菊, 戈大专, 王亚华, 曹敏. 快速城市化地区土地利用规划管控建设用地扩张成效评估——以南京市为例 [J]. 地理研究, 2019, 38 (11): 2666-2680.

[33] 吴莹. 新中国成立七十年来的城镇化与城乡关系: 历程、变迁与反思 [J]. 社会学评论, 2019, 7 (6): 82-95.

[34] 肖金成, 马燕坤, 张雪领. 都市圈科学界定与现代化都市圈规划研究 [J]. 经济纵横, 2019 (11): 32-41+2.

[35] 蔡悦灵, 吴功亮, 林汉川. 产业结构升级对中国城市群城市化影响机制的实证检验 [J]. 统计与决策, 2019, 35 (20): 125-129.

[36] 褚明浩. 完全城市化的动力机制与实践路径 [J]. 城市问题, 2019 (10): 39-45.

[37] 刘志强, 白雪飞. 地区性行政垄断、城市化水平与企业出口: 基于Heckman样本选择模型的经验检验 [J]. 世界经济研究, 2019 (10): 89-98+136.

[38] 叶超, 高洋. 新中国70年乡村发展与城镇化的政策演变及其态势 [J]. 经济地理, 2019, 39 (10): 139-145.

[39] 董直庆, 王辉. 城镇化、经济集聚与区域经济增长异质性——基于空间面板杜宾模型的经验证据 [J]. 学术月刊, 2019, 51 (10): 54-66.

[40] 黄晓星, 马凌. 城市化进程中的"去领域化"与"再领域化": 兼议城乡治理——对广州市江口村的分析 [J]. 地理研究, 2019, 38 (9): 2148-2161.

[41] 张明斗, 曲峻熙. 中国城市化的均衡性发展及政策调控 [J]. 学习与实践, 2019 (9): 48-54.

[42] 王江波. 城镇化与服务业空间分布——基于中国省级面板数据的实证研究 [J]. 商业研究, 2019 (8): 46-54.

[43] 刘欢. 户籍管制、基本公共服务供给与城市化——基于城市特征与流动人口监测数据的经验分析 [J]. 经济理论与经济管理, 2019 (8): 60-74.

[44] 王纪霞, 王薇, 卢宏. 城市化水平对商贸流通业影响的区域差异研究——基于省级面板数据 [J]. 商业经济研究, 2019 (14): 13-16.

[45] 何兴邦. 城镇化对中国经济增长质量的影响——基于省级面板数据的分析 [J]. 城市问题, 2019 (1): 4-13.

[46] 田逸飘, 刘明月, 张卫国. 城镇化进程对区域科技创新水平的影响

[J]. 城市问题，2018 (4)：4 - 11.

[47] 徐家鹏，孙养学. 城市化进程对城乡居民收入差距的影响 [J]. 城市问题，2017 (1)：95 - 103.

[48] 穆怀中，范洪敏. 城市化对环境质量的影响——基于27个国家面板数据的分析 [J]. 城市问题，2016 (9)：73 - 79.

[49] 黄勤，曹汐. 产业转型升级在新型城镇化进程中的作用 [J]. 城市问题，2016 (7)：64 - 68.

[50] 赵明，吴唯佳. 产业转移视角下传统农区城镇化路径与模式研究——基于周口市企业的调查 [J]. 城市发展研究，2018，25 (12)：1 - 6 + 44.

[51] 邓智团，陈玉娇，苏宁. 城镇化进程中的特大城市偏好研究 [J]. 城市发展研究，2018，25 (7)：34 - 40.

[52] 陆铭. 新型城市化应该是人的城市化 [J]. 学习月刊，2013 (5)：24 - 25.